Multi-dimensional Research on
Chinese Character
Application Level Test

汉字应用水平测试
多维研究

王淑华 刘 珍·著

上海社会科学院出版社

目录

绪论　汉字应用水平测试概述 / 1

　　第一节　推进背景 / 2

　　第二节　发展历程 / 5

　　第三节　研究现状 / 8

　　第四节　研究内容 / 10

第一章　汉字应用水平测试社会知晓度和需求度调查 / 12

　　第一节　调查设计 / 12

　　第二节　调查结果 / 14

　　第三节　发现与启示 / 24

第二章　汉字应用水平测试卷面研究 / 30

　　第一节　试题变化 / 30

　　第二节　用字分析 / 43

　　第三节　信度与效度 / 61

　　第四节　难度与区分度 / 75

　　第五节　题库建设 / 95

第三章　汉字应用水平测试成绩的统计与分析 / 110

　　第一节　对象特征 / 110

　　第二节　入级情况 / 118

　　第三节　成绩分析 / 122

　　第四节　影响因素 / 129

　　第五节　总结与启示 / 150

第四章　汉字应用水平测试受测对象汉字态度调查 / 153

　　第一节　调查过程 / 153

　　第二节　调查结果 / 155

　　第三节　影响因素 / 164

　　第四节　发现与启示 / 179

结语 / 183

参考文献 / 188

附录 / 193

　　1　表图索引 / 193

　　2　汉字应用水平测试字表调整情况 / 197

　　3　汉字应用水平测试社会知晓度和需求度调查问卷 / 200

　　4　2012年汉字应用水平测试试卷用字累频表 / 204

　　5　2015年汉字应用水平测试试卷用字累频表 / 252

　　6　汉字应用水平测试后中小学教师汉字态度调查问卷 / 288

后记 / 292

绪论　汉字应用水平测试概述

汉字应用水平测试(简称为"HZC")是中华人民共和国教育部、国家语言文字工作委员会组织实施的一项国家通用语言文字的标准化水平测试,通过测验的方式,衡量具有中等及以上受教育程度的人或文化程度与此相当的人在阅读、书面表达及其他相关活动中,是否掌握了汉字应用水平测试范围内汉字的规范字形、正确读音,是否掌握了这些汉字在权威工具书中所载的现代汉语义项及用法,并能在实践中准确运用,以此来评定他们掌握和使用汉字的水平及能力。目的是提高国家通用语言文字应用水平,加强国民的语言文字规范意识,改善社会用字环境,促进汉字应用的规范化和标准化。它是国家继普通话水平测试之后贯彻执行《中华人民共和国国家通用语言文字法》的又一重大举措,和普通话水平测试一起,构建并形成了我国语言文字立体化的测试框架。

汉字应用水平测试适用于各级政府部门、新闻出版单位、各级各类教育机构、其他事业单位和企业单位等录用人员和核定在职人员资格,各级各类学校考核学生汉字应用水平;适用于与汉字使用紧密相关的各行各业人员,如各级各类学校的教师学生、公务员、编辑、记者、校对和文字录入人员、广告业从业人员、中文字幕机操作人员、文秘及办公室工作人员,以及日常工作与汉字应用紧密相关的其他人员;也适用于想要了解自己汉字应用水平和能力的其他人员。

第一节　推进背景

一、国民汉字书写能力退化导致"汉字危机"

(一) 信息化时代导致书写工具和书写载体发生变化

随着信息化时代的来临，国人汉字书写和应用能力退化已是不争的事实，十几年来，屡有此类消息见诸报端。如2008年武汉科技大学中南分校在招聘老师时，发现一名毕业于名校的硕士所写的1000多字的文章中，错别字累计超过10处[①]；上海财经大学国学研究所所长祁志祥教授翻阅10多名中文系硕士研究生的论文，发现他们当中竟然有三分之一完全分不清"的""地""得"三字的区别[②]；2014年毕业的重庆大学生小蔡，在一份400字的手写简历中写了24个错别字[③]；电视节目《汉字英雄》中，"熨帖"只有10%的正确率，"癞蛤蟆"难倒了70%的成年人[④]。《新京报》"京报调查"的结果显示，有76.2%的受访者担忧汉字的传承与退化，51.9%的受访者认为自己只是偶尔用笔写字或很长时间没有用笔写字，而用笔写字的场合中，频率最高的前三位分别是填表、做会议记录和签名。[⑤]可见，传统的用笔书写正日渐远离我们的日常生活，电脑和手机输入已成为目前汉字输入的主流方式，我们正大步迈向"键盘时代"。

从古至今，汉字书写载体发生了很大的变化。造纸术发明以前，是使用龟甲兽骨、钟鼎陶器、碑石简牍、丝绸布帛等作为载体；造纸术发明之后，一

---

① 何辉,朱建华.硕士生应聘高校教师　千字作文错别字多达10处[N].长江商报,2008-01-15.
② 李征,陈伊萍.中文研究生不辨"的地得"　教授叹指导论文如上语文课[N].新闻晚报,2010-01-29.
③ 罗清.400字简历有24个错别字　大学生应聘直接被PASS[N].重庆晨报,2014-09-15.
④ 周飞亚,胡晓萍.你还会写多少汉字[N].人民日报,2013-08-09.
⑤ 兰燕飞.近八成受访者担忧汉字危机[N].新京报,2013-08-31.

般情况下载体为纸张；伴随着信息化时代的来临，人们多使用计算机进行汉字处理工作，这时候载体变成了显示器和硬盘。书写载体的变化导致书写工具随之发生变化。往龟甲兽骨、钟鼎陶器上写字要用刀刻，即"刀笔"；在简牍、丝绸布帛和纸张上写字是用毛笔，即"软笔"；现代日常书写中使用较多的是"硬笔"，包括铅笔、钢笔和圆珠笔等；随着计算机的普及，书写工具变成了鼠标和键盘。

当书写工具变成鼠标和键盘时，与其说是"写字"，不如说是"打字"。虽然都是将一个个的汉字以书面形式呈现出来，但对于书写者来说，"写字"和"打字"意味着不同的思维过程。汉字是形、音、义的统一体，形、音、义之间关联密切。当我们用软笔或硬笔书写汉字的时候，形、音、义等信息作为一个整体，直接进入我们的思维之中，书写的同时强化了我们对于汉字的整体认知。而当我们使用键盘输入的时候，拼音输入法强调的是音节信息，字形输入法强调的是形体信息。而当我们将注意力仅仅集中于汉字的音节或字形等某一方面的信息时，常常意味着对其他信息的忽视。尤其是智能型拼音输入法如搜狗输入法、QQ输入法等，依托强大的字库、词库与搜索引擎，提供的模糊识别、缩写识别、智能拆分识别以及声调淡化等功能对正确辨识汉字的声母、韵母、声调，准确记忆汉字字形等方面均存在负面影响，导致国民汉字应用能力呈现出整体下降的趋势。（臧迎欣，2012）

（二）全球化时代导致母语、母文化情感的淡化

2010年，《中国青年报》的一项民意调查显示，80.8%的人确认我们当前存在汉语应用能力危机，52.0%的人认为，汉语危机的原因在于"很多人重视外语学习，轻视汉语学习"。① 北京师范大学教授王宁认为，在信息传播过程中使用电脑并不是汉字书写不好的根本原因，一个国家的文化修养、文化诉求走到全民层面上才是汉字传承的关键。郦波也指出，现在的键盘录

---

① 张振胜. 八成人认为存在汉语应用危机　专家呼吁保护[N]. 中国青年报，2010-12-21.

入和语音录入使大家提笔忘字,其实是母语情感的淡化。①

当今社会,英语类似于"世界通语",是全球经济、贸易、外交、教育、科技等领域的第一大语言。在势不可挡的全球化洪流中,重视英语本无可厚非。但是现在我国英语教育低龄化趋势越来越明显,中考、高考、读研、考博、评职称,样样都离不开英语。潘文国指出,对一个国家和民族来说,外语凌驾于母语之上是非常可怕的事情。②

汉字是记录汉语的书写符号系统,是中华民族悠久灿烂文化的载体,对汉字、汉文化的重视力度不够,必然导致汉字书写水平和应用能力的下降,引发"汉字危机"。

二、推进汉字应用水平测试可"标本兼治"

教育部、国家语委在《国家中长期语言文字事业改革和发展规划纲要(2012—2020年)》(下文简称《纲要》)中把强化国家通用语言文字规范意识,规范使用国家通用语言文字,提升国民语言文字应用能力,提高全社会语言文字规范化水平,增强国家文化软实力作为指导思想之一,并在第三章第四点第九条和第十条中明确提出:"推进和完善……汉字应用水平测试……修订和完善《汉字应用水平测试大纲》,完善测试系统,加大汉字应用水平测试推进力度";"建立并完善学生语言文字应用能力评价标准。分级分类制订高校学生和中小学生语言文字应用能力评价标准和测评办法,将口语表达、汉字书写纳入语文教学和评价范围"。

《纲要》为解决当前社会国民汉字应用能力退化、远离汉字危机指出了明确的方向,因此,完善汉字应用水平测试,促进其在全国范围内的推广,对贯彻《纲要》思想,落实《纲要》精神,提高国民文字规范意识和汉字应用水平,弘扬中华民族文化等都具有十分重要的意义。它既能有力改善社会

---

① 劳斯.信息化造成了汉字危机吗?[N].中国青年报,2013-09-16.
② 潘文国."语文歧视"会引发汉语危机吗?[N].解放日报,2011-02-07.

用字环境,也能提高相关行业人群的汉字应用水平,从而达到标本兼治之效。

第二节　发展历程

一、汉字应用水平测试发展的关键节点

2002年11月,国家语言文字应用"十五"科研规划重点项目"汉字应用水平测试研究"立项,其成果为教育部、国家语委组织制定的语言文字规范《汉字应用水平等级及测试大纲》。该规范于2005年9月通过专家鉴定委员会鉴定,于2006年6月20日通过了国家语委语言文字规范(标准)审定委员会审定;2006年8月28日正式发布,自2007年2月1日起试行。

为积极稳妥地推动汉字应用水平测试在全国范围的展开,2007年,教育部、国家语委决定在上海市、天津市和河北省先行试点。当年上海市共组织两次考试,第一次1170人报考,半数为大中小学教师;第二次有2800多人,仍然是大中小学教师为主。

2008年,教育部、国家语委确定上海、天津、河南、河北、江苏、湖南、辽宁、黑龙江、山东、云南、宁夏等11省区市作为试点。

2009年,上海首次开展汉字应用水平测试计算机考试的试点工作,有200名考生利用触摸笔直接在计算机上完成包括汉字书写在内所有试题的测试。

2014年至2015年,教育部语用所课题组根据国务院2013年发布的《通用规范汉字表》和测试数据统计分析结果,对《汉字应用水平等级及测试大纲》进行了修订完善。经过两年试行,新大纲于2016年1月7日正式发布,自2016年5月1日起正式实施。

二、汉字应用水平测试大纲的发展变化

新《汉字应用水平等级及测试大纲》的变化如下：

(一) 删去原规范附录 B《汉字应用水平测试词语表》

旧大纲规定测试试题所依托的词语原则上从《汉字应用水平测试词语表》中选取，总体比例不低于97%。新大纲删去了词语表，不再对测试试题依托的词语做任何规定。

(二) 题量减少

将原规范6.3.2中"试题卷由五个部分共130道试题构成"改为"试题卷由四个部分共120道试题构成"。实际上，从2008年起，汉字应用水平测试就是由四个部分共120道试题构成。

(三) 字表调整

新大纲将原大纲附录 A 中《通用规范汉字表》未收录字7个和三级字29个调整出测试字表，从《通用规范汉字表》二级字中再遴选36个字补入测试字表。甲、乙、丙三个字表在保证总字数不变的情况下均有调入调出情况(详见附录2)，具体如下[①]：

甲表调出16个字，调入16个字。调出情况如下：3个字(晖、楞、磺)删除；13个字(汐、矶、峥、恸、麸、铣、翎、惘、嵘、腆、肆、稞、摞)调入乙表。调入《通用规范汉字表》(下文简称《字表》)一级字中的16个汉字，有2个字(妮、瞅)原来的字表未予收录，10个字(酉、祀、帷、崛、馈、渲、鲍、肇、镑、黯)来自原乙表，4个字(壬、弗、咋、癸)来自原丙表。

[①] 本部分资料来源于2016年6月上海市语言文字测试中心组织的汉字应用水平测试师资培训班中张琳老师的课件。

乙表调出 13 个字,调入 13 个字。调出情况如下:2 个字(膌、蹓)删除;10 个字(酉、祀、帷、崛、馈、洹、鲍、肇、镑、黯)调入甲表,1 个字(跶)调入丙表。调入的 13 个汉字均来自甲表(见上段),这 13 个字均属于《字表》二级字。

丙表调出 35 个字,调入 35 个字。调出的汉字中,有 4 个字调入甲表(见上),它们均是《字表》一级字,删除 31 个字(矽、舨、馀、揎、亍、彳、殳、邡、杧、枘、涃、浉、琊、垹、栯、桄、疧、捼、硚、跰、猇、擖、潆、溇、劁、蓟、蕹、憽、澶、醵、颥),这 31 个字有的是《字表》三级字,有的是《字表》表外字。调入的汉字中,1 个来自原乙表,另 34 个字原表未收录,均是《字表》二级字(忒、杍、泠、侬、呷、炜、玮、昕、甬、玨、桢、浜、悖、晟、娣、钰、喏、晗、婕、婧、琏、暂、琨、琬、焱、跶、搡、煲、歆、暝、箸、瑾、璇、夑、蹚)。

(四) 等级要求变化

2007—2013 年汉字应用水平测试关于等级的实际执行标准如下[①]:

HZC 标准分数在 660 分及以上者为一级甲等,600 分至 659 分为一级乙等;HZC 标准分数在 500 分至 599 分者为二级甲等,400 分至 499 分为二级乙等;HZC 标准分数在 300 分至 399 分者为三级甲等,200 分至 299 分为三级乙等。水平低于三级的评定为"不入级"。

从 2014 年起,汉字应用水平测试成绩只分级不分等,即在一级、二级和三级之内不再区分甲等和乙等。三个等级中除了一级标准未变以外,二、三级入级条件也有了相应变化:

二级要求对选自《汉字应用水平测试字表》(甲表)的测试内容,作答正确率在 65%(含)以上,且整份试卷获得的 HZC 分数在 500 分(含)至 600 分(不含)之间。

三级要求对选自《汉字应用水平测试字表》(甲表)的测试内容,作答正

---

① 旧大纲虽然规定二级入级分为"500—600(不含)"、三级入级分为"200—500(不含)",但实际操作中并未按此标准执行。

确率在50%(含)以上,且整份试卷获得的HZC分数在200分(含)至500分(不含)之间。

从上述新旧两种入级的标准可以看出,二、三级入级条件的变化主要表现在两个方面:

1. 对甲表的掌握程度要求降低

旧大纲对汉字应用水平等级的入级有一个基本要求,即无论是一级、二级还是三级,在测试中,对选自《汉字应用水平测试字表》(甲表)部分的测试内容,作答正确率均要在80%(含)以上。新大纲一级要求未变,二级、三级的入级要求在甲表作答正确率方面分别降低至65%以上和50%以上。

2. 对应的分数和范围有变化

原来的二级甲等现在仍属于二级,但原来的二级乙等现在归入了三级。三级的对应分数段从原来的200分至399分扩大为200分至499分,包括原来的二级乙等、三级甲等和三级乙等。

第三节 研究现状

因汉字应用水平测试2007年才开始进行试测,故针对该项测试进行研究的成果并不多。相关的专著和教材基本都为测前指导,如《汉字应用水平测试指导用书》《汉字应用水平测试培训手册》《汉字应用水平测试(HZC)应试指导》《汉字应用水平测试与训练》《汉字应用水平测试字典》等。论文方面,笔者在中国知网搜索到10多篇,这些研究可以大致分为两个阶段:

一、酝酿阶段

2002年11月,国家语言文字应用"十五"科研规划重点项目"汉字应用水平测试研究"立项,课题组深入各地各部门各单位,进行了大量调研,形成了关于汉字应用水平测试的一系列成果,包括张一清执笔的《汉字应用水平等级标准研制报告》(2004)和《汉字应用水平测试的缘起和发展》(2005),孙曼均执笔的《汉字应用水平测试用字的统计与分级》(2004)和《〈汉字应用水平等级及测试大纲〉的几个重要问题》(2008)等,介绍了汉字应用水平测试的研制背景、研制目的、基础和过程,《汉字应用水平测试字表》编制的依据、原则、具体经过以及汉字分级的原则、标准、方法等,并针对汉字应用水平测试的意义、目的、用途、对象、性质、范围、内容以及汉字应用水平等级的构成、特征及其在测试中的表现等重要问题,在理论上进行了深入而详尽的阐述和探讨。因此,本阶段亦可以称为"理论准备阶段"。

二、发展阶段

2009年以后,学界逐渐出现关于汉字应用水平测试的零星研究,涉及测试的不同方面。

(一) 测试试卷研究

李靖华(2009)探讨了试卷各部分测试内容的合理性;陈菲等(2011)探讨了汉字应用水平测试书写题的阅卷规则;曹昭(2010)(2015)以河北省的汉字应用水平测试结果为分析对象,对影响应试人汉字水平的相关因素、试题的难度、测试的信度和效度进行了分析,并以此为基础,提出了一些建议。

(二) 测试环节管理研究

李艳娜等(2009)认为要从规范考试程序入手,坚持以人为本,把测试的每个环节做实、做细,确保测试的公平、公正。刘云峰等(2011)指出要明确"汉字"所指范围,测试内容要有时代性,同时要尽量规避"考试经济"。

(三) 测试意义及辅导策略研究

许敬辉(2009)重在探讨汉字应用水平测试的重要意义;张琳(2018)从语音、语汇、文字三个角度入手提出了一些辅导策略。

总的来说,汉字应用水平测试作为一门新兴学科,其研究呈现出尚为薄弱的状态。虽然汉字应用水平测试和普通话水平测试一起构建起了我国语言文字测试的立体化框架,理论上地位相当,但学界关于两种测试的研究形成了鲜明的对比。普通话水平测试始于1994年,基于该测试的研究已深入方方面面,包括测试用的材料与词表、试卷的题型与结构、信度与效度,受测对象的语音偏误和语言态度、应试策略、自我效能感与成绩的关系,测试员资格的有效性,计算机辅助测试评分系统与细则,测试的特点、规范管理、反拨作用、发展历程与未来走向,等等。相较而言,汉字应用水平测试研究目前尚处于初兴阶段,研究成果数量不多,在角度、广度和深度方面均有所欠缺,这与该项测试的社会地位、《纲要》对测试提出的刚性需求均不匹配,亟需更多学者关注并进行研究。

第四节　研究内容

本书将以教育测量学、社会语言学、语料库语言学的相关理论为指导,对汉字应用水平测试按照"外—内—外"的思路进行全方位的调查:先调查国民对汉字应用水平测试的知晓度与认可度,接着考察分析历年汉字应用水平测试卷面本身,对其题型变化、用字情况、信度、效度、难度和区分度进行分析,在此基础上尝试构建汉字应用水平测试试题难度分析模型和测试题库,再对2007—2015年上海市汉字应用水平测试的受测对象、测试结果及其影响因素进行分析,最后以上海市中小学教师为对象,调查受测对象测试后的汉字态度,为今后汉字应用水平测试在全国范围内的逐步推广提供参照,从而为进一步提高国民文字规范意识和汉字应用水平贡献力量。

研究中将综合采用下述方法:

(一) 问卷调查法

编制汉字应用水平测试认可度和受测后汉字态度调查问卷,视调查内容的不同,问卷形式分为多项选择题和李克特量表两种。多项选择题主要用于了解被试的基本信息;李克特量表从完全不符合到完全符合分为五级,主要内容是了解被试对汉字应用水平测试和汉字的认知态度及行为倾向等。

(二) 访谈法

在调查问卷的基础上,选择若干位汉字应用水平测试培训教师、受测对象和一般市民,对测试相关的一些问题进行更细致、更深入的访谈,了解汉字应用的实际需求、影响汉字应用水平的主要因素等。

(三) 数理统计法

用 SPSS 软件对汉字应用水平测试数据和通过调查收集得来的数据进行多角度的深入分析,从中找出规律性的倾向,用于指导汉字应用水平测试的实践和研究。

第一章 汉字应用水平测试社会知晓度和需求度调查

2007年,教育部、国家语委在上海、天津和河北等地先行试点,开展汉字应用水平测试工作。十几年来,为积极稳妥地推动汉字应用水平测试在全国范围内的展开,国家语委一方面继续扩大汉字应用水平测试试点城市,另一方面积极开展汉字应用水平测试计算机考试的试点工作。截至2020年底,全国约有34万人报名参加了该项测试(陈菲等,2021)。测试参与对象以高校师生为主,其中,36岁以下的青年群体是汉字应用水平测试的主要对象。因此,调查了解不同地域青年群体对汉字应用水平测试的知晓度和需求度,有针对性地采取相应的宣传和推广策略,对稳步扩大汉字应用水平测试规模、促进该测试在全国范围内不断推进具有重要的意义。

第一节 调查设计

一、问卷设计

本研究选取的对象是18—35岁的青年人群,调查采用问卷方法进行。问卷自行编制,所有题目形式均为封闭式的选择题(详见附录3)。一共设置23道题目,其中16道单选题,6道多选题,1道矩阵量表题。

整个问卷分为两个组成部分:一是背景信息,包括调查对象的性别、学历、职业、来源地等。二是主体部分,主要是了解调查对象对汉字应用水平测试的知晓度、需求度和参与意愿,日常汉字应用的难点和个性化的提升需求等。由于汉字应用水平测试和普通话水平测试一起构成了我国语言文字测试的立体化框架,问卷也同时了解调查对象的普通话水平、对普通话水平测试的知晓度等,以便于比较。

二、问卷发放

在研究的初期阶段,在上海大学本科生中随机发放了 20 份问卷进行预调查,修改以后再通过问卷星正式发放。共收到青年人群的问卷 653 份,其中有效问卷 619 份,有效率为 94.79%。样本来自全国 29 个省市(不含新疆、西藏和港澳台地区)。

调查对象的不同个体特征分布见表 1-1。

表 1-1 汉字应用水平测试社会知晓度和需求度调查对象个体特征分布①

单位:人

性别		学历				职业				
男	女	初中及以下	高中、中专	大专、本科	研究生及以上	在校学生	公务员	教师	记者、编辑等	其他人员
263	356	13	20	542	44	382	31	19	35	152

按照所在地区是否为汉字应用水平测试试点地区,调查对象可以分为两类:试点地区 280 人(45.2%),非试点地区 339 人(54.8%)。

---

① 考虑到汉字应用水平测试的主要参与对象为大中小各类学校师生,以及日常工作与汉字应用紧密相关的人员,我们将职业分为 5 类:在校学生,公务员,教师(含科研人员),记者、编辑等与文字工作关系密切的从业人员,与文字工作关系不大的其他从业人员。后两类统计时分别简称为记者、编辑等和其他人员。

三、问卷分析

本研究对所取得的数据用 SPSS20.0 软件进行分析,主要包括两个部分:

(1) 对调查结果进行描述性统计,了解青年群体对汉字应用水平测试的知晓度和需求度;

(2) 对调查问卷中的相关变量进行检验,了解青年群体内部性别、学历、职业等因素是否会影响其汉字应用水平自评情况、对测试的知晓度和需求度等。

第二节 调查结果

一、汉字应用水平测试知晓度和参与度

(一) 汉字应用水平测试知晓度和知晓途径

青年人群对汉字应用水平测试的具体知晓情况见表 1-2。

表 1-2 青年群体对汉字应用水平测试的知晓情况

		听说过		没听说过		合计	
		人数	比例	人数	比例	人数	比例
性别	男	135	51.33%	128	48.67%	263	100%
	女	179	50.28%	177	49.72%	356	100%
学历	初中及以下	4	30.77%	9	69.23%	13	100%
	高中、中专	11	55.00%	9	45.00%	20	100%
	大专、本科	277	51.11%	265	48.89%	542	100%
	研究生及以上	22	50.00%	22	50.00%	44	100%

续 表

		听说过		没听说过		合计	
		人数	比例	人数	比例	人数	比例
职业	在校学生	194	50.79%	188	49.21%	382	100%
	教师	10	52.63%	9	47.37%	19	100%
	公务员	18	58.06%	13	41.94%	31	100%
	记者、编辑等	17	48.57%	18	51.43%	35	100%
	其他人员	75	49.34%	77	50.66%	152	100%
地区	试点地区	150	53.57%	130	46.43%	280	100%
	非试点地区	164	48.38%	175	51.62%	339	100%

　　从表1-2可以看出,除"初中及以下"的调查对象以外,其他不同性别、职业和学历的调查对象,对汉字应用水平测试的知晓度都在50%上下波动,知晓程度最高的是公务员群体,达58.06%;与文字工作关系不大的其他人群在知晓度上与别的群体差别不大;试点地区的汉字应用水平测试知晓度略高于非试点地区,但差别不明显。

　　对知晓汉字应用水平测试的314名调查对象的进一步调查显示,师长、同学、亲友等个人告知和通过报刊、网站等媒体信息了解是他们知晓汉字应用水平测试的两个主要途径,比例分别为43.63%和42.68%,通过单位宣传和其他途径知晓的比例分别为8.28%、5.41%;在校学生和非在校学生的知晓途径有非常明显的不同,前者以个人告知为主(50%),媒体信息为辅(36%),非在校学生的知晓途径以媒体信息为主(53.33%),个人告知为辅(32.5%)。就整体来说,媒体在宣传汉字应用水平测试方面未表现出明显优势,包括学校在内的单位在宣传推广汉字应用水平测试方面所采取的举措比较有限。

(二) 与普通话水平测试知晓度和参与度的对比

　　1994年,普通话水平测试在全国范围内正式实施;2000年,《中华人民共和国国家通用语言文字法》颁布,在法律层面上确立了普通话水平测试为国家级考试的地位。因此,它在国民中知晓度非常高。619名调查对象中,普通话水平测试的知晓度高达97.25%,仅有17人(2.75%)没听说过。17名未听说过普通话水平测试的调查对象中,男性13人,女性4人;在校学生8人,与文字关系不大密切的从业人员9人;学历为大学本科的有13人,本科以下4人。知晓普通话水平测试的青年人群中,参加过该项测试的比例为45.85%,他们的具体测试成绩如下:一级甲等3.26%,一级乙等11.23%,二级甲等61.59%,二级乙等20.65%,三级甲等2.17%,三级乙等0%,不入级1.09%。

两相对比可以看出,汉字应用水平测试的知晓度远远低于普通话水平测试,主要原因一是该测试推行时间不长,二是该测试并未全面推行,目前仍处于在部分城市试点阶段。因此,50%左右的知晓度也算是差强人意。但需要注意的是,汉字应用水平测试的参与度也非常低,知晓汉字应用水平测试的人群中,仅有15.61%的调查对象参加过该项测试。参测者中,女性的比例为71.43%,在校大学生、研究生比例为79.59%。具体测试成绩如下:一级为36.73%,二级为44.9%,三级为8.16%,不入级为10.2%。所有调查对象中,共有44名调查对象同时参加过两种测试,进一步的检验发现,这44名调查对象两项测试的成绩在0.01水平上显著相关,Pearson相关系数为0.526。调查对象的普通话水平测试成绩越高,汉字应用水平测试的成绩也越高。这在很大程度上与汉字应用水平测试中有1/4为语音辨读题有关。

虽然汉字应用水平测试和普通话水平测试一起构建并形成了我国语言文字立体化的测试框架,但前者的知晓度、参与度、测试表现、社会声望等都远低于后者,因此,汉字应用水平测试要想成为名副其实的、和普通话水平测试地位真正相当的一项测试,还有很长的道路要走。

二、汉字应用水平测试需求度

(一)青年群体对社会用字的态度

我们调查了青年群体对社会用字的态度,发现他们对不同载体中出现错别字的容忍度呈现出比较明显的区别,具体情况如表1-3所示。

表1-3 青年群体对四种载体中出现错别字的态度

	极不应该		不应该		无所谓	
	人数	比例	人数	比例	人数	比例
公共标语	514	83.04%	99	15.99%	6	0.97%
报刊文章	455	73.51%	150	24.23%	14	2.26%
街边商店招牌、介绍	240	38.77%	328	52.99%	51	8.24%
一般网络文章	181	29.24%	339	54.77%	99	15.99%

从表1-3可以看出,四种载体中,青年群体对公共标语中出现错别字的容忍程度最低,其次是报刊文章,对一般网络文章中错别字的容忍程度比较高。公共标语占用的是公共空间,多属于政府行为,常常成为观察一个城市形象的窗口;报纸和期刊属于传统媒体的重要组成部分,以文字传播为主要形式,在大部分人心目中还沿袭了新媒体兴起之前所具备的权威性,所以青年群体对这两种载体中的错别字容忍程度都很低,选择"极不应该"的人均超过了70%。相对而言,街边商店招牌、介绍和一般网络文章均多源于个人,内容良莠不齐,因此,青年群体对这两种载体中出现的错别字容忍度明显高于前两种载体,虽然均有超过50%的认为"不应该",但选择"极不应该"的比例明显低于前两者。

经过进一步的检验发现,青年群体中,对公共标语、报刊文章、街边商店招牌介绍和一般网络文章等四种载体中出现错别字的态度,不同职业均不存在显著差异;但在部分载体上,不同学历和性别的青年群体在认知上存在显著性差异,不同学历的调查对象对报刊文章中出现的错别字态度有显著差异($P=0.000$),对其他载体中出现的错别字态度无差异;不同性别的调查对象对报刊文章、网络文章、街边商店招牌介绍中的错别字态度均有显著差异(P值分别为0.009、0.001、0.000),对公共标语中出现的错别字态度无差异。

对不同载体中错别字的态度从侧面说明了受调查的青年群体汉字使用

规范意识的强弱,同时也对他们汉字应用水平测试需求度的高低产生了一定的影响。

(二) 青年群体汉字应用水平自评情况

1. 青年群体汉字应用水平的自评情况调查

619名调查对象中,仅有2.1%的人认为自己的汉字识别、书写能力处于非常好的水平,32.47%的人认为自己的汉字识别、书写能力比较好,52.67%的人认为自己处于一般水平,另有10.66%和2.1%的人认为自己的汉字识别、书写能力不太好、很不好。具体自评情况见表1-4。

表1-4 青年群体汉字应用水平自评情况

		非常好		比较好		一般		不太好		很不好		合计	
		人数	比例	人数	比例	人数	比例	人数	比例	人数	比例	人数	比例
性别	男性	6	2.28%	79	30.03%	141	53.61%	28	10.65%	9	3.42%	263	100%
	女性	7	1.97%	122	34.27%	185	51.97%	38	10.67%	4	1.12%	356	100%
学历	初中及以下	0	0%	0	0%	5	38.46%	6	46.15%	2	15.38%	13	100%
	高中、中专	1	5.00%	3	15.00%	9	45.00%	6	30.00%	1	5.00%	20	100%
	大专、本科	9	1.66%	183	33.76%	292	53.87%	50	9.23%	8	1.48%	542	100%
	研究生及以上	3	6.82%	15	34.09%	20	45.45%	4	9.09%	2	4.55%	44	100%
职业	学生	8	2.09%	145	37.96%	191	50.00%	34	8.90%	4	1.05%	382	100%
	公务员	1	5.26%	7	36.84%	10	52.63%	1	5.26%	0	0%	19	100%
	教师	0	0%	8	25.81%	20	64.52%	3	9.68%	0	0%	31	100%

续　表

	非常好		比较好		一般		不太好		很不好		合计	
	人数	比例	人数	比例	人数	比例	人数	比例	人数	比例	人数	比例
记者、编辑等	2	5.71%	11	31.43%	14	40.00%	6	17.14%	2	5.71%	35	100%
其他人员	2	1.32%	30	19.74%	91	59.87%	22	14.47%	7	4.61%	152	100%

从表1-4可以看出，男性和女性对自己汉字应用水平的自评情况虽略有差异，但总体趋势大致相同。进一步的检验也发现，青年群体对自己汉字识别书写能力的自评情况，与性别无关。

学历为初中及以下和高中、中专的调查对象，其汉字应用水平自评结果主要集中在一般及以下水平，而大学本专科、研究生及以上的调查对象，其自评结果主要集中在一般及以上水平。进一步的检验也发现，样本中存在的差异同样存在于总体中，汉字应用水平的自评结果与调查对象的学历有关（$P=0.000$）。

从职业方面来看，汉字应用水平自评结果最好的两个群体是国家公务员和在校大学生、研究生，认为自己汉字应用水平比较好及以上的比例分别为42.1%和40.1%，接下来是记者、编辑等文字工作者（37.1%），教师、科研人员的自评结果（25.8%）仅略高于与文字关系不密切的其他从业人员（21%）。教师、科研人员汉字应用水平自评结果总体较低，一方面可能与样本较小、代表性不够有关，另一方面可能与教师、科研人员的主观评价标准有关。进一步的检验也发现，样本中存在的差异同样存在于总体中，不同职业的调查对象，其汉字应用水平自评结果有显著差异（$P=0.015$）。

大部分调查对象都认为自己现在的汉字应用水平较中学阶段有所下降。70.92%的调查对象认为自己汉字应用水平最高的时期是中学时期，另有17.77%、8.40%、2.91%的调查对象认为自身汉字应用水平最高时期分别是现在、获取最高学位阶段和其他。具体情况如表1-5所示。

写字能力强能够增强个人自信和提高文化修养(77.22%),且有利于开展工作(66.40%),进行人际交流(61.23%),提升自己在别人眼中的形象(54.44%),但大部分人提高汉字识别和书写能力的需求并不强烈,有一半左右的调查对象在提高汉字识别能力、书写能力方面的需求为一般。相对而言,汉字书写能力的提高需求高于识别能力的提高需求,具体见表1-7。

表1-7 青年群体汉字识别能力和书写能力提高需求的对比

	汉字识别能力的提高需求		汉字书写能力的提高需求	
	人数	比例	人数	比例
非常低	24	3.88%	18	2.91%
比较低	55	8.89%	42	6.79%
一般	332	53.63%	300	48.47%
比较高	171	27.63%	202	32.63%
非常高	37	5.98%	57	9.21%

从上表可以清楚地看出,选项为"非常低/比较低/一般"时,识别能力的提高需求比例均高于书写能力提高需求的比例;选项为"比较高/非常高"时,识别能力的提高需求比例均低于书写能力的提高需求比例。这也印证了前文关于日常使用汉字遇到困难的分析。

(三) 青年群体汉字应用水平测试需求度

从总体上来看,青年群体对汉字应用水平测试持积极肯定的态度。有77.87%的调查对象认为汉字应用水平测试可以改善社会用字环境,减少错别字、不规范汉字的使用,77.38%的调查对象认为在提高大众的语言文字规范意识方面有积极作用,67.69%的调查对象认为测试可以提高受测对象个人的汉字应用水平,62.68%的调查对象认为测试可以增强国民对汉语汉字的认同感,仅有4.52%的人对测试持比较消极的态度,认为它没有什么作用,没必要开展,另有1.29%的人因对测试不了解而未予评价。对测试持消极评价的青年人群中,64.28%的人对自己汉字应用能力的评价是处于一般及以下水平,

64.29%的人对提高汉字识别、书写能力的需求也处于一般及以下水平。

虽然青年群体中的大部分对汉字应用水平测试持积极肯定的态度,但对于问题"假如现在有该项测试的报名机会,您是否会报名参加",仅有51.37%选择"会"(其中有10.06%的人已参加过)。居于第一位的原因(88.68%)属于内部动机,希望了解自身的汉字应用水平,居于第二位(46.23%)和第三位(45.91%)的原因均属于外部动机,分别是"对于未来的工作有帮助""多一份证书,多一份保障,艺多不压身",也有少数人是出于从众心理("看见大家报名也报名",2.83%)。不愿意报名的人群中,居于前两位的原因是没有时间(48.84%)和没有兴趣(47.18%),第三个原因是"日常工作和汉字应用关系不紧密"(36.54%),有23.26%的人认为该项测试对提高日常汉字应用水平没有实际帮助,另有极少数人因为已经参加过、自信心不足、懒惰不想复习、不明确汉字应用水平测试的意义而不愿意报名。

不同性别、学历、职业的调查对象参与汉字应用水平测试的意愿见表1-8。

表1-8 青年群体汉字应用水平测试参与意愿

		会参加		不会参加		合计	
		人数	比例	人数	比例	人数	比例
性别	男性	112	42.59%	151	57.41%	263	100%
	女性	206	57.87%	150	42.13%	356	100%
学历	初中及以下	7	53.85%	6	46.15%	13	100%
	高中、中专	9	45.00%	11	55.00%	100	100%
	大专、本科	281	51.85%	261	46.15%	542	100%
	研究生及以上	21	47.73%	23	52.27%	44	100%
职业	学生	215	56.28%	167	43.72%	382	100%
	公务员	11	57.89%	8	42.11%	19	100%
	教师	11	35.48%	20	60.54%	31	100%
	记者、编辑等	19	54.29%	16	45.71%	35	100%
	其他人员	62	40.79%	90	59.21%	152	100%

表1-8中,值得注意的有以下两点:

(1) 男性对汉字应用水平测试的需求程度低于女性;

(2) 就职业而言,公务员群体对汉字应用水平测试的需求程度最高,这可能与他们日常工作多接触汉字有关。在校学生的需求程度略低于公务员,接下来是记者、编辑等与文字关系密切的工作人员。

为进一步了解青年群体对汉字应用水平测试的需求情况,我们检验了青年群体的性别、学历、职业等自变量对汉字应用水平测试需求的影响。检验结果表明,不同性别、不同职业对汉字应用水平测试的需求度影响的差异具有统计学意义(P值分别为0.000和0.003),女性对汉字应用水平测试的需求程度高于男性,与文字关系密切的从业人员,需求程度高于与文字关系不密切的其他从业人员。

第三节 发现与启示

一、调查发现

(一) 青年群体对汉字应用水平测试知晓度不高

汉字应用水平测试在青年人群中的知晓度在50%左右,知晓途径方面,在校学生以师长亲友等个人告知为主,非在校学生以媒体信息为主;知晓人群中,参与度为15.61%;汉字应用水平测试成绩与普通话水平测试成绩呈现中度正相关,但其知晓度、参与度、测试表现、社会声望等均远远低于后者。

(二) 青年群体对不同载体中出现错别字的态度有明显区别

青年群体对公共标语和报刊文章中出现的错别字容忍程度最低,对街边商店招牌介绍、一般网络文章中的错别字容忍程度略高。对不同载体中出现错别字的态度,不同职业的调查对象之间无显著差异,不同学历和性别的调查对象在部分载体上态度存在差异。

(三) 青年群体自评汉字应用水平不高,但提升意愿不强

青年群体中,65.43%的人认为自己的汉字应用处于一般及以下水平,汉字应用水平自评情况与性别无关,与学历和职业有关;70.92%的人认为自己汉字应用水平最高的时期是中学时期,大部分人认为自己的汉字应用水平较中学阶段有所下降,原因主要是受信息化时代的影响,长期使用电脑、手机打字,其次是工作与文字关系不密切、日常少有时间读书看报写字等。虽然认可汉字应用能力强有诸多好处,但提高汉字应用水平的需求并不是特别强烈,相对而言,提高书写能力的需求高于提高汉字识别能力的需求。

(四) 青年群体对汉字应用水平测试认可度比较高,但参与意愿不足

青年群体总体上对汉字应用水平测试持积极肯定的态度,但参与意愿度不是很高;有略高于一半的人愿意报名参加汉字应用水平测试,多是希望了解自身的汉字水平,不同性别、职业对汉字应用水平测试的需求度有显著差异;不愿意参与的原因主要是没有时间和兴趣、日常工作与汉字应用关系不紧密等。

二、调查启示

2007年,汉字应用水平测试开始首次试测,到现在已经走过了十几年,虽有三四十万人参加了测试,但相对于普通话水平测试的参测对象人数来说,无疑有天壤之别。稳步推进汉字应用水平测试工作,逐步提高国民汉字应用水平,可以从以下方面进行努力:

(一) 进一步增加汉字应用水平测试试点城市,扩大测试受众面

目前,国家语委仅在上海、北京、天津、河北等14个省市推进汉字应用水平测试的试点工作,有些省市,也并非在全省市范围内推广。调查中,我

们发现,试点省市的知晓度虽略高于非试点省市,但区别并不明显。明确汉字应用水平测试试点城市的要求,在全国范围内逐渐增加测试试点城市,有助于测试在全国范围内的稳步铺开。

(二) 加大汉字应用水平测试宣传力度,拓宽测试知晓途径

汉字应用水平测试试点城市和非试点城市在知晓度方面没有明显差别,说明汉字应用水平测试在宣传方面关注的是一些浅层面上的新闻,对不同城市开展汉字应用水平测试所进行的具体工作关注不够。

调查中发现传统的口耳相传和报刊等媒体信息是知晓汉字应用水平测试的两个主要途径,而新媒体在当前各项活动中的宣传作用有目共睹,汉字应用水平测试的推广也可以搭乘新媒体的便车,例如,上海市语言文字测试中心已经研发了汉字应用水平测试 App,用它可以进行考前复习等;还可以进一步通过微博分享、微信公众号、视频号运营来扩大公众对汉字应用水平测试的了解,分享汉字知识、汉字中蕴含的文化信息、与汉字和汉字应用有关的故事、新闻等。

无论是在校学生还是非在校的工作人员,通过单位宣传了解汉字应用水平测试的比例均非常小。考虑到在中国,单位跟个人的联系比较紧密,因此,在宣传汉字应用水平测试方面,单位还大有可为的空间,尤其是对于在校学生来说,更要充分发挥学校作为学习生活中心的作用,加大汉字应用水平测试的宣传力度,而不仅仅是依靠教师、同学的自发宣传。

宣传工作应该立足学校,同时辐射社会。在义务教育阶段,加强汉字字音、笔画、笔顺、结构、字义等方面的教学,重视中小学教师尤其是语文教师的汉字能力,通过各种活动增强中小学生对汉字、汉文化的认同感,提高书写规范汉字的意识。在大学阶段,要持续关注汉字应用能力的提升问题,重视汉字的认、写能力。现在大学本科生毕业多有英语过级的要求,但实际上很多人毕业之后,并不一定用到英语。而汉字是我们的母语文字,与我们的工作生活息息相关,理应得到更多的重视。

(三) 均衡测试对象构成比例,制定不同行业不同岗位入级标准,提高全体国民测试参与程度

汉字应用水平测试设计伊始,面向的是与文字关系密切的人员,适用于各级政府部门、新闻出版单位、各级各类教育机构、其他事业单位和企业单位等录用人员和核定在职人员资格,以及各级各类学校考核学生汉字应用水平;适用于公务员、编辑、记者、校对和文字录入人员,各级各类学校教师和学生,文秘及办公室工作人员,广告业从业人员,中文字幕机操作人员,以及日常工作与汉字应用紧密相关的其他人员;也适用于想要了解自己汉字应用水平和能力的其他人员。

本次调查,参与汉字应用水平测试的青年人中,在校大学生、研究生占到79.59%。上海市汉字应用水平测试的参与人群中,在校学生、大中小学教师是主要来源,测试对象构成相对单一。从学校入手,体现了测试的稳扎稳打和测试目标的长期性。在未来,应将政府部门和新闻出版单位等视为汉字应用水平测试重点宣传单位,提高这类单位员工的汉字应用水平测试参加比例;就个人而言,公务员、编辑、记者、校对和文字录入人员、文秘、办公室工作人员、广告从业人员和中文字幕机操作人员等应成为重点测试人群,因为这些群体的汉字水平提高了,将有助于极大改善整个社会的汉字使用环境。

普通话水平测试经过30年的推广,取得的成绩有目共睹,这和它成为一些行业的入职门槛有极大关系。对于和文字关系密切的行业和岗位,也应该审慎地、逐步制定合适的入职标准,以提高国民汉字应用水平,改善社会用字环境。

叶军(2012)曾制定了《上海市汉字应用水平测试各类人员合格标准(暂行)》,具体表述如下:

一级甲等:国家级报刊、出版社文字编辑、校对,国家级影视媒体文字编辑等;

一级乙等:省市级报刊、出版社文字编辑、校对,省市级影视媒体文字编辑等;

二级甲等：中小学语文教师、大学汉语言文学专业教师、国际汉语教师及重要门户网站文字编辑等；

二级乙等：中小学非语文文科类教师（如政治、历史等学科）、广告业从业人员、记者等；

三级甲等：中小学非文科类教师、大学非汉语言文学专业教师、幼儿园教师、大学生、公务员、医务人员等；

三级乙等：公共服务行业人员、各级各类学校教辅人员等。

考虑到现在汉字应用水平测试已经重新分级，且分数范围与以前也有较大不同（二级分数范围是 500—599，跨度变小；三级分数范围是 200—499，跨度变大），未来可以在继续调研的基础上重新制定不同行业不同岗位的入级标准，规定等级，并提出更为明确的分数要求。

（四）结合语言文字类电视节目，激发国民参加测试的内在动机

近些年，《汉字听写大会》《汉字英雄》《成语大会》《中国诗词大会》等语言文化类节目逐渐发展，社会反响良好，观众在观看节目的过程中，能够了解汉字的相关知识，发现自己在书写和应用汉字方面存在的问题，逐步提升汉字应用水平，增强书写规范汉字的意识。这类节目能够吸引更多的人关注汉字，将规范汉字的推广融入大家喜闻乐见的形式，今后应该继续丰富其内容和形式，以便吸引更多的人关注汉字本身和汉字应用，提高国民参加汉字应用水平测试的内在动机——了解和提高自己的汉字应用水平，同时配合行业入职门槛、个人工作需要等外在动机，能更为有效地提高汉字应用水平测试的参与度。

（五）借鉴普通话水平测试的推广经验，提供更多测试机会

目前，汉字应用水平测试每年一次，一般仅接受单位集体报名，考试时间多是 11 月上旬，报名时间各单位自行安排，有的学校安排在 6 月，有的安排在 9 月。普通话水平测试高校一般一年组织两次，而在专门的语言文字机构几乎可以随到随报。例如，上海市语言文字中心 2016 年共安排了 42

场普通话水平测试,分布在1—11月中,报名人可以根据自己的需求,选择适合的场次。

增加汉字应用水平测试次数相应地会增加很多测试事务,可以在调查之后采取试点方式,观察效果,谨慎地逐步推广。报名可以采取以集体报名为主的方式,在一定的时间段,在一些试点单位,可以尝试开放接受个人报名,同时,现在网络发达,也应尝试接受网络报名。

1986年4月19日,邓小平在《教育是一个民族最根本的事业》讲话中指出:"教育是一个民族最根本的事业。四化建设的实现要靠知识、靠人才。政策上的失误容易纠正过来,而知识不是立即就能得到的,人才也不是一天两天就能培养出来的,这就要抓教育,要从娃娃抓起"。这说明教育要抓住源头,使用规范汉字的教育同样也是如此,从小就要将使用规范汉字、书写规范汉字的意识传递给学生们。2016年8月23日教育部、国家语委发布《国家语言文字事业"十三五"发展规划》,其中明确指出,要"建立完善相关行业从业人员语言文字应用能力标准,推动开展相关行业从业人员语言文字应用能力培训测试"。

因此,在稳步增加汉字应用水平测试试点城市、扩大汉字应用水平测试受众对象的同时,应该开始考虑开发面向不同对象的系列测试,对各级各类学生(包括大中小学等各类学校)、窗口工作人员、编校人员等的汉字应用水平提出明确的要求。

第二章　汉字应用水平测试卷面研究

早期，汉字应用水平测试命题工作是由"汉字应用水平测试研究"课题组承担。2011年，汉字应用水平测试命题评价中心依托北京语言大学成立，负责汉字应用水平测试的命题、题库建设、试卷等值、分数报告及相关研究工作。在上述各项工作中，命题工作是整个测试的基础工作，命题质量的好坏直接关系着测试的成败。

本章立足于汉字应用水平测试试题本身，期望通过对历年试题题型变化、用字情况、试卷信度、效度、难度和区分度等重要指标的分析，对汉字应用水平测试的试题有一个较为全面的了解，促使测试朝着科学、规范的方向发展。

第一节　试题变化

一、字音认读试题的变化

汉字应用水平测试开展十几年来，字音认读试题一直是整个试卷的重要组成部分，题量均为30题，不过其题型及具体出现位置均发生了一些变化。2007年，汉字应用水平测试共分为五个部分，分别是汉字书写、字形辨误、汉字选用、字音认读、字义辨别,其中字音认读处于第四部分。自 2008 年以来,该部分试题则一直居于卷首。

(一) 2007 年字音认读试题

2007 年字音认读部分试题一共 30 题,有 3 种类型,分别是:

第 1 种:

　　在下列各题的四个字中,请找出注音(汉语拼音和同音字)错误的一项。
　　A. 谒(yè 业)　B. 籼(xiān 先)　C. 惙(zhuì 坠)　D. 恸(tòng 痛)

第 2 种:

　　在下列各题的四组字中,请找出两个汉字读音不同的一项。
　　A. 垢—够　B. 拈—瞻　C. 杳—咬　D. 绾—碗

第 3 种:

　　在下列各题的四组词语中,请找出加点字读音不同的一项。
　　A. 咀嚼—沮丧　B. 伶俐—杠铃　C. 揣度—猜度　D. 缄默—衔接

(二) 2008—2013 年字音认读试题

2008—2013 年字音认读试题有两种类型,分别是:

第 1 种:

　　请找出以下各题中加点字注音错误的一项。
　　A. 凹陷(wā)　B. 旋翼(xuán)　C. 笺注(jiān)　D. 拈阄(niān)

第 2 种：

请找出以下各题中两个加点字读音不同的一项。
A. 图谶—悭吝 B. 藐视—淼茫 C. 揣度—猜度 D. 缄默—衔接

(三) 2014 年以后字音认读试题

2014 年以后,汉字应用水平测试采用了新大纲,测试范围和试题类型均有了一些改变,且试卷上不再出现"字音认读"等字样,只称为"第一部分"①。具体试题有两种类型：

第 1 种：

在各题中找出注音错误的一项。
A. 芋(yú) B. 囵(lún) C. 邑(yì) D. 辗(zhǎn)

第 2 种：

在下列各题中找出读音不同的一项。
A. 嫉—汲 B. 镊—蹑 C. 蹒—磐 D. 狞—泞

(四) 字音认读试题的发展变化

从上面可以看出,与 2007 年的题型相比,2008 年以后字音认读部分试题题型的变化主要表现在三个方面：

---

① 2014 年以后,测试卷面另三个部分也分别标记为"第二部分""第三部分""第四部分",不再如 2013 年卷面标记"字形辨误""汉字选用""汉字书写"。后文为讨论方便,有时仍会统一按新大纲实施以前更明确的方式进行称呼。

(1) 去掉了第一种题型中用于提示的同音字；

(2) 第一种题型找出注音错误的一项，题干由字变为词；

(3) 题型由三种缩减为两种，原第二种题型在 2008 年不再使用。

2014 年以后，字音认读部分试题题型最大的变化是，无论是第一种找出各题中注音错误的一项还是第二种找出各题中读音不同的一项，题干均由词变为字。这也可以认为是重新启用了 2007 年的前两种题型，只不过第一种题型去掉了提示的同音字。

综上还可看出，2007 年的试题题干同时以字和词的形式出现，以字为主；2008—2013 年的试题均以词为题干，而 2014 年新大纲实施后的试题直接以单个汉字为单位，信息提示越来越少，表现出非常鲜明的"去语境"的特征。这之间的区别可以概括为"词本位"和"字本位"的不同。题型改变了，2014 年以后的试题卷面用字也随之大为减少，对汉字读音的考查更为直接，但题干是单字，因此无法考查出受测对象对不同词语中多音汉字的掌握情况。后文我们的调查也发现，测试基本单位的变化对试题的难度、测试的范围都产生了影响。

二、字形辨误试题的变化

自 2007 年汉字应用水平测试进行首测以来，字形辨误试题一直是该项测试试卷的重要组成部分，但题量和题干形式有一定的变化。

（一）2007 年字形辨误试题

2007 年汉字应用水平测试字形辨误位于试卷的第二部分，共 40 题，有两种题型。分别是：

第 1 种：

在下列各题的四个词语中，请找出用字有错误的一项。

A. 磋商　B. 急燥　C. 修炼　D. 严峻

第 2 种：

在下列各题的四句话中，请找出加点字使用错误的一项。
A. 他费了半天工夫才把这几道题做出来。
B. 这批出土竹简上的文字已经很难分辩了。
C. 向筹委会提交论文的截止日期是星期一。
D. 上半年工会开支一共是两千零六元整。

（二）2008—2013 年字形辨误试题

2008—2013 年字形辨误部分题量减至 30 题，也是两种类型，第一种沿用了 2007 年的第一种题型，故不再列出。第二种题型有所变化，具体如下：

请找出以下各题中用字有错误的一项。
黎明，无边无垠的白云如丝棉被覆盖着群山，/只有一个山峰好比
　　　　　　　Ａ
巨人耸立在白云之上。/半年没有下雨了，山民们受着干旱的煎熬，/山
　Ｂ　　　　　　　　　　　　　　　　　　　Ｃ
坡上的果树都枯萎了，牲口也喝不上水了。
　　　Ｄ

（三）2014 年以后字形辨误试题

2014 年以后的字形辨误部分试题，仅有一种类型，其形式是沿用了 2007 年以来的第一种题型，即找出 4 个词语中用字错误的一项。不过，题干除双音节词以外，增加了三音节的词语和四音节的成语两种类型，尤其是四音节的成语，考查比例显著增加。

(四) 字形辨误试题的发展变化

从 2007 年到现在,字形辨误试题的变化呈现出两个趋势:

1. 去语境化

综合比较字形辨误试题在不同年度的表现,可以看出,2014 年新大纲实施以前,字形辨误部分的试题题干有两种类型,一种是出现于词语中,一种是出现于句子或语段中。但 2007 年测试中的第二种题型,作为题干的 4 个短句之间是没有联系的 4 个小句,2008—2013 年测试中的第二种题型是将一个完整的语段分为 A、B、C、D 四个组成部分,各部分由 1—2 个小句组成。同时,2008—2013 年的试题不再有加点字进行范围提示,语篇中的任何一个字都有可能是错字。2014 年新大纲实施以后,直接删去了在句子或语段中辨别字形正误的题型,加大了对成语中字形辨误能力的考查。

从数量上来看,2013 年及以前,有 33.3% 的试题以句子或语段为题干。但 2014 年以后,所有的试题均以词语为题干。虽然词语也可以和句子一样,被看作汉字使用的语境,但词语是孤立的、较小的语境,和句子或语段存在较大的区别。

2. 高度重视成语用字的考查

我们以 2014 年新大纲实施为界限,考察了 2012—2015 连续 4 年测试的本部分真题中不同长度词语的比例。2012 和 2013 年,在老大纲为指导的字形辨误中,以双音节词为题干的试题共 15 题,比例为 50%;以成语为题干的仅 5 道题,比例为 16.7%。2014 和 2015 年,新大纲开始实施,这部分试题以成语为题干的一共有 16 道题,比例达到 53.3%;以双音节词语为题干的一共 13 道,比例为 43.3%;以三音节词语为题干的有 1 题,比例为 3.3%。考虑到现代汉语中,三音节词比例也不小,我们认为,在本部分中,在保持双音节词为主的格局前提下,可以考虑适当增加三音节词语的考查比例。

在去语境化和成语用字考查比例增大两个因素共同作用下,本部分试题难度有所增加。

三、汉字选用试题的变化

自 2007 年汉字应用水平测试进行首测以来,同字形辨误部分的试题一样,汉字选用也一直是该项测试试卷的重要组成部分,不过题量和题干形式均有一定的变化。

(一)2007 年汉字选用试题

2007 年,汉字选用部分题干仅一种类型,共 10 题,样题如下:

在下列各题的四个选项中,请选出能够正确填入句子括号中的一项。
这次考(　　)的重点是人民群众生活必(　　)品的生产情况。
A. 查/需　B. 察/需　C. 查/须　D. 察/须

题干为一个句子,一般由 1—2 个小句组成。句子中有两个空格,每个空格有两个同音或近音的备选汉字,要求受测对象为空格选出正确的汉字。

(二)2008—2013 年汉字选用试题

2008—2013 年,汉字选用部分试题题量增加至 30 题,成为试卷四大构成部分之一。题干有两种类型,一种以词语为题干,共 10 题;另一种以句子为题干,共 20 题。具体如下:
第 1 种:

寒(　　)　A. 宣　B. 萱　C. 喧　D. 暄

第 2 种:

你休要(　　)老卖老,你的发财(　　)富经早就过时了。

A. 依 致　B. 倚 致　C. 倚 治　D. 依 治

第一种属于新增题型,题干多为一个双音节词,备选答案一般是包含了相同部件的形声字或形近字。第二种题型由 2007 年测试的相应题型沿用下来。

(三) 2014 年以后汉字选用试题

2014 年新大纲实施以后,本部分试题题量未变,数量依然是 30 题。从题型上来说,沿用了 2008—2013 年的两种题型,一种以词语为题干,一种以句子为题干,但又略有变化。2014 年以后,汉字应用水平测试将以句子为题干的汉字选用试题又分为两种类型:一种完全和以前一样,句子中需填入两个汉字;另一种句子中只需要填一个汉字。

样题如下:

过马路要走(　　)马线。　　A 班　B 扳　C 版　D 斑

2014 年以后,本部分是汉字应用水平测试中唯一一种包含句子语境的题型。

(四) 汉字选用试题的发展变化

综上可以看出,汉字选用部分试题的变化主要表现在以下几个方面:

1. 题量的增加

本部分试题的数量从最开始 2007 年的 10 题,到 2008 年以后的 30 题,数量增加了 200%。

2. 题干类型的增加

2007 年的题干仅为句子一种,2008 年题量增加以后,题干的类型也相应扩展,双音节词和多音节词也成为考查范围。

3. 备选答案涉及形近、音近汉字数量的增加

以句子为题干的试题中,最开始是一个句子中有两个空格,每个空格涉

及两个形近或音近的汉字。2014年以后,略有变化,即作为题干的一个句子中仅有一个空格,备选答案为音同形近或音近形近的4个汉字。

四、汉字书写试题的变化

汉字书写部分的试题一直是整个试卷的重要组成部分,题量均为30题,但从2007年到现在,其具体出现位置、题型发生了一些变化。

(一) 位置变化

2007年的试卷共分为五个部分,分别是汉字书写、字形辨误、汉字选用、字音辨别、字义辨别,其中,汉字书写位于卷首位置。2008年起,卷面构成稳定下来,分别是字音认读、字形辨误、汉字选用、汉字书写四个部分,汉字书写移至卷尾,字义辨别的内容融入其他部分,不再独立出现。

汉字应用水平测试的卷面有两种题型:填空和选择。汉字书写部分多属于填空题。虽然填空和选择同属于客观性试题,但由于填空题没有备选项,部分题目没有注音提示,相对于其他部分而言,书写部分难度较大,平均得分较低(详见本章第四节的具体分析),对受测对象的能力要求要高于其他部分。

从受测对象的角度来说,将较难的汉字书写填空题放到最后,既遵循人类思考时由易到难、循序渐进的规律,也有利于受测对象情绪稳定,思维活跃,发挥真实水平。因为刚开始考试时,心情可能有些许紧张,记忆能力、思维能力不在最佳状态,填空形式的书写题放在卷首,受测对象遇到一些不会书写的汉字时,可能会失去信心,影响其后思维的反应、信息的提取,思考时间过长可能还会影响后面题目的顺利完成,这样测试出来的成绩就不一定能准确反映他们真实的汉字应用水平。

(二) 题型变化

1. 2007年汉字书写试题

2007年汉字书写部分均是填空题,有两种题型。分别是:

第 1 种：

根据下列各题所给出的汉语拼音和同音字填写正确的汉字。
赴汤__(dǎo 导)火

第 2 种：

在下列各题的横线上填入正确的汉字,把成语补充完整。
危言__听

从样题中可以看出,两种题型的区别在于有无拼音和同音字提示,后者难度略大。因为它不仅测试了汉字的书写,同时还测试了受测对象对成语的熟悉程度。如果没听说过或者没见过这个成语本身,很难写出来相应的汉字。

2. 2008—2013 年汉字书写试题

自 2008 年起,汉字书写部分题型发生了较大的变化,保留了第一种题型,删除了第二种题型,增加了另外两种新题型。分别是：

第 1 种：

请找出以下各题中唯一正确的选项。
"敝"的第五笔是：
A. 丶　B. 丿　C. 𠃌　D. 丨

第 2 种：

请根据拼音填写正确的汉字。
__(yù)订

第3种：

请找出以下各段中的五个别字,并将正确的汉字写在答卷指定位置上(不必考虑先后顺序)。

雄伟壮观的万里长城象一条巨龙,在重峦迭嶂之间蜿蜒盘旋,从山海关到嘉峪关全长六千七百多公里。它是人类建筑史上罕见的古代军事防御工程,凝聚着我们祖先的血汗和智慧,象征着中华民族艰不可摧的意志和力量。它以幽久的历史,浩大的工程,雄伟的气魄著称于世,与埃及的金字塔、印度的泰姬陵等一起被喻为世界的奇迹。

上述三种题型中,以选择形式出现的第91—93题主要是考查受测对象对于汉字的笔画数量、笔画顺序、笔画名称等基础知识的掌握程度。以填空形式出现、有拼音提示的第94—110题沿用了2007年的题型,只是不再有同音字提示,主要是考查受测对象的汉字书写能力。第111—120题考查的能力比较全面,不仅包括汉字书写能力,还包括在给定的2个语篇中识别错字和选用并书写正确汉字的能力。

3. 2014年以后汉字书写试题

新《汉字应用水平等级及测试大纲》2014年开始试行,2016年正式发布。新大纲实施后,汉字书写题型又有了一些变化。现在一共有两种题型:

第1种：

根据注音填写正确的汉字：
__(yú)论

第2种：

填写正确的汉字,把成语等固定结构补充完整：
危言__听

从上可以看出，跟 2008—2013 年相比，本阶段汉字书写试题题型变化很大，删去了考查笔画、笔顺等基础知识的选择题，删去了在语段中找出并改正别字的填空题，仅有根据拼音写汉字这一种题型得以保留，不过在数量上有所改变（从 17 道增加到 20 道）。但本阶段的试题类型跟 2007 年完全相同，只是第一种形式中不再有同音词提示，而这个变化实际上 2008 年即已发生。

五、测试试题变化趋势

从 2008 年起，汉字应用水平测试试卷卷面构成稳定下来，分别是字音认读、字形辨误、汉字选用、汉字书写四个部分，2007 卷面中字义辨别的内容融入其他部分，不再独立出现。从 2007 年到现在，汉字应用水平测试试题变化的特征可以概括为以下几点：

（一）对汉字能力的考查更为直接

第一部分字音辨误，或是找出注音有误的一项，或是找出读音不同的一项。新题型对汉字语音的考查更为直接，原来可以依词定音，现在题干是单个汉字。不容回避，无法猜测。

（二）增加了对成语部分的考查

2012、2013 年以成语等四字格为题干的题目都是 19 题，2014、2015 年以成语等四字格为题干的题目分别为 26 和 34 题，比例大幅增加。

（三）有非常明显的去语境化趋势

2014 年以前的试题中，3% 左右的题目以汉字为题干，60% 左右的题目以词语为题干，20% 左右的题目以句子为题干，17% 的题目以语段为题干。

2014年以后的试题中,有24%左右的题目直接以汉字为题干,有53%左右的试题以词语为题干,23%左右的题目以句子为题干。

两相比较,去语境化的趋势非常明显。新大纲实行后以语段为题干的试题比例为0,不再出现;以汉字为题干的试题比例大幅上升;以词语和句子为题干的试题比例小幅上升。虽然句子和词语同样也是语境,但试题中作为题干的句子一般都较为简短,而且词语是孤立的语境,这和语段还是有着非常明显的区别的。

(四) 测试卷面总字次和总字种均大为减少[①]

2012年汉字应用水平测试总字次和总字种分别为2 629和1 278,2015年汉字应用水平测试总字次和总字种分别为1 318和956。具体分析详见本章第二节。

(五) 汉字字音的部分知识点无法考查

汉语中有较多的多音字,这些多音字出现于不同的词语和句子中。新大纲实施前,第一部分的试题以词为题干时,无论是第一种题型还是第二种题型,均可以涉及对汉字多音部分的考查,尤其是第二种题型中,多音节汉字考查的比例还不小。但以字为题干后,一字多音问题少有涉及。

在对部分汉字应用水平测试受测对象的访谈中我们了解到,从受测对象的角度来说,语音认读部分虽难度增加,但全卷不再需要阅读较长的语段,故各有优劣。以汉字为题干的试题常给受测对象带来陌生化的效果。他们在做题目的时候,无论是判断注音是否有误,还是判断字音是否相同,大部分人的解题策略还是倾向于将之放到更大的语境中,组字成词,依词定音,而不是通过直接认读汉字来选出正确答案。

[①] 字次指汉字的出现频次,出现n次计为n。字种指出现汉字的种类,如1个汉字出现3次仅计为1,即重复出现不计。

第二节　用字分析

对于一项以汉字的形、音、义和综合运用为考查内容的测试来说，测试卷面本身的用字情况直接影响着试卷的质量高低。因此，对汉字应用水平测试试卷卷面的用字情况进行调查统计分析，不仅有助于提高测试的适切性，还有利于提高测试的规范性和科学性。下文随机抽取2012和2015两年的卷面分别作为新旧大纲指导下的样本，对其具体用字情况进行考察，期望借此了解汉字应用水平测试卷面的用字情况，在此基础上，对测试用字涉及的相关问题进行讨论，并提出一些建议。

为便于统计，我们将题干中的汉字分为两种类型：一种是作为背景出现的背景字，另一种是直接作为测试对象的测试字。例如，在汉字应用水平测试试题第一部分字音认读中，测试字就是加点字，除测试字以外的汉字均为背景字。按背景字出现在测试字之前还是之后，我们分别称之为前背景字和后背景字。

一、测试卷面总体用字情况

2014年，汉字应用水平测试新大纲开始实施。大纲规定的汉字测试的范围和试题题型均有变化，测试卷面的用字情况也随之发生了变化。

（一）2012年整卷用字情况

2012年汉字应用水平测试总字次为2 669，总字种为1 278。其中，"的"频次最高，共104次。

频次在30—21之间的汉字共3个，依次为"是"(28)、"一"(26)、"人"(25)。[①]

[①] 括号内数字为该字频次，下同。

频次在20—11之间的汉字共19个,依次为"不、了"(20)、"过"(15)、"和"(14)、"时、为、物、在"(12)、"国、来、我、心"(11)、"大、地、个、能、三、有、中"(10)。

频次在9—6之间的汉字共44个,依次为:"才、出、动"等3字频次为9,"将、门、气、生、体、通、行、以"等8字频次为8,"长、成、程、风、画、就、开、可、里、流、上、者、自"等13字频次为7,"称、到、对、精、酒、明、年、前、水、它、位、吸、下、小、新、要、也、这、之、重"等20字频次为6。

频次在5—2之间的汉字共433个,依次为:

"吃、当、道、而、分、很、后、或、记、京、具、力、门、命、那、品、起、亲、然、让、身、失、食、事、天、文、先、义、用、月、张、着、作"等33字频次为5。

"保、北、蝙、部、常、处、从、都、度、方、蝠、感、高、骨、好、合、横、户、化、会、家、间、角、交、口、老、历、联、美、内、难、千、情、求、取、群、若、弱、使、市、势、数、土、外、味、无、息、细、想、血、眼、意、因、又、于、与、再、制、质、种、足、最"等62字频次为4。

"爱、被、笔、表、产、沉、传、代、得、第、点、调、多、发、飞、工、顾、冠、广、回、活、击、几、件、渐、接、解、今、经、景、径、看、客、类、利、量、林、灵、龙、路、马、梦、名、摩、女、披、撇、平、其、强、桥、侵、权、如、色、山、深、神、史、始、释、收、四、岁、缩、他、维、系、峡、现、翔、消、笑、雄、学、夜、已、鹰、愿、约、越、折、职、逐、子、走"等86字频次为3。

"八、被、备、奔、必、壁、边、标、冰、并、波、泊、哺、捕、彩、餐、残、操、曹、朝、潮、撤、除、揣、创、此、萃、存、达、带、待、但、荡、倒、等、滴、底、定、东、陡、短、断、敦、夺、翻、凡、犯、访、纷、父、覆、盖、刚、葛、各、给、更、勾、构、够、故、光、规、海、涵、寒、号、何、恨、厚、湖、护、花、缓、煌、悔、机、集、己、甲、价、江、佼、剿、教、节、尽、近、进、禁、静、九、居、鞠、举、距、考、刻、苦、况、烙、离、立、丽、良、聆、刘、笼、露、旅、律、乱、论、罗、落、满、漫、毛、么、蒙、眠、面、民、鸣、目、纳、南、酿、怒、刨、片、篇、骈、破、仆、期、蹊、启、跷、窍、切、勤、请、区、去、拳、日、容、溶、乳、入、声、省、盛、十、实、蚀、土、式、饰、逝、手、首、树、竖、松、俗、素、塑、遂、孙、挲、坛、谈、特、提、替、条、听、涂、吐、推、退、脱、网、往、忘、望、唯、菱、西、玺、暇、弦、贤、县、相、享、向、像、象、削、效、撷、写、信、兴、形、需、许、延、演、洋、样、野、叶、艺、引、印、应、犹、游、予、雨、玉、欲、原、院、愠、展、站、章、涨、仗、照、罩、真、征、整、症、值、指、至、治、致、终、转、装、字、宗、族、祖"等252个字频次为2。

频次为1的汉字共778个。因篇幅原因，不一一列举。

本年测试卷面用字具体累频情况详见附录4。

(二) 2015年整卷用字情况

2015年汉字应用水平测试总字次为1318，总字种为956。其中，依然是"的"频次最高，共出现32次。

频次在15—10之间的汉字共4个，依次为："不"(14)、"人"(13)、"风、一"(11)。

频次在9—6之间的汉字共12个，依次为："了、填、着"等3字频次为8，"事、心、子"等3字频次为7，"成、气、然、如、山、在"等6字频次为6。

频次在5—2之间的汉字共143个，依次为：

"出、和、其、生、笑、意、自"等7字频次为5。

"别、发、海、经、声、时、是、为、要、有、中"等11字频次为4。

"并、藏、带、代、党、而、方、高、故、湖、花、苦、理、流、们、青、上、世、释、水、所、谈、同、我、远、云、之、装、总、作"等30字频次为3。

"爱、包、辈、笔、庇、冰、部、草、筹、楚、触、纯、此、得、地、扼、非、父、附、古、官、广、国、过、厚、化、悔、火、迹、基、及、即、记、家、建、角、结、她、界、境、静、就、卷、军、开、可、口、夸、拉、牢、领、路、马、毛、名、漠、难、品、墙、亲、轻、清、情、求、取、群、日、三、守、似、松、叹、挑、瓦、围、向、新、行、言、沿、以、异、引、用、员、原、怨、这、阵、众、州、主、走、佐、做"等95字频次为2。

频次为1的汉字共796个。因篇幅原因，不一一列举。

本年测试卷面用字具体累频情况详见附录5。

(三) 2012 和 2015 年测试总体用字情况对比

从上面分年度的用字情况可以看出,2015 年的总字次和总字种均远远少于 2012 年。相较于 2012 年,2015 年总字次减少了 50.62%,总字种减少了 25.20%。很明显,2015 年整卷用字数量更少。这能有效避免不同题型之间无意的互相提示,且减少猜测的概率。

2012 和 2015 两个年度汉字应用水平测试卷面整体用字频次对比见表 2-1。

表 2-1　2012 和 2015 年测试卷面整体用字频次对比

年份 \ 频次 字种数	100 以上	40—31	30—21	20—10	9—6	5—2	1	合计
2012	1	0	3	19	44	433	792	1 278
2015	0	1	0	4	12	143	796	956

从表 2-1 可以看出,新大纲实行后,卷面总字种有了非常明显的下降,仅占到原来总字种的 3/4;从汉字的不同频次分布来说,两个年度的测试卷面也有较大差别。除频次为 40—31 和频次为 1 这两个区间外,其他区间中,2012 年试卷的字种数均明显高于 2015 年。

当然,两年卷面用字情况也有比较一致的地方:

一是最高频使用的汉字均为"的",虽然两个年度其频次差别达 72。

二是使用频次靠前的汉字均是常用的甲表字,频次排名前 30 的汉字基本都是以背景字的身份出现。

三是频次为 1 的汉字字种数量差别小,仅为 4 个。

二、字音认读试题用字情况

(一) 2012 年字音认读试题用字情况

2012 年试卷第一部分字音认读总字次为 400,其中测试字总字次为

180,前背景字总字次为 66,后背景字总字次为 154。

本部分总字种为 353,其中"不"出现 4 次,"称、当、弱、血、为"等 5 字出现 3 次,"泊、风、骨、冠、好、横、击、剿、烙、量、蒙、命、刨、仆、气、蹊、撒、切、强、取、人、吐、三、身、省、遂、笑、意、愿、涨、折、症、自、足"等 34 字各出现 2 次。

测试字总字种为 159,"为"出现 3 次,分布在前后两个不同的题型中,第一种题型考查"为民请命"中"为"的读音,第二种题型中是考查"因为"和"为何"两词中"为"的读音是否相同。"切、省、吐、撒、蒙、烙、折、遂、蹊、量、刨、症、当、仆、称、涨、泊、冠、剿"等 19 字因出现在第二种题型中,故计为各出现 2 次。

前背景字总字种为 63,其中"弱、三、自"等 3 字各出现 2 次。

后背景字总字种为 143,其中"不"出现 3 次,"风、击、命、血、取、人、意、愿、足"等 9 字各出现 2 次。另有"不、横、强、称、当、弱、血、笑"等 8 字既出现于测试字,也出现于背景字中。故本部分用字总数少于前背景字、测试字和后背景字之和。

2012 年度测试卷面字音认读试题不同类型的汉字(此处按字种使用统计,下同)字表归属情况见表 2-2。

表 2-2 2012 年字音认读试题汉字字表归属情况

	甲表字		乙表字		丙表字		合计	
	字种	比例	字种	比例	字种	比例	字种	比例
测试字	121	76.10%	15	9.43%	23	14.47%	159	100%
前背景字	63	100%	0	0%	0	0%	63	100%
后背景字	134	93.71%	2	1.40%	7	4.90%	143	100%
所有用字	306	86.69%	17	4.82%	30	8.50%	353	100%

2012 年,本部分的测试字中包含"纨、伫、沓、胴、梗、袂、隽、宕、鏖、囹、骈、挚、撷、颀、蹊"等 15 个乙表字,"踟、衾、柙、谥、逍、谪、镱、蕙、肽、殒、哂、衾、胼、餍、暑、魇、魇、愠、畛、稔、苤、饕、绦"等 23 个丙表字。后背景字中的乙表字分别是"绔、囹"等 2 个,丙表字分别是"蹰、蠹、蛎、胝、谲、苒、饕"等 7 个。

(二) 2015年字音认读试题用字情况

自2014年起,汉字应用水平测试题型发生变化,因此2015年测试试卷整体用字大大减少。第一部分字音认读总字次为184,除了第15题有1个前背景字、3个后背景字外,另外180个汉字均为测试字。

2015年测试试卷第一部分总字种为183。其中测试字字种为180,无重复用字;前背景字字种为1,无重复;后背景字字种为2,"州"出现2次。

2015年测试卷面字音认读试题不同类型的汉字字表归属情况如下表所示:

表2-3 2015年字音认读试题汉字字表归属情况

	甲表字		乙表字		丙表字		合计	
	字种	比例	字种	比例	字种	比例	字种	比例
测试字	153	85.00%	18	10.00%	9	5.00%	180	100%
前背景字	1	100%	0	0%	0	0%	1	100%
后背景字	2	100%	0	0%	0	0%	2	100%
所有用字	156	85.25%	18	9.84%	9	4.92%	183	100%

2015年,本部分的测试字中包含"绮、蹼、桓、痂、倏、豇、孚、忪、叵、肄、讫、呓、嗔、坍、肓、诂、蛊、讧"等18个乙表字,"刈、爻、蠡、亳、冃、邗、耒、赢、讦"等9个丙表字。

(三) 2012—2015年字音认读试题测试字字表归属情况

综合表2-2和表2-3可以看出,字表方面,无论是测试字、前背景字、后背景字,还是所有用字,均未达到大纲"7:2:1"的要求。尤其是2012年,丙表用字都明显高于乙表用字比例。2015年,乙表用字比例虽高于丙表用字,但也未达到大纲比例要求。

为了更全面地了解汉字应用水平测试卷面字音认读部分测试字的特征,我们还统计了2013—2014年对应部分测试字的字表归属情况,2012—

2015 四年间汉字应用水平测试字音认读部分测试字字表归属对比情况见表 2-4：

表 2-4 2012—2015 年字音认读试题汉字字表归属情况

年份	甲表字		乙表字		丙表字		合计	
	字种	比例	字种	比例	字种	比例	字种	比例
2012	121	76.10%	15	9.43%	23	14.47%	159	100%
2013	100	62.89%	27	16.98%	32	20.13%	159	100%
2014	146	81.11%	26	14.44%	8	4.44%	180	100%
2015	153	85.00%	18	10.00%	9	5.00%	180	100%

从上面的统计情况可以看出，就本部分测试字而言，四个年度均不符合大纲中甲、乙、丙三表"7：2：1"的要求。就测试字而言，总体情况是甲表用字偏多（2013年除外），乙表用字一直不足，丙表用字波动较大，两年不足，两年有余。就总体用字情况而言，也是甲表字远远超出大纲要求，乙表和丙表用字均离大纲要求尚存一定距离。这也对命题专家进行了提醒，在今后的汉字应用水平测试命题工作中，需要关注包括字音认读在内的试题所用字种的字表归属特征，使测试试卷更加规范、科学。

三、字形辨误试题用字情况

字形辨误试题和字音认读试题略有不同。在字音认读部分，有明确的测试字和背景字之分。当题干是词语时，字音认读部分采用加点的方式标明测试字的身份。而本部分中，题干中出现的所有汉字均是测试字，因为每一个字都有是正确答案的可能。故我们将最后作为真正答案选项出现的汉字称为一级测试字，没有作为答案出现的则称为二级测试字。

（一）2012 年字形辨误试题用字情况

2012 年，字形辨误部分一共两种题型，卷面总字次为 1 096，总字种632。

第一种题型是找出词语中用字有误的一个,一共有20题。本题型中总字次200,总字种192,其中一级测试字20个,二级测试字172个,"残、和、披、然、人、势、心、仗"等8字各出现2次。

由于本题型只要求找出用字有误的那个词语,不要求订正,从客观上来说,受测对象不会写出对应的正字,将用字有误的词语中的另一个正字误判为错字,都不影响其完成该题。但就大部分受测对象而言,其是在知晓正字的情况下选出答案的,因此,我们在统计本题型所用汉字字表归属情况时,也一并统计了对应的正字。

本题型卷面的一级测试字中,除了丙表字"盍"以外,还出现了一个超纲字"剌",对应的正字是"讽刺"中的"刺","剌"和"刺"是一组形近字。二级测试字字种中的"枸、遴、挚、瘠、骈"是乙表字,"蟥、愠、燧、媾、啮、噯、嚅、蚍、蜉、笮、儆"是丙表字。对应的正字中,"癣、帷"是乙表字,"寨、溘"是丙表字。2012年字形辨误部分第一种题型中所有汉字字表归属情况见表2-5。

表2-5 2012年字形辨误试题第一种题型汉字字表归属情况

	甲表字		乙表字		丙表字		超纲字		合计	
	字种	比例	字种	比例	字种	比例	字种	比例	字种	比例
一级测试字	18	90.00%	0	0%	1	5.00%	1	5.00%	20	100%
二级测试字	156	90.70%	5	2.91%	11	6.40%	0	0%	172	100%
对应的正字	16	80.00%	2	10.00%	2	10.00%	0	0%	20	100%
所有用字	190	89.62%	7	3.30%	14	6.60%	1	0.47%	212	100%

字形辨误部分第二种题型是找出语段中有误的选项,共10题,总字次为896,总字种为489。其中,一级测试字10个,二级测试字479个。10个一级测试字均是甲表字,分别是"溶、迷、到、起、划、振、退、流、位、飘"。

本题型所有汉字中,"的"出现频率最高,为54;接下来依次是"一"

(12)、"是"(10),"过、人、在"等3字频次为9,"地、和、来"等3字频次为8,"不、大、物"等3字频次为7,"个、国、画、了、通"等5字频次为6,"成、将、里、它、我"等5字频次为5,"蝙、出、到、动、度、对、而、蝠、化、会、们、那、能、上、生、水、天、吸、行、要、重、最"等22字频次为4,"长、程、传、道、方、飞、风、家、间、精、开、可、类、林、流、内、女、千、亲、求、时、市、缩、体、为、位、心、新、学、以、鹰、这、之"等33字频次为3,"八、保、北、被、奔、标、表、哺、餐、产、沉、从、存、达、等、点、定、东、都、短、敦、多、父、感、刚、构、规、海、后、护、煌、记、甲、经、景、距、老、离、力、历、良、旅、美、命、目、南、年、品、起、情、拳、群、然、让、乳、山、深、失、食、史、始、式、松、岁、坛、特、替、外、文、西、息、细、下、现、翔、向、象、消、洋、样、野、夜、艺、游、与、再、展、张、征、制、质、中、逐、自"等94字频次为2,其他汉字出现频次均为1。

本题型489个字种中的10个一级测试字均是甲表字,对应的10个正字也均为甲表字。其他479个汉字中,仅"籁、撷"2个乙表字,1个"喙"是丙表字。本题型中所用汉字(包括对应的正字)字表归属情况见下表2-6。

表2-6 2012年字形辨误试题第二种题型汉字字表归属情况

	甲表字		乙表字		丙表字		合计	
	字种	比例	字种	比例	字种	比例	字种	比例
一级测试字	10	100%	0	0%	0	0%	10	100%
二级测试字	476	99.37%	2	0.42%	1	0.21%	479	100%
对应的正字	10	100%	0	0%	0	0%	10	100%
所有用字	496	99.40%	2	0.40%	1	0.20%	499	100%

综合表2-5和表2-6可以看出,2012年第二部分字形辨误的用字情况,无论是就所有汉字还是就一级测试字而言,字表归属均远未满足大纲"7∶2∶1"的要求。其表现是甲表字有余,乙表字、丙表字不足。

(二) 2015年字形辨误试题用字情况

2015年本部分总字次为372,其中一级测试字30个,二级测试字342

个。总字种 307 个,其中"不"频次为 11,"生、天、心、一、自"等 5 字频次为 4,"发、风、人、谈、笑、子"等 6 字频次为 3,"别、筹、出、高、故、过、花、结、经、口、苦、夸、马、其、气、情、求、如、声、事、释、守、同、言、异、意、怨、云"等 28 字频次为 2,余者皆出现 1 次。

本题型中,30 个作为答案的一级测试字中,有 1 个乙表字为"岐",1 个丙表字为"佗"。对应的正字中,6 个乙表字分别为"泯、恪、弈、绶、陀、莞",3 个丙表字分别是"弭、鸠、俦"。342 个二级测试字中,包含 16 个乙表字,分别是"邸、佚、蒍、苴、仃、诶、诠、皴、涸、夙、苋、饴、庖、悱、恻、浃",5 个丙表字是"歃、觥、逑、衽、俎"。就正字而言,正好符合大纲规定的"7∶2∶1"的要求,但一级测试字和二级测试字本身均未达大纲要求。本部分中所用汉字(包括对应的正字)字表归属情况见表 2-7。

表 2-7 2015 年字形辨误试题汉字字表归属情况

	甲表字		乙表字		丙表字		合计	
	字种	比例	字种	比例	字种	比例	字种	比例
一级测试字	28	93.33%	1	3.33%	1	3.33%	30	100%
二级测试字	321	93.86%	16	4.68%	5	1.46%	342	100%
对应的正字	21	70.00%	6	20.00%	3	10.00%	30	100%
所有用字	370	92.04%	23	5.72%	9	2.24%	402	100%

事实上,对于字形辨误这一部分来说,受测对象能准确找出词语中的错别字就能顺利完成该题。即使不清楚对应的正确汉字,也不影响他们作出正确选择。因此,大纲中关于甲、乙、丙三表字"7∶2∶1"的要求应该针对题目中的误字还是对应的正字是可以继续讨论的一个问题。

(三) 2012—2015 年字形辨误试题一级测试字字表归属情况

综合表 2-6 和表 2-7,可以看出,2012 和 2015 年,字形辨误题一级测试字的比例都不符合大纲"7∶2∶1"的要求。为了更全面地了解汉字应用水平测试字形辨误部分一级测试字的特征,我们还统计了 2013—2014 年本部分一级测试字的字表归属情况。2012—2015 四年间,汉字应用水平测试字形辨误部分卷面误字和对应正字字表归属对比情况具体见表 2-8。

表 2-8　2012—2015 年字形辨误试题一级汉字字表归属情况

		甲表字		乙表字		丙表字		合计	
		字种	比例	字种	比例	字种	比例	字种	比例
2012 年	误字	28	96.55%	0	0%	1	3.45%	29	100%
	正字	26	86.67%	2	6.67%	2	6.67%	30	100%
2013 年	误字	29	96.67%	1	3.33%	0	0%	30	100%
	正字	27	90.00%	1	3.33%	2	6.67%	30	100%
2014 年	误字	25	83.33%	4	13.33%	1	3.33%	30	100%
	正字	26	86.67%	3	10.00%	1	3.33%	30	100%
2015 年	误字	28	93.33%	1	3.33%	1	3.33%	30	100%
	正字	21	70.00%	6	20.00%	3	10.00%	30	100%

综合表 2-6、表 2-7、表 2-8 可以看出,无论是对 2012 年还是 2015 年本部分包含的一级和二级所有卷面用字字表属性的统计,还是 2012—2015 等四年间一级测试字和对应正字的字表属性,均体现出本部分的用字情况均距大纲要求甚远(除了 2015 年对应的正字符合大纲要求)。总体来说,其趋势都是甲表字使用过多,乙表字和丙表字的使用严重不足。

四、汉字选用试题用字情况

(一) 2012 年汉字选用试题用字情况

2012 年的测试卷面中,本部分有两种题型。第一种题型的词干是词语,第二种题型的词干是句子。

第一种题型中,总字次是 60,总字种也是 60。其中,作为题干出现的背景字一共 20 个,测试字 40 个。40 个测试字中,我们将 10 个作为正确答案出现的汉字称为一级测试字,30 个作为备选答案的干扰项称为二级测试字。

2012年测试卷面汉字选用部分第一种题型中所有用字字表属性具体见表2-9。

表2-9 2012年汉字选用试题第一种题型汉字字表归属情况

	甲表字		乙表字		丙表字		超纲字		合计	
	字种	比例	字种	比例	字种	比例	字种	比例	字种	比例
一级测试字	5	50.00%	3	30.00%	2	20.00%	0	0%	10	100%
二级测试字	23	76.66%	4	13.33%	1	3.33%	2	6.67%	30	100%
背景字	20	100%	0	0%	0	0%	0	0%	20	100%
合计	48	80.00%	7	11.67%	3	5.00%	2	3.33%	60	100%

10个一级测试字,"曼、翘、委、措、吊"等5个字是甲表字,"蜇、牒、掬"等3字是乙表字,"噤、瘁"等2字是丙表字。

30个二级测试字中,"诽、漫、蔓、谍、碟、俏、跷、萎、挫、锉、错、钓、掉、叨、谨、矜、禁、悴、萃、粹、鞠、居、拘"等23个字是甲表字,"绯、斐、樵、痿"等4字是乙表字,"诿"是丙表字,另有2字"缦、蹀"是超纲字。

20个背景字"声、妙、通、楚、琐、手、不、及、提、心、胆、若、寒、蝉、鞠、躬、尽、瘁、态、可"均为甲表字。

第二种题型中,总字次是600,总字种是391。其中"的"频次最高,出现26次,"了"频次为10,"是"频次为6,"中、者、时、人"等4个字频次为5,"作、有、用、物、我、事、能、酒、很、程、不"等11字频次为4,"自、着、种、职、于、以、一、也、新、想、如、让、品、年、难、明、们、路、力、记、和、过、工、个、高、分、大、出"等28字频次为3,"除、当、倒、到、底、翻、犯、访、够、或、已、件、渐、将、交、解、近、精、具、看、考、可、况、来、利、联、龙、平、其、启、起、气、桥、情、去、上、神、生、失、使、首、塑、他、体、往、望、忘、文、细、系、下、先、县、心、信、行、要、意、予、越、再、这、制、质、重"等65字频次为2,余者频次皆为1。

2012年测试卷面汉字选用部分第二种题型用字字表属性见表2-10。

表2-10 2012年汉字选用试题第二种题型汉字字表归属情况

	甲表字		乙表字		丙表字		合计	
	字种	比例	字种	比例	字种	比例	字种	比例
一级测试字	38	95.00%	2	5.00%	0	0%	40	100%
二级测试字	38	95.00%	1	2.50%	1	2.50%	40	100%
背景字	309	99.36%	1	0.32%	1	0.32%	311	100%
合计	385	98.47%	4	1.02%	2	0.51%	391	100%

391个字种中,有80个是测试字:40个一级测试字中,38个甲表字为"犹、宏、节、反、息、弛、含、利、机、需、予、饰、耽、偿、志、利、忘、翩、驱、树、晦、型、启、巡、致、溶、临、历、供、沟、叉、道、龙、筑、批、味、事、意",2个乙表字为"袪、渎";39个二级测试字中,37个甲表字为"尤、洪、去、解、犯、熄、迟、涵、力、肌、须、寓、释、尝、制、往、篇、躯、竖、讳、形、起、循、治、融、邻、里、贡、勾、岔、到、拢、铸、批、位、示、义"(其中"力"字在两道题中作为二级测试字出现),1个乙表字"眈",1个丙表字为"黩"。其他背景字中,另有1个乙表字为"祀",1个丙表字为"涅"。总的来说,本题中无论是测试字还是用字总体情况,甲、乙、丙三表用字均不符合"7∶2∶1"的要求。总体趋势依然是甲表字偏多,乙表字和丙表字不足。

(二) 2015年汉字选用试题用字情况

2015年测试卷中,汉字选用部分有三种题型(见本章第一节第三部分)。第一种题型的题干是词语,后两种题型的题干均是句子,但需要填入的汉字数量有别。

第一种题型中,总字次为60,总字种为59(其中"风"字出现2次),测试字字种为40,背景字字种为19。测试字中,一级测试字10个,含8个甲表字"粹、挟、惶、附、妨、矫、晦、涣",2个乙表字"麟、佻";二级测试字30个,含

28个甲表字"悴、胁、肋、携、慌、皇、恍、符、付、咐、仿、防、坊、姣、骄、佼、侮、诲、悔、换、焕、唤、窕、眺、挑、鄰、磷、鳞",2个丙表字"淬、瘁"。19个背景字"纯、要、恐、庸、风、雅、不、一、试、健、雨、如、然、冰、释、轻、风、毛、角",均是甲表字。具体见表2-11。

表2-11 2015年汉字选用试题第一种题型汉字字表归属情况

	甲表字		乙表字		丙表字		合计	
	字种	比例	字种	比例	字种	比例	字种	比例
一级测试字	8	80.00%	2	20.00%	0	0%	10	100%
二级测试字	28	93.33%	0	0%	2	6.67%	30	100%
背景字	19	100%	0	0%	0	0%	20	100%
合计	56	93.33%	2	3.33%	2	3.33%	59	100%

第二种题型中,总字次为230。其中"的"出现12次,"成、风、了"等3字出现4次,"海、人、中"等3字出现3次,"出、代、得、国、湖、其、三、新、一、原、阵"等11字出现2次,余者皆出现1次。

总字种为193,其中测试字40个,背景字153个。测试字中,一级测试字10个,含7个甲表字"勾、伦、拥、撩、绚、辅、彰",2个乙表字"牒、掬",1个丙表字"楫";二级测试字30个,仅一个乙表字"喋",另29个"构、钩、沟、辑、缉、揖、沧、论、纶、拘、居、鞠、谍、碟、俑、佣、涌、燎、僚、潦、炫、询、眩、扶、抚、铺、章、樟、障"皆为甲表字。153个背景字均为甲表字。具体见表2-12。

表2-12 2015年汉字选用试题第二种题型汉字字表归属情况

	甲表字		乙表字		丙表字		合计	
	字种	比例	字种	比例	字种	比例	字种	比例
一级测试字	7	70.00%	2	20.00%	1	10.00%	10	100%
二级测试字	29	96.67%	1	3.33%	0	0%	30	100%
背景字	153	100%	0	0%	0	0%	153	100%
合计	189	97.93%	3	1.55%	1	0.52%	193	100%

第三种题型中,总字次为282。其中,"的"出现16次,"人"出现6次,"山、事、在"等3字频次为4,"并、了、气、然、所、着"等6字频次为3,"此、党、风、和、基、建、界、牢、们、墙、青、时、世、水、似、围、有、装、作"等19字频次为2,余者频次皆为1。

222个字种中,40个为测试字,182个为背景字。测试字中,一级测试字20个,包含17个甲表字"笸、磴、记、见、叠、驰、玷、采、慕、袭、畜、青、淳、茫、意、映、恰",3个乙表字"渎、霭、斓",没有丙表字;二级测试字20个,包括19个甲表字"芭、嗑、忌、建、蔼、迭、阑、弛、沽、彩、幕、习、蓄、清、纯、芒、义、应、洽",1个丙表字"黩"。182个背景字中,含1个乙表字"襄",余者均为甲表字。具体见表2-13。

表2-13 2015年汉字选用试题第三种题型汉字字表归属情况

	甲表字		乙表字		丙表字		合计	
	字种	比例	字种	比例	字种	比例	字种	比例
一级测试字	17	85.00%	3	15.00%	0	0%	20	100%
二级测试字	19	95.00%	0	0%	1	5.00%	20	100%
背景字	181	99.45%	1	0.55%	0	0%	182	100%
合计	217	97.75%	4	1.80%	1	0.45%	222	100%

(三) 2012—2015年汉字选用试题测试字字表归属情况

为了更全面地了解汉字应用水平测试汉字选用部分一级测试字的特征,我们还统计了2013—2014年卷面汉字选用这部分一级测试字的字表归属情况。2013年汉字选用题,一级测试字共50个,其中甲表字46个,分别是"晤、竣、戳、杨、曼、仓、忘、翩、意、成、务、核、撰、驻、含、力、箭、淹、沟、枉、临、历、常、结、十、符、禁、径、事、意、题、势、番、扇、结、异、汇、泄、讳、嬉、资、济、记、见、置、牟";乙表字3个,分别是"牒、徇、掮";1个丙表字是"魇"。

2014年汉字选用题,一级测试字共40个,其中甲表字30个,分别是"悍、鸿、栋、娇、据、源、涨、匡、锤、婉、属、灌、净、辨、篷、扳、段、飘、暇、奋、抱、刻、磊、坦、慕、崭、驯、呵、拨、贴";乙表字6个,分别是"谛、怄、黜、祛、萦、沓"；丙表字 4 个，分别是"诟、浚、傲、绞"。

2012—2015 四年间汉字应用水平测试中汉字选用部分测试字字表归属情况对比具体见表 2-14。

表 2-14　2012—2015 年汉字选用试题测试字字表归属情况

年份	甲表字		乙表字		丙表字		合计	
	字种	比例	字种	比例	字种	比例	字种	比例
2012	45	90.00%	3	6.00%	2	4.00%	50	100%
2013	46	92.00%	3	6.00%	1	2.00%	50	100%
2014	30	75.00%	6	15.00%	4	10.00%	40	100%
2015	32	80.00%	7	17.50%	1	2.50%	40	100%

从表 2-9 到表 2-13 可以看出，2012 和 2015 年测试卷的汉字选用部分，无论是总体用字还是测试用字，均未满足大纲要求。其趋势仍然是甲表字使用有余，乙表字和丙表字使用不足。

但从表 2-14 中，我们也很欣喜地发现，2014 和 2015 年的测试字比例明显优于 2012 和 2013 年测试字的比例，尤其是 2014 年，三表用字非常接近大纲的要求。

五、汉字书写试题用字情况

（一）2012 年汉字书写试题用字情况

2012 年本部分共三种题型，第一种题型是对汉字笔画、笔顺的考查，第二种是根据拼音写出词语或句子中的汉字，第三种是找出语段中的错别字并改正。由于第三种题型不仅要找出错字，还要把对应的正字写出来，相对来说难度比较大。

第一种题型中总字次为 27，其中"笔、的、是"3 字频次为 3，"第"频次为 2，余者频次皆为 1。总字种为 20，其中测试字 3 个，包含 2 个甲表字"缝、涵"，1 个丙表字"蓊"；背景字 17 个，均为甲表字。

第二种题型中测试字需要受测对象写出来，因此出现的均是背景字，总字次为110，其中"常、的、峡"等3字频次为3，"地、动、活、三、土、为、我、心、又、中"等10字频次为2，余者频次皆为1。总字种为94，包含1个乙表字"泾"，余者均为甲表字。要求写出的17个直接测试字中，"辜、惭、堕、殷、蒂、煞、垂、髓、悻"等9字为甲表字，"坍、厩、渭、麟、噙、蛰"等6字为乙表字，"铜、瞿"等2字为丙表字。

第三种题型的完成有两个步骤，先要找出使用有误的别字，再写出正确的汉字。本部分总字次为359，其中"的"出现18次，"一"出现9次，"才、是"出现8次，"人"出现7次，"三"出现6次，"吃、国、小"出现5次，"京、就、了、时"出现4次，"不、广、前、为、义"等5字出现3次，"保、北、备、部、操、曹、出、处、代、动、都、顾、过、或、佼、九、客、老、刘、流、美、门、名、能、权、身、食、孙、谈、推、昧、下、先、贤、眼、演、也、已、者"等39个字出现2次，余者皆出现1次。

总字种为234，其中作为别字出现的有10个，包含"慨、泌、幺、嘻、瞭、备、靡、户、账"9个甲表字，"稗"1个乙表字；224个背景字中，甲表字222个，无乙表字，丙表字2个"褚、阆"。需要正确书写的10个直接测试字中，包括7个甲表字"概、吆、熙、缭、辈、庐、帐"，1个乙表字"麾"，2个丙表字"谧、捭"。

(二) 2015年汉字书写试题用字情况

2015年本部分共两种题型，第一种题型是根据拼音填写汉字，第二种题型没有拼音提示。

第一种题型中总字次为129。其中"的、着"出现4次，"一、子、总"等3字出现3次，"爱、藏、和、拉、亲、然、上、是、行、意、远、在"等12字出现2次，余者皆出现1次。

总字种为105。这些字均为背景字，且均为甲表字。需要受测对象填写的测试字字次和字种均为20，其中包括"砾、侃、莩、唆、侥、虔、疡、屈、盎、晏、泓、矜、饯、伫、捋"16个甲表字，"翎、悭、衮"3个乙表字，"趿"1个丙表字。

第二种题型中总字次和总字种均为 30,这些汉字都是以背景字的形式出现的,均为甲表字。需要受测对象填写的直接测试字字次和字种均为 10,其中甲表字 5 个,分别是"诣、挪、奄、怩、膻",乙表字 3 个,分别是"弩、谀、铤",丙表字 2 个,分别是"挈、厝"。

(三) 2012—2015 汉字书写试题测试字字表归属情况

为了更全面地呈现汉字应用水平测试卷面中汉字书写部分的特征,我们还考察了 2013—2014 年测试卷面汉字书写部分测试字的字表属性。

2012—2015 四年间汉字应用水平测试中汉字书写部分测试字字表归属情况对比具体见表 2-15。

表 2-15 2012—2015 年汉字书写试题测试字字表归属情况

年份	甲表字		乙表字		丙表字		合计	
	字种	比例	字种	比例	字种	比例	字种	比例
2012	18	60.00%	7	23.33%	5	16.67%	30	100%
2013	25	83.33%	4	13.33%	1	3.33%	30	100%
2014	22	73.33%	5	16.67%	3	10.00%	30	100%
2015	21	70.00%	6	20.00%	3	10.00%	30	100%

从表 2-15 可以看出,新大纲实施前后本部分测试字的字表属性有较大变化。

新大纲实施之前的试卷,汉字书写卷面测试字的字表比例变动幅度较大。甲表字或使用过度,或使用不足,比例高时达 83.3%,低时为 60.0%;乙表字也是时多时少,与大纲要求比例亦有一定差异;丙表字比例波动幅度也相当大,高时达 16.7%,低时为 3.3%,2013 年仅考了 1 个。

新大纲实施以后,汉字书写部分测试字分属三表的比例逐渐接近大纲规定,2015 年测试字分属三表的比例与大纲规定完全相符。可见,汉字应用水平测试试卷的命题工作在逐渐朝着规范化、科学化的方向发展。

第三节 信度与效度

信度和效度是评价测试质量的两个重要指标。汉字应用水平测试作为一项国家级语言类标准化测试,其性质天然地对信度和效度提出了较高要求。

前文我们说过,汉字应用水平测试从首测到现在已有十几年,其间测试范围、题型、等级划分和入级标准等均发生了一定程度的变化。比较明显的分界线是在 2014 年,此前实行的是 2006 年发布的大纲,此后开始使用的是新大纲(2014 年试行,2016 年正式发布)。我们希望对新大纲实施前后汉字应用水平测试的信度和效度进行分析,探究十几年来汉字应用水平测试的稳定性、可靠性和有效程度。下文分别以上海市 2012 和 2015 年的测试成绩作为新大纲实施前后测试成绩的代表,鉴于上海市参测人数较多,故从两年中随机抽取 400 位左右受测对象的成绩作为样本。最终抽取结果是 2012 年 407 位,2015 年 413 位。2012 年和 2015 年样本成绩概况见表 2-16。

表 2-16 2012 和 2015 年汉字应用水平测试样本成绩概况

年份	最高分	最低分	中位数	均分
2012	745	187	511	503
2015	637	297	480	481

下文我们将运用教育测量学的方法,采用 SPSS20.0 对新大纲实施前后汉字应用水平测试的信度和效度进行研究。

一、汉字应用水平测试信度

(一) 信度和信度的分类

信度是指测验结果的一致性、稳定性及可靠性。信度系数越高即表示该测验的结果越一致、稳定与可靠。一般来说,信度要求在0.7以上。常见的信度有再测信度、复本信度、内部一致性信度和评分者信度。

再测信度,又叫"重测信度",指用再次测量的方法获得的信度系数。用同一测验在不同时间对同一群体施测两次所得分数的相关系数,反映两次测验结果的稳定性。再测相关系数越大,测验的稳定性越好,测量结果越一致和可靠。

复本信度,指一组被试被分派测量同一特征的不同复本而取得的测验分数之间的一致性。复本是一个测验的两个版本,它们在难度、长度、排布、内容上几乎相同,并且会以同样的方式施测、打分和解释。

内部一致性信度指测验的题项在测量单个心理结构或概念上的一致性。同质的测验比异质的测验更具有题项间的一致性。

评分者信度指的是多个评分者给同一批人的答卷评分的一致性程度。客观性试题一般无须考查评分者信度。但有些测验中部分试题的答案并不固定,如论述题等,评分时必然掺杂有主观判断因素,评分者之间的个体差异会导致误差的产生。因此,需要考查评分者信度。

(二) 2012和2015年汉字应用水平测试信度

汉字应用水平测试的卷面试题,一般来说,题量越大,测试点越多,信度就越高。汉字应用水平测试的题量较充足。因为汉字应用水平测试要求在80分钟内做完120个得分点,考查汉字的读音、形体、书写和在语境中正确运用等各个方面,保证了较高的信度。不过,整个测试卷面中,四选一的项目占75%,这种类型的试题只能测试受测对象识别汉字形、音、义等信息的能力,最后一部分汉字书写题可以考查受测者在语境中书写汉字的能力,但不能考查受测对象在实际语境中准确认读汉字的能力,从这个角度来说,汉字应用水平测试尚有改进之处。

从测试实施的情况来看,汉字应用水平测试不涉听说,对测试环境没有过高的要求,有一个较为安静的教室即可,这属于基本条件。测试每年在11月中旬的非工作日举行,举行时间、方式基本一致,虽然个别考场有时会有一些突发事件，但总体上不影响测试本身的信度。

从受测对象的情况来看，高分段的受测对象所取得的成绩是非常可靠的。但因为选择题比较多，所以中分段或低分段的受测对象在一定程度上存在猜题的可能。

接下来，我们来具体验证汉字应用水平测试的信度。上文说到的四种信度，再测信度不具备现实性，很难找到合适规模的受测对象在适当的时间内参加两次汉字应用水平测试。复本信度也较难操作，2007 和 2008 年测试有多种卷面，但 2009 年以后仅有一种卷面。汉字应用水平测试试题的主观题部分较少，仅占整个卷面的 25%。因此，本书采用的是相对方便而且常用的内部一致性信度。

内部一致性信度有两个重要指标，一个是分半信度，一个是克隆巴赫 α 系数。分半法可以按卷面试题顺序，以总题数的一半为界，从中间划分出上、下两个部分，但这种方法不太好，因为试题的题型前后有较大区别，受试卷布局影响，两个部分难易度可能有较大差别，而且受测对象在两个部分的疲劳和焦虑程度不一样，这样计算出来的信度会受到影响。故经常采用的是奇偶分半法，就是按照题目的奇数项和偶数项将测验分成两半；也可以采用随机分配的方法划分出两部分；还可以人工干预，根据测验的内容进行划分，将测试题目分成数量相等、内容和难度也相当的两个组成部分。

计算内部一致性的第二种方法是计算 α 系数。G. 弗雷德里克·库德和 M.W. 理查德森研发了早期的内部一致性计算公式，李·克隆巴赫在此基础上发展出 α 系数。α 系数，也称克隆巴赫 α 系数，它提供的信度可以视为所有分半信度的平均值，并由斯皮尔曼-布朗公式修正。

目前，国际上对信度的比较，通常采用克隆巴赫 α 系数进行衡量。一般认为 α 系数越高，信度就越高。不同研究者对信度系数的界限值有不同的认识。一般认为，对于总量表来说，0.60—0.64 为不可信，0.65—0.69 为最小可接受值，0.70—0.79 为比较可靠，0.80—0.89 为相当可靠，0.9 及以上为非常可靠。对分量表来说，系数最好在 0.70 以上，0.60—0.69 也可以接受。

我们使用 SPSS20.0 计算了 2012 和 2015 年汉字应用水平测试试卷整

体信度和每个部分的信度,具体如下:

表 2-17 2012 和 2015 年汉字应用水平测试的信度

	2012 年	2015 年
整卷	0.914	0.918
第一部分字音认读	0.782	0.750
第二部分字形辨误	0.703	0.731
第三部分汉字选用	0.667	0.645
第四部分汉字书写	0.862	0.859

从表 2-17 可以看出,2012 和 2015 年的 α 系数非常接近,整卷信度都超过了 0.9,说明这两份测试试卷的可靠性非常好,有很高的使用价值。曹昭(2015)计算了河北省 2007 年四个批次汉字应用水平测试的信度,结果分别为 0.934、0.964、0.975、0.973。对比这 6 份不同的汉字应用水平测试试卷信度结果可知,汉字应用水平测试试卷的命题过程经过了精心的组织与安排,试卷质量相当稳定,具有较高的可靠性。

继续观察 2012 和 2015 年试卷每个部分的信度系数,可以发现它们都较为接近,四个部分的差值依次为 0.032、-0.028、0.022、0.003。2012 年第一、三、四部分的系数略高于 2015 年的对应部分,但 2015 年的整卷系数和第二部分的系数高于 2012 年。可见,虽然 2012 和 2015 年的试卷题型发生了较大的变化,但整卷和各组成部分的 α 系数并未发生明显变化。

就测试试卷四个具体的组成部分而言,汉字书写部分的信度系数在两个年度中均是最高值,字音认读和字形辨误居中,汉字选用部分在两个年度虽均是最低值,不过也居于 0.6—0.7 之间,属于可以接受的范围。

(三)提高汉字应用水平测试信度的措施

测试信度的影响因素包括受测对象、施测者、施测情境、测量工具、两次测试间隔时间等。汉字应用水平测试每年仅组织一次测试,时间一般固定在 11 月份第 2 周的周末;受测对象的个体因素如参测时的身心状况、注意力等很难事先预料,但目前受测对象多是成人,相对而言比较稳定;因此未来汉字应用水平测试工作中,提高汉字应用水平测试的信度,主要应从施测情境、施测者、测量工具等三方面入手:

1. 坚持做好测试的组织管理工作,排除测试环境的干扰

测试场地严格按照施测要求进行布置,减少无关因素的干扰。安全、安静的测试环境,能够给每个受测对象提供公正而平等的答题机会。这一点,通过加强测试前的组织管理工作,可以保证。

2. 命题工作结束以后,加强检查,保证试卷零错误

测试信度最基本的要求就是考题无知识性错误,无印刷错误,无出题错误。汉字应用水平测试试卷偶有错误,如2015年测试试卷第三部分第86小题,作为答案备选项的汉字选择有误,导致四个备选答案两两相同。今后应加强检查工作,杜绝类似情况再次发生。

3. 加强阅卷人员的培训,降低人工阅卷的主观性,提高评分者信度

这一点是提高汉字应用水平测试信度最重要的一点。下面我们来具体阐述。

测试的试题可以分为客观性试题和主观性试题。其中客观性试题的正确性完全由既定的标准决定,阅卷时无需阅卷者作出主观判断,如单项选择、多项选择和判断正误等。主观性试题要求阅卷者在阅卷时对受测对象答题的正确性作出主观判断,因此,不同的阅卷者面对相同的试卷,可能会作出不同的判断;同一阅卷者在不同时间,对同一份试卷的评阅结果可能也不尽相同。有鉴于此,要保证评分的客观性,就必须最大限度地保证对评分标准解释的确定性,减少评分员主观判断的成分。

汉字应用水平测试第四部分汉字书写(共30道题)是由阅卷老师进行评阅。受测者填写答案,评卷老师批阅,如果是正确的,就在答题卡上填"Y",错误的,则填"X"。评卷老师批阅之后,再统一机器阅卷。由于不同老师在判断汉字书写正确与否方面存在差异,评分者信度是我们需要重点关注的一个问题。

陈菲等(2011)指出评阅汉字书写部分,要关注整字、结构、部件、笔画等

不同层次。整字方面,关注用字是否规范,是否符合语境;结构方面,关注结构是否正确、是否匀称;部件方面,关注部件是否正确、部件之间位置关系是否正确、部件变形是否准确;笔画方面,关注笔画形状是否准确、笔画数量是否正确、笔画之间组合关系是否准确。该文还对汉字应用水平测试书写部分要求正楷书写和格式规范这一点进行了说明。因为在汉字不同的形体结构中,楷书是最能反映出汉字形体和笔画结构的一种;书写在米字格内,是便于老师评阅,同时也为以后机器阅卷打下基础。

汉字应用水平测试虽然在"试卷说明"中明确要求受测对象"把答案填写在答题纸上相应题号后面的米字格内。用正楷书写,字迹清楚,不要连笔",但每次测试中,总有受测对象书写不够规范,要么连笔,要么把答案写在米字格之外,这无形中增加了阅卷老师判断的难度。具体来说,阅卷老师评阅测试试卷第四部分汉字书写时,不同教师或同一个教师处于不同阅卷阶段时,在以下方面存在判断差异:

(1) 对连笔的宽容程度有高低之别

连笔式书写,会导致笔画数减少。所以在阅卷时,评阅老师遇到连笔,一般从严。但遇到不同程度的连笔时,不同老师在判断是否为错字方面存在差异,同一位老师在不同时间阅卷,由于个体因素譬如疲劳程度、心理状态的影响,阅卷结果也会产生差别。

(2) 对形近笔画的代替宽容程度有差别

例如,"虎"字头的第三笔为横勾,有些受测对象写成横,不影响整字结构、笔画数量和读者识别,有些老师认为可以,有些老师不能接受。"虎"字的第五笔是"横",笔画方向是从左到右,但有不少受测对象写成从右向左的"横撇",又如,"木"字中的竖笔,有些人为了书写美观,写成了竖勾或有回笔,这两种情况,应该判断为对还是错?这些问题上,同一位老师前后基本能保持标准一致,但不同老师之间可能有细微差异。

(3) 对笔画形状、笔画之间关系的准确程度要求有别

例如,"点"有左点、右点、长点、短点、横点、竖点之别。如果形状写错,是否判为错字?又如,"垂"的最后两笔,均是横,是否一定要最后一横短于

倒数第二横？这与"土"和"士"的区别还不一样，"土"和"士"之间的区别性特征完全依靠两横的长短来实现，但对于"垂"来说，两横长度的具体比例并不是区别性特征。

（4）对笔画变形不准确的宽容程度有别

例如，"船"的左边是"舟"字，"舟"字作为部首时，"横"不能出头，如果受测对象写的出头了一点儿，怎么处理？类似的还有"匕"字中的撇不能出头，"华"字右上角的撇一定要出头，遇到这种情况，尤其是受测对象笔画不是很清楚的时候，不同的老师判断时会表现出一定的差异。

就第二种情况而言，受测对象把答案写在米字格之外，也有程度上的差异。有些受测对象是在印制的米字格之外重新画个米字格，整字都在印制的米字格之外；有些受测对象由于开始是用钢笔填写的，但填写错误，米字格内尚有少量空余位置，所以后面填写的正确汉字有部分在原来的米字格之外。这个部分的比例也不一样，有的是整个字的50%以上，有的是30%左右，有的只是一两笔笔画。在遇到这些情况的时候，不同阅卷者表现出较大的差异。实际评阅时，不同阅卷老师对汉字不完全写在米字格内的情况，标准把握宽严不一。

这里只是列举了阅卷时经常遇到的一些问题，实际阅卷中，情况比这复杂得多。因此，在正式阅卷之前，宜由有关部门组织协调各地的预阅卷工作，扩大预阅卷的范围和预阅卷教师的队伍，将本次测试中需要书写的汉字，评分标准可能不一的情况尽量摸清，制定出相应的规则，再加强对阅卷员的培训工作，以此提高评分者信度。

二、汉字应用水平测试效度

（一）效度和效度的分类

效度是测量的有效性程度，即测量工具确能测出其所要测量特质的程度，简单地说，就是指一个测验的准确性、有用性。效度是科学的测量工具所必须具备的最重要的条件。正常情况下，测量不会"完全有效"或"完全无效",所以效度只有程度上的差异。

根据验证效度角度与方法的差异,可以把效度分为三种类型,分别是结构效度、效标关联效度和内容效度。

结构效度又称构想效度。这里的所谓"结构",是心理学或社会学上的一种理论构想或特质,它本身观察不到,而且也无法直接测量到,但学术理论假设它是存在的,以便能够来解释或预测个人或团体的行为表现(黄光扬,2012)。结构效度就是指一个测验实际测到所要测量的理论结构和特质的程度,或者说它是指测试分数能够说明心理学理论的某种结构或特质的程度,即测试是否真正测量到假设/构造的理论。

效标关联效度,又叫实证效度、统计效度,考察测试分数与效标的关系,看测试对处于特定情景中的个体行为进行预测时的有效性。要判断这种预测的有效性,就必须找一个测试以外的、客观的标准进行参照。效标是指与被试群体无关的外部客观标准,是明显可见且没有争议的,是统一规定的,不会因测评对象群体性质的改变而变化。常见的效标主要有学业成就、等级评定、临床诊断、实际工作表现、其他测验成绩等。

内容效度是指测试题目样本对于应测内容与行为领域的代表性程度。要考察测试题目样本的代表性,首先需要对应测内容和行为领域有明确的界定,有比较清楚的组织结构。内容效度的分析常用逻辑分析方法,依靠专家对测验题目与应测内容范围的吻合程度作出判断,也就是把所有题目按考试内容分布和考查目标分布进行双向分类,形成一份"题目双向分类表"。以这个表为基础,由专家对这次测试的内容效度的满意程度作出等级判断或评语描述。

(二) 2012 和 2015 年汉字应用水平测试效度

因汉字应用水平测试目前尚属于在部分城市进行试点的阶段,而且受测对象主要来自学生、教师、编辑、公务员、广告从业人员等群体,且目前并没有类似的与该测试可以进行比较或关联的其他测试,因此不适合采用效标关联效度这种类型进行验证。故下文验证汉字应用水平测试的效度,采用的是内容效度和结构效度的方式,以内容效度为主,结构效度为辅。

1. 内容效度

新旧汉字应用水平测试大纲均明确指出,该测试"目的是贯彻执行《中华人民共和国国家通用语言文字法》,加强我国国民的语言文字规范意识,提高国家通用语言文字的应用水平,弘扬中华民族文化。通过测验的方式,衡量具有中等以上受教育程度的人或文化程度与此相当的人在阅读、书面表达及其他相关活动中,是否掌握了汉字应用水平测试范围内汉字的规范字形、正确读音,并能在实践中正确运用;是否掌握了这些汉字在权威工具书中所载的普通话读音、现代汉语义项及用法,并能在实践中准确运用,评定他们掌握和使用汉字的水平及能力"。

汉字应用水平测试的范围为《汉字应用水平测试字表》(共5500字),该表分为甲、乙、丙三个字表(三表字数依次为4000字、500字、1000字)。具体测试点包括能否准确判断和使用这些汉字的普通话读音,在使用环境中能否识别和使用其中多音字的恰当读音;能否准确识别和使用这些汉字的规范字形,能否辨析并纠正书写和使用中的各类错误;在使用环境中,能否熟练掌握和使用这些汉字的常用意义、基本用法和一些特殊用法;是否具备了顺畅地阅读以规范汉字为媒介的现代文献资料的汉字基础,是否能在广泛领域用汉字进行书面表达。

2012和2015年的汉字应用水平测试皆分为四个组成部分,依次是字音认读、字形辨误、汉字选用和汉字书写。下面我们来依次分析2012和2015年汉字应用水平测试的内容效度。

(1) 2012年测试内容效度

第一部分字音认读30题,考查核心为准确判断和使用汉字的普通话读音,包括识别和使用其中多音字的恰当读音。该题涉及准确识别汉字规范读音的方方面面。

第一种题型中,作为直接测试点的15个一级测试字中,有6题涉及辨别词语中多音字的准确读音,涉及辨别表音度较高的形声字的声韵调的题目数量分别是1、2、4,1题涉及辨别形近测试字的读音,1题涉及辨别具体词语中的文白读音。

　　第二种题型中,作为直接测试点的 15 组一级测试字中,有 5 题涉及辨别同一个多音字在不同词语中的读音是否相同,4 题涉及辨别含有相同部件的一组汉字读音是否相同,4 题涉及辨别声韵调有部分相同的一组近音字的准确读音,另有 2 题涉及辨别表音度不高的形声字是否受其音符的影响。

　　第二部分字形辨误 30 题,考查核心为能否识别词语和句子中的书写和使用错误。本题仅要求识别出错误,不要求写出对应的正字,因此不会写对应的正字,不影响本部分的测试成绩。

　　第一种题型中作为直接测试点的 20 个测试字中,有 15 个误字和正字均为具有相同音符的形声字,有 4 个误字和正字之间构成一组含有相同部件的形近字,另有一组为同音字。

　　第二种题型中作为直接测试点的 10 个测试字中,有 8 组误字和正字之间为同音字关系,2 组误字和正字之间为具有相同音符的形声字。

　　第三部分汉字选用 30 题,考查核心为能否从一组形近字、音近字或同音字中选出恰当的适用于词语和句子中的一个,同时兼及对汉字意义的考查。

　　第一种题型共 10 道题,有 5 题中的一级测试字与二级测试字是含有共同音符的一组形声字,且读音接近。

　　第二种题型共 20 题,涉及的 40 个一级测试字中,分别有 25 组和 6 组中的一级测试字与二级测试字之间是纯粹的音同关系和音近关系,它们形体上没有共同之处。另有 9 组的一级测试字和二级测试字是含有共同音符的一组同音字或音近字。

　　第四部分汉字书写 30 题,考查核心为汉字的笔画、笔形掌握情况,正确书写汉字的能力,辨析并纠正书写和使用中各类错误的能力。

　　第一种题型为单项选择,考查受测对象对汉字字形的掌握,3 道试题的具体测试点分别是汉字的笔画名称、笔画顺序和笔画总数等。

　　第二种题型为根据拼音填写汉字,语境有词语和句子两种。17 道试题主要测试的是受测对象是否掌握了这些汉字的规范字形并能够准确地书写出来,同时兼及考查汉字的规范读音。

第三种题型是要求找出语段中的 10 个错别字并改正。受测对象不仅要找出来,还要写出对应的正字才能得分。

本部分中的后两种题型基本不能回避,也没有猜测的可能,因此,难度高于前面三个部分。

测试卷面的第二部分、第三部分的第二种题型题干均为句子,第四部分的题干有部分为句子,同时还有两个语段。这些题型不仅考查了受测对象的单项汉字能力,如对汉字字形的掌握水平、汉字书写能力等,同时还考查了受测对象顺畅阅读以规范汉字为媒介的现代文献资料的能力,更考查了受测对象在实践中准确运用汉字的综合能力。

(2) 2015 年测试内容效度

第一部分字音认读 30 题,考查核心为准确判断汉字的普通话读音,有两种题型。

第一种题型考查形式是找出注音错误的一项,共 15 题,涉及的测试点多为形声字的读音。注音有误的 15 个一级测试字中,音符在现代依然有较强的表音度的共 12 个,其中声调标注不准确的有 7 个,声母标注不准确的有 2 个,韵母标注不准确的有 2 个,介音标注不准确的有 1 个;音符表音度较低的形声字有 2 个;非形声字 1 个。本部分因只有第 15 题题干为双音节的专有地名,故仅有此题中的部分二级测试字涉及多音字的读音问题。

第二种题型的考查形式是找出读音不同的一项。作为答案的 15 组一级测试汉字中,有 5 组涉及形声字,其中 4 组为近音字,它们或是具有共同的音符,或是形声字的音符独立成字,作为比较的对象;有 10 组单纯的近音字,形体上没有共同之处,读音相近的表现主要是声母、韵母相同,声调不同。

从上述分析中,我们可以看出本部分关于汉字读音的考查是以形声字的读音为主。考虑到形声字在现代汉字中比例最高,且音符常常具有极大的干扰性,这种安排非常合理。

第二部分字形辨误30题，考查核心是识别词语中的书写和使用错误。

作为直接测试点的30个误字和对应的正字之中，有8组具有音同形近的关系，3组具有形近音近的关系，另有5组形近字，语音上没有近似之处；2组近音字和12组同音字，形体上均没有相近之处。

综上可见，这一部分试题主要是用来考查受测对象在词语中准确辨别和使用同音字、形近字、音近字的能力。

第三部分汉字选用30题，考查核心是能否从一组形近字、近音字或同音字中选出恰当的适用于词语和句子中的一个。

第一种题型共10题，有8组中的一级测试字与二级测试字之间构成一组含有共同音符的形声字，读音接近；另2组是由同音字或近音字组成。

第二种题型共10题，涉及的10个一级测试字中，有7个与对应的二级测试字含有共同的音符，读音相同或相近；另有1个一级测试字与对应的二级测试字构成同音关系，2个一级测试字与对应的二级测试字构成近音关系，这3组测试字中，有部分汉字含有共同的音符。

第三种题型也是10题，涉及20个一级测试字，其中13个一级测试字与对应的二级测试字之间含有共同音符，绝大多数读音相同或相近；有7个一级测试字与对应的二级测试字不含相同部件，为单纯同音字。

综上可见，本题型主要考查受测对象在语境中准确运用汉字的能力。考虑到含有相同音符不同义符的汉字，其义符在一定程度上暗示汉字的部分意义，本题也兼及对汉字意义的考查。

第四部分30题，两种题型。第一种是根据拼音写汉字，题干为词语或句子；第二种题型为把成语等固定结构补充完整，没有拼音提示。受测对象首先必须对词语和句子有所了解，然后才能写出正确的汉字。有些受测对象可能知道是哪个汉字，但不一定能正确书写出来。这种题型主要测试的是受测对象对字形的掌握水平、汉字的书写能力。

综合2012和2015年试题的内容效度分析，可以看出，2012年第一部分、第四部分的测试点远超2015年，但两年试题中均没有试题对应测试大纲中所说的"能在广泛领域用汉字进行书面表达"。

2. 结构效度

结构效度一般采用因子分析的方法进行公因子的提取,然后看累计解释的方差百分比比较结构效度的高低。

首先,我们对有效样本数据进行 KMO 抽样适当性检验和 Bartlett 球形检验,然后观察检验结果。KMO 值在 0 和 1 之间,越接近于 1,说明变量间的相关性越强,原有变量越适合作因子分析;KMO 值越接近于 0,说明变量间的相关性越弱,原有变量越不适合作因子分析。常用的 KMO 度量标准如下:0.9 以上表示非常适合;0.8—0.9 表示很适合;0.7—0.8 以上表示适合;0.6—0.7 表示勉强适合;0.5—0.6 表示不太适合;0.5 以下表示不适合。Bartlett 球形检验的 P 值要小于或等于 0.01,表示非常适合;P 值大于 0.01,表示不适合。

接下来采用主成分分析法,进行最大方差法的正交旋转,最终提取特征值大于 1 的因子若干个,假如这些共同因子累计解释的变异量为大于 60% 的话,说明该部分内容的结构效度较好。

2012 和 2015 年汉字应用水平测试试卷结构效度如下:

表 2-18 2012 和 2015 年汉字应用水平测试的结构效度

年份	试卷	KMO 值	Bartlett 球形检验 P 值	累计解释方差(%)
2012	整体	0.756	<0.001	66.199
	第一部分	0.796	<0.001	52.429
	第二部分	0.727	<0.001	54.357
	第三部分	0.693	<0.001	55.600
	第四部分	0.888	<0.001	48.456
2015	整体	0.761	<0.001	65.322
	第一部分	0.764	<0.001	52.626
	第二部分	0.752	<0.001	50.082
	第三部分	0.681	<0.001	57.591
	第四部分	0.884	<0.001	49.369

从上表可以看出,2012 和 2015 年除第三部分,整体和另三个部分的 KMO 值均在 0.7 以上,第四部分还超过了 0.8,Bartlett 球形检验 P 值均小于 0.01。就整卷而言,共同因子的解释变量超过了 60%,说明 2012 和 2015 年汉字应用水平测试试卷的效度均在可以接受的范围,但也存在继续改进的空间。

(三) 提高汉字应用水平测试效度的措施

测试的效度主要受测试本身的构成、测试的实施过程、受测对象等几个方面的影响,其中测试本身的构成是主要因素。提高汉字应用水平测试的效度,可以从以下几方面入手:

1. 明确汉字能力构成,细化测试大纲要求

刘仁三(2015)将"汉字能力"界定为"在言语交际背景下,个体掌握汉字音、形、义等构成因素,达到听音、辨形、知义的目的,同时掌握发音、听音、识字、写字等技能,并将这一知识技能结构网络运用于阅读、习作、口语交际等言语交际活动,形成汉字语音调控能力、字形特征识别能力和字义确切转换能力"。我们认为,汉字能力是一个由多种特质构成的复合体(语音、形体、书写、应用等),可以区分为动态和静态两个层面。动态的汉字能力包括在语境中正确运用汉字的能力与猜测不认识的汉字的读音和字义的能力。静态的汉字能力可以细分为认、读、写、说、查、辨等六个方面,其中"说"指掌握一定的汉字结构知识,能说出汉字的字形结构,能说出汉字的意义;"查"指当对汉字的形、音、义某方面不了解时,能运用不同的检字方法查检汉字;"辨"指能辨别两个或两个以上的音近汉字、形近汉字、义近汉字之间的区别。

汉字应用水平测试大纲编制者可以对如何考核这些不同的汉字能力作出更为细致的要求,并尽量在汉字能力、大纲要求与卷面试题三者之间形成较为明确的对应关系。

2. 加强题库建设,提高试题对大纲不同字表的准确覆盖程度

题库是按照一定的教育测量理论,在计算机系统中实现的大量试题的

集合。对于任何一项测试来说,题库都是非常重要的资源。以汉字应用水平测试字表中的汉字为核心,建立汉字应用水平测试题库,标注题库中所有汉字的子表属性,利用计算机程序完成初步的组卷工作,再进行人工干预,可以有效地提高试题覆盖甲、乙、丙三个字表的准确程度。

3. 对已有试卷和测试结果进行定量分析,促进试卷命题工作朝规范化、科学化的方向发展

对历年试卷的用字、用词情况和测试结果等进行定量分析,逐步给题库中的试题标注属性,促进测试命题工作朝更规范、科学的方向发展,从而提高测试的效度。

第四节 难度与区分度

一、试题难度和区分度的计算方法

黄光扬(2012)指出,对于只有答对与答错之分的二值记分题,可以用得分率亦即答对率P(答对的人数/被试人数)表示,得分率越高,题目越容易,得分率越低,题目越难。但高得分率意味着低难度,这种负相关的表达方式跟我们的一般认知方式不太一致,因此,下文我们用失分率Q来表示难度,即失分率越高,试题难度越大,失分率越低,试题难度越小。

考虑到每年汉字应用水平测试受测人数都很多,我们采用极端分组法,将2012和2015年所有受测对象的应试成绩排序,从高分组(前27%)和低分组(后27%)中各随机抽取350份左右,以此为依据来进行计算。具体公式如下:

$$Q = 1 - (P_H + P_L)/2$$

其中,P_H是高分组的通过率,P_L是低分组的通过率。Q值越大,题目

越难。一般认为,难度指数在 0.3—0.7 之间比较合适,整份试卷的平均难度最好在 0.5 左右,难度高于 0.7 和低于 0.3 的试题不宜太多。

同时,我们还采用高低分组法来计算每道题的区分度。具体公式如下:

$$D=P_H-P_L$$

其中,D 表示区分度,P_H 和 P_L 依然表示高分组、低分组的通过率。就区分度而言,数值在 0.4 以上表明此题的区分度很好,0.3—0.39 表明此题的区分度较好,0.2—0.29 表明此题的区分度不太好,需修改,0.19 以下表明此题的区分度不好,应予淘汰。简单地说,就是区分度指数高于 0.3,试题便可以被接受。

综上,我们将难度指数在 0.3—0.7 区间记为"＋",其他为"－";区分度高于 0.3 记为"＋",其他为"－"。

二、字音认读试题的难度和区分度

(一) 2012 和 2015 年字音认读试题难度和区分度的对比

我们统计了 2012 和 2015 年汉字应用水平测试字音认读部分试题的难度和区分度。具体数据见表 2-19。

表 2-19　2012 和 2015 年字音认读试题的难度和区分度

题号	难度				区分度			
	2012 年		2015 年		2012 年		2015 年	
1	0.14	－	0.54	＋	0.26	－	0.34	＋
2	0.18	－	0.14	－	0.28	－	0.18	－
3	0.18	－	0.30	＋	0.18	－	0.45	＋
4	0.27	－	0.15	－	0.35	＋	0.21	－
5	0.40	＋	0.30	＋	0.37	＋	0.48	＋
6	0.14	－	0.24	－	0.19	－	0.34	＋
7	0.60	＋	0.27	－	0.36	＋	0.27	－

续　表

题号	难度				区分度			
	2012 年		2015 年		2012 年		2015 年	
8	0.67	+	0.23	−	0.31	+	0.34	+
9	0.67	+	0.21	−	0.36	+	0.32	+
10	0.57	+	0.14	−	0.43	+	0.21	−
11	0.13	−	0.23	−	0.20	−	0.28	−
12	0.39	+	0.42	+	0.31	+	0.53	+
13	0.24	−	0.23	−	0.30	+	0.35	+
14	0.27	−	0.63	+	0.24	−	0.42	+
15	0.46	+	0.58	+	0.45	+	0.28	−
16	0.21	−	0.11	−	0.26	−	0.12	−
17	0.18	−	0.38	+	0.21	−	0.34	+
18	0.20	−	0.63	+	0.40	+	0.25	−
19	0.62	+	0.14	−	0.15	−	0.25	−
20	0.34	−	0.16	−	0.40	+	0.19	−
21	0.34	−	0.16	−	0.51	+	0.15	−
22	0.57	+	0.15	−	0.37	+	0.14	−
23	0.46	+	0.38	+	0.54	+	0.56	+
24	0.68	+	0.29	−	0.45	+	0.47	+
25	0.45	+	0.12	−	0.45	+	0.14	−
26	0.31	+	0.30	+	0.20	−	0.47	+
27	0.49	+	0.04	−	0.17	−	0.07	−
28	0.30	+	0.07	−	0.40	+	0.11	−
29	0.51	+	0.17	−	0.32	+	0.27	−
30	0.39	+	0.24	−	0.34	+	0.23	−
均值	0.38	+	0.27	−	0.33	+	0.29	−

从表 2-19 可以看出,就均值而言,相较于 2012 年,2015 年难度和区分度均有一定幅度的下降。这可能与 2012 和 2015 年试题题型的变化有关。

其中,2012年试题的难度和区分度均在可以接受的范围,而2015年试题的难度和区分度均略低于理想水平。不过,2015年区分度的下降幅度明显低于难度下降的幅度。

为了更直观地显示两年试题在难度和区分度方面的表现,我们对字音认读试题的难度和区分度进行了分级统计,具体见表2-20。

表2-20 2012和2015年字音认读试题难度和区分度的分级

年份	难度		区分度			
	0.3以下	0.3—0.7	0.01—0.1	0.10—0.19	0.20—0.29	0.3—0.7
2012	11	19	0	4	7	19
2015	20	10	1	7	9	13

从表2-20可以看出,就难度和区分度两个指标而言,2015年合格的试题数量远低于2012年。就难度来说,2015年难度在0.3以下的试题达到了2/3,区分度在0.3以下的试题也超过了一半。

就本部分不同题型而言,2012年前15题的平均难度是0.35,区分度是0.31;后15题的平均难度是0.40,区分度是0.35。2015年前15题的平均难度是0.31,区分度是0.33;后15题的平均难度是0.22,区分度是0.25。两相对比可以看出,就考查单个汉字的字音是否正确而言,题干为词还是为字影响不是特别大,两种题型的难度和区分度均处于理想区间。但就考查一组汉字的读音是否相同而言,以词为题干的试题,其难度和区分度均明显优于以字为题干的试题。当然,这也与2015年该题所选的测试字中甲表字比例偏高有直接关系。

(二) 字音认读试题难度和区分度的影响因素

一般来说,试题的难度和区分度关系密切。试题太容易或太难,高水平的受测对象和低水平的受测对象所得分数没有差异,要么都会做,要么都不会做,题目不能提供关于受测对象水平差异的信息,那么它的区分能力就很弱。

我们结合试题的难度和区分度,对 2012 和 2015 年字音认读部分试题的题干进行了分析,结果发现,字音认读试题难度和区分度主要受以下因素影响:

1. 字频和字表属性

按照是否是答案选项,我们将测试字区分为一级测试字和二级测试字。一级测试字为答案选项,二级测试字不是答案选项。经过统计发现,一级测试字的字频会影响试题的难度。例如,"爻"是一个非常用字,但同时它又作为常用字"驳"的部件出现,因此,有很多受测对象把它当成"驳"的同音字。

我们还发现,当一级测试字集中属于乙表字或丙表字时,会提高该题的难度,如 2012 年第 24 题中一级测试字"碜"属于丙表,该题难度为 0.68;第 19 题中一级测试字"隽"和"镌",分别属于乙、丙两表,该题难度为 0.62;第 22 题中的"餍"属于丙表,该题难度为 0.57;第 23 题中的"餍"和"魇"都属于丙表,难度为 0.46。这些试题的难度均远远高于平均难度。

2. 汉字的读音特征

(1) 汉字关联的音节数量

2012 年难度在 0.4 以上的 12 道试题中,有 7 道的题干涉及多音字。就多音字而言,受测对象不仅要知道其读音形式,还要知道它出现于不同词语中的准确读音。例如,"吐",在"吐露"中读第三声,在"吐血"中读第四声;"冠"在"桂冠"和"弱冠"两个词语中,声调也不相同;"泊"在"停泊"和"湖泊"中,不仅声调不同,声母也有区别。

不过,在新大纲实行以后,新题型(除第 15 题题干为表示地名的专有名词之外)很少涉及多音字,因此,也较难考查到受测对象对多音字的掌握程度。

(2) 形声字音符表音的准确度

2015 年的字音认读部分试题,主要测试的是对单个汉字读音的准确掌握程度。

现代汉字中,形声字占绝大多数。李燕等(1992)指出,就 7 000 个通用汉字中的 5 636 个形声结构而言,形声字达 3 975 个,占比为 70.53%。

我们知道，不同形声字中音符的表音准确度不同，表音准确度最高的是音符和汉字声母、韵母、声调全同的情况，其次是声、韵、调中有两项相同，再次是声、韵、调中仅一项相同。表音准确度不高的形声字容易导致误读。

例如，2015年难度较高的试题中，"绮"字正确的读音为三声，但试题标为二声，很多人判断错误；又如"慑"字，正确的读音为 shè，试题标为 niè。这些都是将音符本身的读音作为干扰项，来干扰受测对象。

（3）是否有过异读

"从容"的"从"以前读一声，后来统读为二声。类似的还有如"呆板"的"呆"，以前读 ái，后来统读为 dāi。

不管是先有异读读音然后统读，还是先统读后规范为分读，两种情况都会在相当长的一段时间内并存于语言生活之中，并对语言使用者形成干扰。

（4）易误读的声母和韵母

很多方言区的人常常混淆"n"和"l"、"f"和"h"、"zh、ch、sh"和"z、c、s"等三组声母，前鼻音韵母"in""en"和后鼻音韵母"ing""eng"也容易混淆。如"苍劲"的"劲"、"银锭"的"锭"、"濒临"的"濒"、"弱不禁风"的"禁"、"应接不暇"的"应"等。

3. 包含测试字的词语的使用频率

"叨"是一个多音字，在现代汉语中，多读为"dāo"，但在"叨光、叨扰、叨教"中需读为"tāo"。这三个词在现代汉语中不属于常用词，较少用到，所以很多人选错，此题难度为 0.67。

总的来说，字音认读部分试题的难度和区分度是多种因素综合影响的结果，不同的试题中起作用的因素不同，不同因素所起作用的大小也不一样。

三、字形辨误试题的难度和区分度

（一）2012 和 2015 年字形辨误试题难度和区分度的对比

新大纲实施前后，2012 和 2015 年字形辨误部分不同试题的难度和区分度统计结果见表 2-21。

表 2-21 2012 和 2015 年字形辨误试题的难度和区分度

题号	难度				区分度			
	2012 年		2015 年		2012 年		2015 年	
31	0.26	−	0.13	−	0.29	−	0.24	−
32	0.17	−	0.21	−	0.24	−	0.32	+
33	0.45	+	0.05	−	0.30	+	0.09	−
34	0.20	−	0.17	−	0.18	−	0.23	−
35	0.26	−	0.21	−	0.36	+	0.34	+
36	0.15	−	0.26	−	0.17	−	0.38	+
37	0.06	−	0.43	+	0.12	−	0.10	−
38	0.23	−	0.29	−	0.33	+	0.13	−
39	0.20	−	0.20	−	0.15	−	0.27	−
40	0.25	−	0.10	−	0.42	+	0.16	−
41	0.25	−	0.29	−	0.29	−	0.42	+
42	0.41	+	0.09	−	0.56	+	0.10	−
43	0.16	−	0.25	−	0.21	−	0.34	+
44	0.10	−	0.26	−	0.12	−	0.20	−
45	0.16	−	0.10	−	0.25	−	0.11	−
46	0.20	−	0.16	−	0.29	−	0.30	+
47	0.35	+	0.40	+	0.29	−	0.31	+
48	0.21	−	0.72	−	0.29	−	0.40	+
49	0.19	−	0.32	+	0.24	−	0.30	+
50	0.11	−	0.56	+	0.22	−	0.47	+
51	0.25	−	0.28	−	−0.11	−	0.15	−
52	0.45	+	0.51	+	0.51	+	0.29	−
53	0.25	−	0.10	−	0.43	+	0.19	−
54	0.27	−	0.37	+	0.32	+	0.49	+
55	0.07	−	0.25	−	0.11	−	0.42	+

续表

题号	难度				区分度			
	2012年		2015年		2012年		2015年	
56	0.10	−	0.34	+	0.14	−	0.23	−
57	0.33	+	0.14	−	0.47	+	0.26	−
58	0.60	+	0.20	−	0.19	−	0.24	−
59	0.44	+	0.43	+	0.52	+	0.62	+
60	0.36	+	0.42	+	0.46	+	0.46	+
均值	0.25	−	0.27	−	0.28	−	0.29	−

从表2-21可以看出，虽然2012和2015年题型有所变化，但从整卷来看，难度和区分度变化都不大。相对而言，2015年的试题在难度和区分度方面的表现略优于2012年，但也未进入理想区间。

就难度而言，2012年30道试题中，没有高于0.7的，其中有8道试题比较理想，处于0.3—0.7之间，22道试题低于0.3。2015年，有1道试题难度高于0.7，9道试题难度比较理想，处于0.3—0.7之间，20道试题低于0.3。

就区分度而言，2012年，有11道试题高于0.3，19道试题低于0.3；2015年，有14道试题高于0.3，16道试题低于0.3。2012年的第51题尤其值得我们关注，其区分度为负数，即这道题低分组的通过率反而高于高分组，因此，这道试题可能有问题，建议从题库中删除。

2012年本部分试题有两种题型，第一种题型是以词语为题干找出用字有误的一项，第二种题型是以语段为题干找出用字有误的一项。第一种题型的平均难度为0.22，区分度为0.27；第二种题型的平均难度为0.31，区分度为0.30，均处于理想区间，这说明在语段中辨别字形正误是一种比较好的题型。

2015年本部分试题只有一种题型，都是以词语作为题干。前13道试题以双音节词语为题干，第14道试题以三音节词语为题干，统计以后发现这14道试题的平均难度为0.21，区分度为0.24，均与整个试题的难度和区分度有较大差异。后 16 题均以四音节的成语为题干,它们的平均难度和区分度在 0.33 左右,处于比较理想的状态。对比可以看出,以四音节的成语为题干的试题,其难度和区分度均优于以双音节词语为题干的试题。

(二) 字形辨误试题难度和区分度的影响因素

我们对 2012 和 2015 年字形辨误部分试题的错误类型进行了分析,发现其难度和区分度主要受以下因素影响:

1. 高频同音字

在现代汉语中,声韵相拼可以组成 400 多个音节,加上声调可以组成约 1300 个不同的音节。同时,现代汉语常用汉字有 3500 个,2013 年公布的《通用规范汉字表》收录有汉字 8105 个,一般字典、词典收录汉字 8000—10000 个。因此,汉字中不可避免地存在着大量同音现象,如"yī"这个音节在《现代汉语词典(第七版)》中对应着 23 个汉字,"yí"对应着 34 个汉字。

当一组同音字均为高频用字时,如:"做"和"作"、"画"和"划"、"成"和"呈"、"和"和"合"、"位"和"味"、"到"和"道"、"溶"和"融"、"现"和"献"、"查"和"察"、"托"和"拖"、"带"和"代""戴"等,在使用中都会受到不同程度的影响。

2. 含有相同语素的同音词或近音词

同音字本身会给汉字学习带来较大的干扰,而由一组同音字与另一个相同的汉字组成同音词以后,无疑会形成更大的干扰。如"启用—起用""报到—报道""过渡—过度""切记—切忌""反映—反应""震荡—振荡""品味—品位""截流—截留""推托—推脱""考察—考查""事故—世故""暗淡—黯淡""发奋—发愤"等。

同样,一组读音相近的汉字与另一个相同的汉字组成近音词以后,也会形成同样的干扰。如"映射—影射""纯真—纯正""遏制—遏止""合龙—合拢""抚养—扶养""异义—疑义"等。

遇到这种类型的词语,一定要注意从同音字或近音字出发来理解词语本身的意义,从常用搭配、使用范围、语义侧重等不同方面进行辨别。

3. 含有共同部件的形近字

我们统计了2012和2015年本部分难度在0.4以上的题目,发现有不少试题测试字和对应的正字构成了一组含有共同部件的形近字,其共同部件多为形声字的音符。如"迷"和"谜"、"度"和"渡"、"受"和"授"、"坐"和"座"、"分"和"份"、"锋"和"烽"、"僻"和"癖"、"俦"和"筹"、"飘"和"漂"、"壁"和"璧"等。这些含有共同部件的形近字对受测对象形成了较大的干扰。

4. 废除后又重新启用的异体字

曾经禁止又重新启用的异体字与替代字会在相当长的一段时间内并存。

以"戮"和"勠"为例。张凤强(2015)指出,1955年发布的《第一批异体字整理表》,把"勠"规定为"戮"的异体字予以淘汰,因此,"戮"在承担自身意义的同时,又承担了"勠"的"并力、合力"的意思,"戮力"于是成为一定时期通用的写法。2013年,国务院公布《通用规范汉字表》,该表将"勠"调整为规范字,义为"合力、齐力",与"戮"的用法有了明确分工。因此,现在规范的写法是"勠力"。

又如"粘"和"黏"。薛志霞(2007)指出,溯源求本,"黏、粘"本为一字,有正俗之分("粘"为"黏"的俗字),无读音、用法之别。明代这两个字分别有两读。1955年,中华人民共和国文化部、中国文字改革委员会发布《第一批异体字整理表》,将"黏"视为"粘"的异体字,规定停止使用。1988年,国家语言文字工作委员会和新闻出版署发布《现代汉语通用字表》,确认"黏"为规范字,重新启用。从此,两字在使用上各有分工:"黏"是形容词用法,如黏稠、黏附、黏着、黏结、黏豆包、黏着语等;"粘"读"nián"时仅表示"姓",读"zhān"时为动词用法,如粘连、粘贴、粘信封等。虽然关于"黏""粘"的规范用法发布已近四十年,但它们在使用时仍然存在一定的混乱。

再如,"荜"和"筚",在"蓬门荜户、蓬荜生辉"中一般用第一个,而"筚路蓝缕"里面一般用第二个,既然词典里解释是以"筚"字为主词条[荜¹(荜)bì 同"筚"],应该一致起来。以免受测者看到"蓬门筚户",以为"筚"字用错。

这种文字上的变化,整个社会需要很长时间才能完全接受消化,并体现于语言生活中,因此有必要对这部分废除后又重新启用的汉字另行编纂成册,加大宣传力度。

四、汉字选用试题的难度和区分度

(一) 2012 和 2015 年汉字选用试题难度和区分度的对比

2012 和 2015 年汉字选用部分不同试题的难度和区分度统计结果见表 2-22。

表 2-22 2012 和 2015 年汉字选用试题的难度和区分度

题号	难度				区分度			
	2012 年		2015 年		2012 年		2015 年	
61	0.28	−	0.08	−	0.37	+	0.13	−
62	0.23	−	0.29	−	0.37	+	0.10	−
63	0.43	+	0.03	−	0.44	+	0.04	−
64	0.25	−	0.08	−	0.30	+	0.16	−
65	0.63	+	0.09	−	0.36	+	0.17	−
66	0.03	−	0.06	−	0.03	−	0.08	−
67	0.02	−	0.31	+	0.01	−	0.28	−
68	0.19	−	0.43	+	0.29	−	0.36	+
69	0.21	−	0.35	+	0.35	+	0.58	+
70	0.25	−	0.08	−	0.41	+	0.12	−
71	0.12	−	0.04	−	0.16	−	0.06	−
72	0.16	−	0.38	+	0.14	−	0.51	+
73	0.09	−	0.04	−	0.04	−	0.08	−
74	0.13	−	0.23	−	0.15	−	0.35	+
75	0.14	−	0.39	+	0.15	−	0.44	+
76	0.34	+	0.38	+	0.03	−	0.33	+

续 表

题号	难度				区分度			
	2012年		2015年		2012年		2015年	
77	0.06	−	0.03	−	0.05	−	0.06	−
78	0.29	−	0.06	−	0.23	−	0.11	−
79	0.26	−	0.04	−	0.35	+	0.07	−
80	0.31	+	0.02	−	0.25	−	0.04	−
81	0.25	−	0.71	−	0.34	+	0.20	−
82	0.39	+	0.60	+	0.19	−	0.20	−
83	0.10	−	0.29	−	−0.05		0.22	−
84	0.03	−	0.24	−	0.04		0.32	+
85	0.17	−	0.23	−	0.08		0.41	+
86	0.54	+	0.07	−	0.43	+	0.07	−
87	0.31	+	0.49	+	0.19	−	0.23	−
88	0.91		0.18	−	0.13		0.12	−
89	0.94		0.19	−	0.10		0.26	−
90	0.50	+	0.10	−	0.47	+	0.16	−
均值	0.28	−	0.22	+	0.21	−	0.21	−

从表2－22可以看出，2012年本部分试题的难度总体上高于2015年的难度，但都低于0.3。两年试题的区分度均分相同，都为0.21，都不够理想。

具体到本部分的不同题型，略有差别。2012年，以词语为题干的汉字选用部分前10题难度为0.25，区分度为0.29；后20题难度为0.30，区分度为0.17。2015年前10题难度为0.18，区分度为0.2；中间10题难度为0.16，区分度为0.20；最后10题难度为0.28，区分度为0.20。

本部分以句子为题干的试题中，有一种类型是在一个句子中填写两个汉字，每个空有两个备选汉字。笔者曾经以为，如果需要填写的两个汉字中，能确定一个正确汉字，就可以有效减少备选项的干扰，因此，相对于句子中仅需填写一个汉字的题型而言，其难度应该略有降低。但对比2012和

2015年的试题,发现并非如此。2015年本部分卷面中,第71—80题是选填一个汉字,其平均难度为0.16,明显低于选填两个汉字的2012年71—90题的平均难度0.30和2015年81—90题的平均难度0.28。

(二)汉字选用试题难度和区分度的影响因素

我们观察并分析了2012和2015年汉字选用部分试题的错误类型,发现其难度和区分度主要受以下因素影响:

1. 含有相同语素的同音词或近音词

汉语中有很多同音词或近音词,不仅读音相同或相近,而且含有一个共同的语素。完全同音的如"批阅"与"披阅"、"浇筑"与"浇铸"、"临近"与"邻近"、"启示"与"启事"、"义气"与"意气"、"隐晦"与"隐讳"、"原型"与"原形"、"焕然"与"涣然"等;近音的如"合龙"与"合拢"、"历程"与"里程"等。因为含有共同的语素,所以这些词语的意义上有交叉之处;又因为含有不同的语素,这些词语在搭配、语义侧重、所指范围等方面呈现出差异。

比如"批阅"与"披阅",2012年本部分涉及这一组同音词的题目为第三种类型,其难度高达0.94;涉及"合龙"与"合拢"、"浇筑"与"浇铸"这一组同音词的题目同样为第三种类型,难度亦高达0.91。但实际上,这三组同音词在使用上有非常明显的区别。"批阅"不仅要"阅",而且要"批",需要批阅者加以批改或批示,"披阅"是"展卷阅读,翻看"之义,"披"意为"打开、散开"。"合龙"特指修筑堤坝或桥梁等,因为施工中的桥梁或堤坝的中间一段称作龙口,所以这种工作叫"合龙";而"合拢"可指堤坝、桥梁以外一般事物的闭合。"浇筑"一般用于土建工程中建筑施工混凝土的浇筑;而金属的成形一般用"铸",故"浇铸"通常是指金属部件的成形,例如铁浇铸、铝浇铸。

2. 词语使用频率

虽然本部分的后一种或两种题型是选汉字填入句子,但大部分的时候,这些汉字是与句子中的另一个字组成一个词语形成最小语境以后再进入句子,因此,作为最小语境的"词语",其使用频率的高低直接影响着该题的难度,如涉及"包含"与"包涵"、"权利"和"权力"等两组同音词的一道试题,其难度仅为 0.14。同时,我们在北京大学 CCL 语料库中查询了"批阅"和"披阅"两词的使用频率,前者使用 253 次,后者 84 次,后者仅为前者的 1/3,且"披阅"使用的 84 例中,有 27 例是指曹雪芹著《红楼梦》"披阅十载,增删五次",可见"披阅"的使用频率远低于"批阅"。另有第一种题型中的"涣然冰释"的"涣"字,很多人误填为"焕",一个很大的原因也是"焕然一新"的使用频率远高于"涣然冰释",同一语料库中,前者有 830 条,后者仅 22 条。

3. 有歧解的语法结构

2015 年本部分的第三种题型中,有一题原题如下:

山区农民仍然沿(　　)着祖辈靠烧柴和(　　)粪做饭取暖的方式。

A. 习　蓄　B. 袭　蓄　C. 习　畜　D. 袭　畜

第一个空位的汉字比较容易选出来。《现代汉语词典》中并未收录"沿习"一词,表示"因袭或依照旧传统或原有的规定办理"一般是使用"沿袭"。第二个空位中,"蓄"和"畜"都可以和"粪"组成词语,但两个词语性质不同,"蓄"是动词性的,"蓄粪"是动词性的述宾结构,"畜"是名词性的,"畜粪"是名词性的定中结构。括号前的部分为"烧柴和","和"为连词,"烧柴"是一个述宾结构,如果仅考虑此,很容易将正确答案确定为 B,理解为"和"连接两音节数量和语法性质相同的述宾结构。但联系上下文,认真思索,就会发现并非如此,下文尚有"做饭取暖"。如果是"蓄粪",如何能达到做饭取暖的目的呢?因此,应该是"畜粪",它和"柴"一样,可以燃烧,用于做饭取暖。"和"连接的前后成分是"柴"和"畜粪"。

五、汉字书写试题的难度和区分度

(一) 2012 和 2015 年汉字书写试题难度和区分度的对比

2012 和 2015 年汉字书写部分试题的难度和区分度统计结果见表

2-23。

表2-23 2012和2015年汉字书写试题的难度和区分度

题号	难度				区分度			
	2012年		2015年		2012年		2015年	
91	0.15	−	0.31	+	0.20	−	0.45	+
92	0.2	−	0.36	+	0.04	−	0.46	+
93	0.11	−	0.53	+	0.18	−	0.53	+
94	0.34	+	0.31	+	0.49	+	0.26	−
95	0.35	+	0.34	+	0.37	+	0.27	−
96	0.29	−	0.50	+	0.44	+	0.42	+
97	0.25	−	0.39	+	0.40	+	0.22	−
98	0.44	+	0.33	+	0.65	+	0.34	+
99	0.30	+	0.57	+	0.40	+	0.52	+
100	0.27	−	0.23	−	0.39	+	0.35	+
101	0.46	+	0.36	+	0.49	+	0.41	+
102	0.19	−	0.56	+	0.35	+	0.43	+
103	0.50	+	0.43	+	0.64	+	0.50	+
104	0.41	+	0.86	−	0.50	+	0.21	−
105	0.48	+	0.41	+	0.49	+	0.40	+
106	0.30	+	0.69	+	0.39	+	0.41	+
107	0.52	+	0.31	+	0.66	+	0.44	+
108	0.43	+	0.73	−	0.49	+	0.36	+
109	0.25	−	0.43	+	0.37	+	0.57	+
110	0.38	+	0.71	−	0.60	+	0.47	+
111	0.18	−	0.51	+	0.23	−	0.73	+
112	0.55	+	0.84	−	0.54	+	0.23	−
113	0.70	+	0.47	+	0.50	+	0.51	+
114	0.32	+	0.47	+	0.23	−	0.43	+
115	0.42	+	0.40	+	0.63	+	0.53	+

续表

题号	难度				区分度			
	2012年		2015年		2012年		2015年	
116	0.36	+	0.69	+	0.45	+	0.54	+
117	0.24	−	0.80	−	0.29	−	0.34	+
118	0.41	+	0.78	−	0.62	+	0.33	+
119	0.37	+	0.36	+	0.47	+	0.50	+
120	0.74	−	0.89	−	0.44	+	0.18	−
均值	0.36	+	0.52	+	0.43	+	0.41	+

2012和2015年的汉字书写题有四种题型,具体如下:

(1) 考查笔画数、笔顺和笔画名称的选择题(2012年91—93题);

(2) 根据拼音填写正确的汉字(2012年94—110题;2015年91—110题);

(3) 找出并改正语段中的别字(2012年111—120题);

(4) 把成语等固定结构补充完整(2015年111—120题)。

2012年汉字书写题有(1)(2)(3)三种题型,2015年汉字书写题有(2)(4)两种题型。下面依次分析这些题型的难度和区分度。

从表2-23可以看出,旨在考查汉字笔画、笔顺等基础知识并以选择题形式出现的第91—93题,无论是难度还是区分度,均低于理想数值。平均难度为0.15,过于简单,而区分度为0.14,低于淘汰值0.19。因此,新大纲实施以后去掉了这种题型,是非常合理的。

根据注音写汉字是2012和2015年共有的题型,2012年本题型的难度和区分度的平均值分别为0.36和0.48,2015年本题型的难度和区分度的平均值分别为0.47和0.40,总的来说,都比较合理。

2012年根据拼音写汉字的题目中,所有小题区分度均高于0.3,但有4道试题难度低于0.3。涉及的4个测试字中,3个甲表字,1个乙表字。难度较低的原因主要是测试字出现的词形或曾作为锚题反复出现(如第100题

"并蒂莲"的"蒂"),或在日常使用中较为高频(如第97题"堕落"中的"堕"),因此,对于这类测试字,改变其出现环境,可以达到一定的陌生化效果,提高试题难度。

2015年根据拼音写汉字的题目中,共有4道试题难度不在0.3—0.7区间,4道试题区分度低于0.3。但需要注意的是,难度的不合适(偏高或偏低)和区分度的不理想并不一一对应。第100题和108题的测试字均为甲表字,分别为"盎"和"捋",这两道试题虽然难度不是很理想,但区分度都比较好;第104题测试字"跋"是丙表字,试题难度为0.86,区别度为0.21,两项指标均不太理想,建议删除或调整测试形式;第108题"亵"是乙表字,试题难度略高,但区分度很好;第94、95、97题难度较好,但区分度均低于0.3,测试字为"教唆"的"唆"、"侥幸"的"侥"、"向日葵"的"葵",均为甲表字,总体来说是测试字或试题较容易而导致区分度不够理想。

在语段中找出别字并改正的题型仅出现于2012年,整题平均难度为0.43,区分度为0.44,比较合理。需要写出的10个正字中,难度不在0.3—0.7区间的共有3题,区分度低于0.3的也是3题;第111题"概"(误字为"慨")和第117"帐"(误字为"账")的难度和区分度均低于0.3;第12题"捭"(误字为"稗")难度虽较大,但区分度很好;第114题"吆"(误字为"幺")难度指标较好,但区分度不高。

把成语等固定结构补充完整是新大纲实施后重新启用的题型。2015年本题型的整体难度是0.62,区分度是0.43。本题型整体难度偏高,试题最低难度为0.36,第112、117、118、120题难度均高于0.7,测试字分别是"闪展腾挪"的"挪"、"积薪厝火"的"厝"、"蔫头耷脑"的"耷"和"如蚁附膻"的"膻"。区分度方面,主要是第112题和120题难度过高导致区分度过低,其他试题区分度均在可接受范围。

需要注意的是,汉字应用水平测试的汉字书写部分,在阅卷时对书写规范要求比较严格。很多受测者并非不会写某个汉字,而是书写时不规范,连笔导致笔画数量减少,笔形改变、笔画关系改变等,这些情况均会被判定为书写错误。因此,通过卷面反映出来的书写能力应该略低于受测者实际的书写能力。此外,目前汉字应用水平测试的主要参测者为高校师生和中小学教师,其汉字应用水平应该高于普通人群平均水平,如果扩大汉字应用水平测试的受众面,那么试题的难度和区分度可能会有所变化。

(二) 汉字书写试题难度和区分度的影响因素

我们观察并分析了2012和2015年汉字书写部分试题的错误类型,发现其难度和区分度主要受以下因素影响:

1. 汉字的属性

(1) 字频

测试字的难度会受到汉字使用频率的影响。一般来说,常用字的书写难度要低于非常用字的书写难度。

(2) 字表等级

测试字属于甲级字表、乙级字表还是丙级字表,在一定程度上影响了试题的难度,从总体倾向上来说,丙表字难于乙表字,乙表字难于甲表字,但也常有例外,这主要是因为试题的难度还会受到其他因素的影响。

(3) 读音特征

测试字为形声字时,音符表音不准确会增加汉字本身的难度。例如"跂"是形声字,但音符"及"与整字读音差别很大,声母、韵母、声调均不相同。而且"跂"不是常用字,很容易受到"及""级""极"等常用汉字的影响而产生误读。

(4) 形体特征

测试字本身笔画是否繁多,结构是否复杂且不可分析,分析出来的部件是否均为成字部件,是否含有易与其他部件混淆的部件,是否有易混淆的整字,等等,这些形体上的特征会影响汉字本身的难度。一般来说,测试字如果某个方面比较突出,如笔画数量多、结构复杂且不可分析、分析出来的部件有不成字部件、有易混淆的部件或整字等,其自身难度就会增加。

2. 测试字出现的最小语境的使用频率

测试字本身的难度会影响试题的难度,测试字出现的语境(可以定义为试题中包含这个测试字的最小词语)是否常用,也会影响试题的难度。有些汉字,笔画不算多,结构也比较简单,但因其语境不常用,所以难度也较高。

例如,2015年第103题测试字为"一泓清水"的"泓",甲表形声字,笔画不多,结构也比较简单,难度却达到0.50,超过了本题型的平均难度。我们对比了同题中的一个乙表字,第109题测试字"惬",笔画数为11,其最小语境为"惬意",本题难度为0.43。查询北京大学CCL语料库,发现在8000万条现代汉语语料中,这两个测试字出现的语境数量有非常大的差别。"一泓清水"仅出现19例,"一泓"("泓"作为量词)也不足220例,但"惬意"却出现了1078例。

从上面的对比中可以发现,测试字出现的最小语境的使用频率会影响到试题的难度。

3. 试题考查项目的多少

汉字书写试题中,根据拼音填写汉字这种题型,考查的能力相对来说比较单一。但有些题型,不仅考查了受测者是否会正确书写汉字,还考查了受测者的其他能力。

例如,2008—2013年汉字应用水平测试试卷中出现的找出语段中的别字并改正的题型,要求受测者首先要找出用错的别字,再书写正确的汉字。

受测者的错误可以分为两种:第一种是找出了别字,但未能正确书写;第二种是没有准确地找出别字,所以更谈不上正确书写了。

根据第一种情况,可以判断受测者在该汉字的书写能力方面存在缺陷;但第二种情况中,受测者首先是在误字的应用上存在缺陷,其次是在正字的应用上存在缺陷,但正字的应用缺陷不一定是书写缺陷。因此,这一题,与其说是考查汉字书写能力,不如说是考查汉字综合应用能力。

把成语等结构补充完整这一题型,与其说是考查汉字书写能力,不如说是考查对成语等固定结构的掌握能力。例如,2015年本题型难度在0.7以上的4个汉字("膻、挪、厝、夯")中,有3个甲表字,仅"厝"一字属于丙表字;4个汉字结构也相对简单,没有什么易混淆的部件,但没有拼音提示,受测者不熟悉这些成语,因此无法正确作答。汉字应用水平测试结束后,笔者采访了部分受测者,有不少人表示,4 个成语中,"如蚁附膻""积薪厝火"是从来没见过或用过的;在有拼音提示的前提下,综合运用百科知识,"挪、夯、膻"三字均可以正确写出。还有受测者提到,本题型因没有拼音提示,故务必要保证所填汉字的唯一性。如试题"蔫头脑",标准答案是"夯",但汉语实际使用中也有"蔫头蔫脑"。它们在北京大学 CCL 语料库中出现的频率分别为 13 和 9,没有本质区别。汉语中很多成语有不同形式,如"烟消雾散"也可以是"云消雾散""烟消云散"等,这些异形同义的成语,在出题时一定要考虑到。

六、测试试题难度分析模型构建探索

在前文,我们根据 2012 和 2015 年的汉字应用水平测试试题和成绩计算了汉字应用水平测试四个部分试题的难度和区分度,分析了影响测试中汉字字音认读、字形辨误、汉字选用、汉字书写等试题难度和区分度的各种因素,包括汉字本身的属性(字频、字表属性、读音特征、形体特征等)、测试字出现的语境、试题考查项目的单一性,等等。

目前,如果想得到汉字应用水平测试试题的难度信息,需要借助于实测或试测的结果。但无论是实测还是试测,均受到客观条件的限制,且需投入大量的人力和物力。而汉字应用水平测试字表中收字 5 500 个,这些测试字能以字、词、句等不同的测试形式出现,试题数量从理论上来说是无限多的,因此,很难通过测试的方法获得不同测试字、不同测试形式的所有试题的难度。在这种情况下,参照汉字应用水平测试已有的实测结果,根据影响汉字应用水平测试不同部分试题难度的不同因素,确定其权重,每部分构建一个试题难度分析模型、对不同试题的难度进行预测显得尤为必要。

汉字应用水平测试试题的难度可以分为两种:一种是客观难度,一种是主观难度。前者依赖于大规模的实测或试测,后者可由研究者根据相关信息计算给出。相关信息包括人工标注的影响汉字应用水平测试不同部分试题难度的各种汉字属性、包含测试字的最小词语出现频率、已经测试过的试题难度系数等。模型主要用于调整各因素的权重,使人工判定的主观难度系数逐渐接近由测试结果计算得出的客观难度系数。

模型的建立是一个循环、调整的过程。第一步,根据相关研究成果,研究者主观拟定影响不同试题难度的各因素所占的权重,根据权重计算已测试题的难度,此为主观难度;第二步,根据测试结果,计算测试试题的难度,此为客观难度;第三步,将主观难度和客观难度对比,调整影响试题难度的各因素所占的权重。这个过程反复进行,对比与计算的试题范围不断扩大,在此基础上调整得出的各因素所占权重也将越来越合理,根据模型计算得出的主观难度将逐渐接近真实的客观实测难度。

汉字应用水平测试试题难度分析模型的建立,对汉字应用水平测试朝着科学化、规范化的方向发展起着至关重要的作用。当试题难度的计算不再单纯依赖于大规模的测试时,题库建设、测试命题工作的科学性都将得到提高,这有利于促进汉字应用水平测试相关工作朝规范化的方向发展。

第五节 题库建设

一、题库建设的意义

上文已经说过,汉字应用水平测试自 2007 年实施以来,相继在全国不同省市开展了试点工作,在提高国民语言文字规范意识和应用水平、改善社会用字环境等方面发挥了重要作用。

对于大规模的标准化测试来说,题库建设是一项必不可少的工作,是提高测试质量、保证测试结果可靠性和有效性、达到测试目标的重要手段,更是测试走向专业化、客观化、科学化和规范化的必由之路。

汉字应用水平测试从首次测试到现在已整整 18 年,测试的范围、题量、题型等虽有一定程度的调整,但组成部分基本未变。2007 和 2008 年,采用了难度相当的多种卷面,自 2009 年以后,每年均仅采用一套卷面。由于现有的试题库较小,测试真题存在着一些较为明显的问题。

(一) 部分试题的曝光度过高

一般来说,试卷有两部分题目,一部分是独立题,一部分是与其他试卷共有的题目,即"锚题"。锚题是为实现不同试卷之间的等值而设计,但随着测试次数的增加,锚题曝光度过高,不可避免地会损害不同年度测试之间的等值性。汉字应用水平测试也遇到了这个问题,以第四部分为例,"彝族"的"彝"、"辜负"的"辜"、"心悸"的"悸"、"并蒂莲"的"蒂"、"垂涎欲滴"的"垂"等在不同年度试题中多次出现。

(二) 测试点不均衡

《汉字应用水平等级及测试大纲》(以下简称为"大纲")对试卷四个部分的试题内容进行了明确规定,测试汉字均按甲表 70%、乙表 20%,丙表 10%的比例选取。前文我们对 2012 和 2015 年试题所用的测试字进行了统计,发现甲表字总体比例偏高,乙表和丙表字测试不足。四部分试题中,相对来说,汉字书写部分试题的测试字比例分布优于其他部分。

汉字书写部分,笔画较多、结构较为复杂的汉字更容易成为测试点,笔画较少、结构较为简单的汉字较少进入测试范围,但这并非意味着后者的学习没有难度。此外,汉字书写部分的测试字应考虑汉字构字部件的常用程度与易混淆程度、汉字结构的均衡等因素。有时汉字书写部分的试题对于部件的考查过于集中,譬如"口"字旁经常被考到,而有一年有多个汉字涉及反文旁和折文旁的区别。但实际上,汉语中高频部件很多,应注意均衡分配。

(三) 错字和别字的考查不均衡

汉字书写中出现的错误实际上分为两类:错字和别字。错字是写错的字,常常不存在;别字是用错的字,本身是存在、没有错误的,只不过用错了地方。字形辨误这一部分中,绝大部分的干扰项是别字,在我们收集到的资料中,仅发现 2013 年有一道试题是以错字为考查点的("陷"笔画书写错误)。手写时,有些增减笔画、改变笔画之间关系等而形成的错字,其干扰度要大于别字。但现在键盘输入为主,错别字的呈现状态是别字多而错字少。

(四) 未区分多音汉字不同读音的适用范围和频率

目前的汉字应用水平测试字表分为甲、乙、丙三个等级,其依据是字形,但汉语中具有为数较多的多音字。同一字形的不同读音适用于不同的环境,其难度常有较大的区别。如"勾销"和"勾当","念叨"与"叨扰"等。尤其是"叨扰"在现代汉语中已较少使用。因此,在以字形为分级依据的前提下,充分考虑多音字不同读音的难度,制定出来的分级字表将更为合理。

《国家中长期语言文字事业改革和发展规划纲要(2012—2020 年)》明确指出,"修订和完善《汉字应用水平测试大纲》,完善测试系统,加大汉字应用水平测试推进力度。"要推进汉字应用水平测试,必须大力提高汉字应用水平测试的质量,因此,借鉴普通话水平测试、汉语水平考试以及相关外语测试等题库建设的经验,综合教育测量学、文字学和语言学等多学科研究成果,建设高水平、大规模的汉字应用水平测试题库势在必行。这既是汉字应用水平测试推广工作发展形势的需要,也是维护汉字应用水平测试社会声誉,体现国家级标准化考试严肃性和权威性的需要。

二、题库建设的基本原则

桂诗春(1989)指出,一个题库的好坏取决于它组织的科学严密性、内容的广泛性、对考生能力的预测性、使用的经济可行性等。汉字应用水平测试题库系统,应该严格按照大纲的要求,开展内容选择、属性标注、组卷规则设计等工作,最后由计算机根据规则自动生成符合大纲要求的试卷初稿,人工干预后投入使用。建设题库之前,首先要明确建设题库时应坚持的一些基本原则。

(一) 全面性原则

1. 切合大纲

大纲[①]确定了汉字应用水平测试的范围为5 500字(甲表4 000,乙表500,丙表1 000),题库中的试题应全面覆盖这5 500字。整个题库的设计要完整地体现大纲对测试项目的要求。

谢小庆等(1999)将试题参数区分为组卷参数和描述参数,其组卷参数包括题型、难度、曝光度(已经被使用的次数)、回避参数(与其他题目冲突的情况)等4项。根据这4项指标从题库中抽取题目,按照既定程序生成的试卷要能涵盖大纲规定的测试项目内容,生成的试卷试题在数量、样式、分布、难度等方面应与真题相当,试卷的整体用字和直接测试字应达到一定的覆盖率,整个试卷是反映大纲要求、难度适中、内容完整的标准化试卷。

2. 测试结果可分析

每一份试卷均提供标准答案,可进一步根据整份试卷的字次、字种,测试字的描述参数如字表属性、声母、韵母、声调、笔画、形符、音符、易混淆读音、易混淆字形等进行质量分析和检验(有些属性如形符和音符仅形声字和会意字才有)。

(二) 均衡性原则

1. 测试字均衡

大纲规定,"四个部分的试题内容均按以下比例选取:70%选自《汉字应用水平测试字表》(甲表);20%选自《汉字应用水平测试字表》(乙表);10%选自《汉字应用水平测试字表》(丙表)。"因此,试卷测试字整体和各部分均需符合大纲规定的三表字比例的要求,能把甲、乙、丙三表规定的汉字的相关信息按比例、均衡地反映出来;控制试卷整体用字中超纲字的占比,使之成为测试字的概率与汉字使用频率一致,中高频的多考,低频的

---

① 此处指2014年以后实行的新大纲,详见《汉字应用水平测试指导用书》。

少考。

2. 测试点均衡

每部分试题的测试点均衡，例如考查字音的部分，保证测试字的声母、韵母、音节均达到一定的覆盖度，覆盖汉字多的音节多考，少的少考。汉字书写部分，笔画数量多和笔画数量少的汉字均衡分布。

3. 难度与测试性质一致

汉字应用水平测试的目的在于考查受测者的汉字应用能力是否达到基本要求，属于水平测试，不是选拔性测试，因此，整卷难度不宜过高，测试结果呈左偏态分布比较正常。在组配试卷的时候，可以根据题库中的相关属性参数，适当控制单题、各组成部分和整张试卷的难度。

(三) 开放性原则

1. 题库要适时调整与更新

大纲有调整或甲、乙、丙三表中的字有调进调出时，题库要随之调整，相关属性参数也要随之更新；测试题型有变化时，题库试题形式也随之变化；对每次测试(包括试测)结果进行分析，根据分析结果调整题库中相关题目的部分参数，并淘汰一些参数不够理想的试题。

2. 题库内容可以不断补充

汉字应用水平测试试题的题干有字、词、句等三种类型。大纲规定了甲、乙、丙三表汉字的数量，因此以字为题干的试题库的素材是封闭的，而以词、句为题干的试题库的素材都是开放性的，可以不断补充。

(四) 自动拼卷原则

计算机可以根据预先编好的程序自动拼卷。大致步骤如下：

(1) 从各子题库中按比例抽选适当数量的试题，生成试卷粗坯；

(2) 通过字次、字种统计法排除与其他题目冲突(内容重复或前后互相提示)的部分，如有，则重新抽取进行替换，再重新统计；

(3) 人工干预，生成可用的试卷。

三、题库构成和建设过程

(一) 题库的构成

汉字应用水平测试试题由四个部分组成,分别是字音认读、字形辨误、汉字选用、汉字书写。因此,题库也由对应的四个子库构成,拼卷时可按照既定程序从子库中直接抽取。

测试试题的题干有三种类型:字、词(包括双音节、三音节、多音节词等)、句。因此,我们首先需要建立字、词、句三个不同形式的素材库,素材库中每个条目标有相关属性参数。计算机利用标注的属性,将编好的程序作用于不同的素材库,生成测试各部分所需的不同类型试题。

题库构成见图2-1:

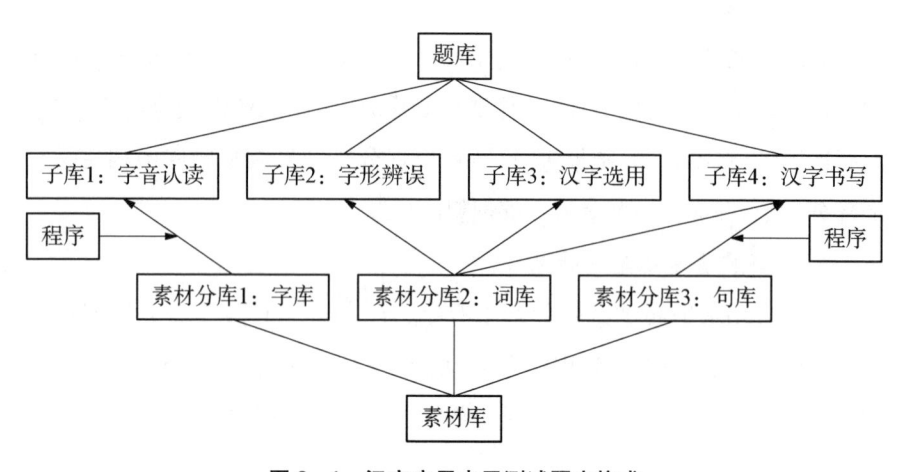

图2-1 汉字应用水平测试题库构成

(二) 素材库的建设

上文我们说过,汉字应用水平测试素材库有字库、词库、句库三个分库,每部分都标注有不同的属性参数。因为词库和句库只是提供试题素材,测试点最终还是要落实到具体汉字上,所以这两个分库描述性参数的数量均远远少于字库。因此,字库是素材库最重要的组成部分。

1. 字库构成与属性参数

字库部分主要有两个作用,一是为字音辨读部分提供题干,本部分除第15题外,均可以从库中直接抽取素材,形成试题;二是为汉字选用提供备选答案。

字库包括甲、乙、丙三表中的5500个汉字,可标注如下描述性参数:

(1) 字表属性

  a. 属性值为"甲、乙、丙"。

(2) 字音①属性

  b. 声母:属性值为"b、p、m"等,零声母标注为"0"。
  c. 韵母:分韵头、韵腹、韵尾三个部分,韵头属性值为"i、u、ü"和"0",韵腹属性值为"a、o、e"等,韵尾属性值为"0"和"i、u、n、ng"等。
  d. 声调:属性值为"1、2、3、4",轻声标为"0"。
  e. 易误读音节:如果该汉字有经常被误读的读音,则属性值为该误读音节,可以不止一个;没有则标为"0"。
  f. 用于双音地名:有易误读音节的汉字才有的属性,有的话直接填上地名,没有则标为"0"。

(3) 字形属性

  g. 笔画数:属性值为具体的数字。
  h. 合体字:属性值为"0"和"1","0"表示不是合体字,"1"表示是合体字。
  i. 结构:合体字才有的属性,值为"左右、上下、半包围"等。

---

① 字形和字音相同才为同一个ID,为一条记录;有几个读音即有几个ID,几条记录。

j. 形声字：合体字才有的属性，值为"0"和"1"，"0"表示不是形声字，"1"表示是形声字。

k. 音符：形声字才有的属性，值为汉字具体的音符。

l. 音符表音准确度：值为"0、1、2、3、4、5"，根据声母、韵母（韵头、韵腹、韵尾）、声调的值，几项相同值即为几。表音准确度最高要求5项皆同，值为5，5项均不同值为0。其中，韵腹对确定语音相似性具有优先参考价值。

m. 形符：形声字才有的属性，值为汉字具体的形符。

n. 易误写字形：如果该汉字有经常被误写的字形，则属性值为该误写字形。其可能与正字含有共同偏旁，也可能是由于增减笔画、改变笔画关系形成的错别字；没有则标为"0"。有该属性的汉字，如果可以用于双音地名，则在f项中填上地名。

2. 词库构成与属性参数

词库为字形辨误、汉字选用、汉字书写等相关部分提供题干。词库中的词目可以直接从《现代汉语词典》中提取，提取范围为双音节、三音节、四音节的词语。如词语中没有合适的测试字，可以直接删除。考虑到现行汉字应用水平测试中，四音节的成语出现较多，还可以从相关成语词典中补充条目。词目提取工作结束以后，可以利用程序检查是否提取了含有表外字的词语，如有，则删除。

词库有如下描述性参数：

a. 词长：属性值为"2、3、4"等。

b. 读音：属性值为该词条的正确读音。

c. 测试字：属性值为具体的汉字。

d. 易误读汉字：不是所有词条都有的属性。有则标注具体的易误读读音，没有则标为"0"。

e. 易误写汉字：不是所有词条都有的属性。有则标注具体的易误写词形,没有则标为"0";易误写的词形中常包含有别字。

  f. 表外字:不是所有的汉字都有的属性,是表外字则标为"1",不是则标为"0"。

参数 d、e 可以进一步关联至字库中相关汉字的属性。

3. 句库构成与属性参数

句库为汉字选用和汉字书写等两个部分提供题干。在常规的语料库的基础上,以"。 ? !"等标点符号为标记,将语段或语篇分割成一个一个的句子,一个句子有一个 ID。

句库有如下描述性参数:

  a. 句长:属性值为具体数字。
  b. 测试字:属性值为具体的拟测汉字。
  c. 测试字数量:属性值为 1 或 2。
  d. 表外字数量:值为具体数字。

参数 b 可以进一步关联至字库中相关汉字的属性。

(三) 题库子库试题的产生过程

1. 字音认读部分

本部分共 30 道试题。2014 年以后有两种题型,各 15 道:

  在下列各题中找出注音错误的一项:
  例 1. A 绮(qǐ)　B 毋(wú)　C 勋(xūn)　D 蹼(pǔ)
  在下列各题中找出读音不同的一项:
  例 2. A 撂—料　B 剃—惕　C 驿—绎　D 迢—昭

第一种题型中前 14 题每题题干由 4 个汉字及其注音组成,这 4 个汉字之间没有什么内在的联系。标注有误的汉字,独体字或是声调有误,或受其充当部件的更为常用的汉字读音的影响。形声字的错误多与音符有关,有的音符表音完全准确,但声调标注有误;有的音符表音不准确或不完全准确,声、韵、调中的一项或多项受音符影响标注错误。

第 15 题的题干是 4 个双音节词的专有地名,地名用字中常有多音字,读音不同于其他,如"洪洞"中的"洞"应读为"tóng",标为"dòng"就错了;还有一些地名用字虽为单音,但跟某些常用字形体接近,如亳州的亳,与"毫"结构类似,仅一笔之别,很容易读错。

第二种题型每题的题干由四组共 8 个汉字组成。每组汉字可能有共同的音符,如例 2 中的 C 和 D,也可能是在构件上没有任何相同之处的两个同音字,如 A 和 B。读音不同的那组汉字,可能是具有相同的声母或韵母,但声调不同,也有可能是音节有较大差别,但因有共同的音符而形成干扰,如"级"和"跋"。

本部分的试题可根据程序从字库中直接抽取形成。

第一种题型的试题生成过程如下:

(1) 从含有易误读音节属性的汉字中,按字表比例要求随机提取 n 个汉字和对应的易误读音节;

(2) 从字库中随机提取出 3n 个汉字和对应的正确音节,与先抽取出的 n 个汉字组配成 n 道试题;

(3) 从有用于地名的属性的汉字条目中随机抽取 n 个双音节地名和对应的易误读音节,再抽取 3n 个双音节地名和对应的正确音节,组配成 n 道试题。

第二种题型的试题生成过程如下:

(1) 在具有易误读音节属性的汉字中随机抽取 n 个,再从易误读音节中抽取对应的 n 个汉字,形成 n 组汉字;

(2) 随机抽取 3n 组同音字(每组 2 个),跟刚才的 n 组汉字组配成 n 道试题。

2. 字形辨误部分

本部分共 30 道试题,只有一种题型:

在下列各题中找出用字错误的一项：
例3. A 抿灭　B 狰狞　C 官邸　D 佚名

本题的题干有三种类型，分别是双音节词(13个左右)、三音节词(2个左右)、四字成语(15个左右)。该题中误字与正字之间常具有音同或形近关系，同音字也常常含有相同的偏旁，形近字或是含有相同的偏旁，或是仅在笔画的长短和关系之间含有细微差异。

本部分的试题也可根据程序从词库中直接抽取形成。试题生成过程如下：

（1）双音节词语组配程序：在词长为2、具有易误写汉字属性的词条中，随机抽出 n 个，将正确的汉字替换为易误写的汉字，再随机抽取 3n 个双音节词条，组配成 n 道试题；

（2）三音节的词语、四音节的成语试题组配程序与双音节词语组配程序相同。

3. 汉字选用部分

本部分共 30 道试题，有两种题型。

第一种题型是：

在下列各题的选项中找出能够正确填入词语括号中的一项：
例4. 纯(　　)A 淬　B 粹　C 悴　D 瘁

第二种题型是：

在下列各题的选项中找出能够正确填入句子括号中的一项：
例5. 这部作品用细腻的笔触(　　)勒出了人物的矛盾心理变化。
A 构　B 勾　C 钩　D 沟
例6. 在乡下，伯父经常坐在篱(　　)墙前，(　　)着烟袋锅给我们讲故事。

　　A 芭 嗑　B 笆 磕　C 芭 磕　D 笆 嗑

　　第一种题型(10题)的题干是词语,双音节、三音节、四音节均有;第二种题型的题干是句子,多由 1—2 个小句组成(偶尔是 3 个),句长一般在 20 个汉字左右,选填的汉字数量有 1 个和 2 个之别(各 10 题)。两种题型中的备选项多由一组有共同音符的汉字组成,正字和误字之间、误字和误字之间常具有音同、音近或形近关系。因此,对于本部分试题来说,字库中音符这一项描述性参数具有极大价值。

　　第一种题型的试题生成过程如下:

　　(1)在词库中,随机抽出 n 个测试词语和对应的测试字,词长不限;

　　(2)调用字库中测试字的属性参数如音符、音节、易误写字形等,在字库中随机抽取与每个测试字相关的 3n 个汉字,含有共同音符的优先选取,声、韵、调都相同的其次,韵母、声调相同的再次,组配成 n 道试题。

　　第二种题型的试题生成过程如下:

　　(1)从句库中随机抽取测试字为 1 的句子 n 个;

　　(2)测试字为 1 时,利用字库中测试字的相关属性提取 3n 个干扰汉字,提取程序与上文第一种题型中的第二步相同,组配成 n 道试题;

　　(3)测试字为 2 时,试题生成程序基本相同,先抽取 n 个句子,再根据相关属性从字库中提取两个测试字的干扰汉字各 1 个,2 个正确汉字,2 个干扰汉字,两两组合形成备选项,组配成 n 道试题。

4. 汉字书写部分

本部分共 30 道试题,有两种题型。分别是:

　　根据注音填写正确的汉字:
　　例 7. 瓦＿(lì)

填写正确的汉字，把成语等固定结构补充完整：
例 8. 敝＿自珍

第一种题型有注音提示，共 20 题，题干分别是双音节词、三音节词、四音节的词语和句子，其中，四音节的短语可以是成语，也可能是一般自由短语，如一泓清水、遣送出境、过敏体质等。第二种题型没有注音提示，共 10 题，其题干均为四字成语。

这两种题型试题的生成过程都比较简单。

第一种题型的生成过程如下：在词库和句库中随机抽取双音节词、三音节词、四音节词、句子若干，将测试字替换为带下划线的空格，并从字库中调取出正确的音节属性置于其后。

第二种题型的试题生成过程是在词长为 4 的词语库中抽取出词条，将测试字直接替换为带下划线的空格。

题库建设完成以后，可根据规定条件，如测试字分属于甲、乙、丙三个字表的比例、不同类型题干的数量要求等，从题库中抽取试题生成模拟试卷粗坯。计算机统计字次、字种后进行人工干预，修正备选项中一些干扰度比较小的选项，避免出现前后提示等现象。试题经过实测或试测后，可逐渐补充相关属性（如难度、区分度、曝光度等）于题库之中。

四、题库的应用

桂诗春（1989）指出，题库建设是一项理论性强、实际意义重大的基本建设。与汉语有关的其他大型测试如汉语水平考试、普通话水平测试等均在题库建设方面进行了理论探索，并在实践中取得了重要成果，如王渝光等（1997），张凯（1999），张晋军（2013），在促进汉语水平考试、普通话水平测试朝着科学化、规范化的发展以及在更大范围内的推广方面发挥着重要作用。汉字应用水平测试题库的建设，也必将有着广泛的应用前景。

(一) 直接服务于汉字应用水平测试命题工作

从 2007 年到现在,汉字应用水平测试试点城市在不断增加,受测者数量也不断扩大。因原来题库较小,目前的汉字应用水平测试试题并未向社会公布,以致测试者很难对测试本身有准确的认识。建设汉字应用水平测试题库,不仅可以确保测试对大纲甲、乙、丙三表用字进行均衡考查,还能确保有足够数量的合格试题,即使测试字在以前有较高的曝光度,但可以不断改变其考查形式和出现环境,达到真正测试汉字应用水平的目的,同时也可以促使汉字应用水平测试命题工作进一步向科学化、规范化的方向发展。

(二) 为汉字应用水平测试实现计算机自适应测试打下基础

最近 20 年,计算机技术飞速发展,自适应测试逐渐成为一种趋势。目前,汉字应用水平测试采用的是纸笔测的形式。不久以后,实现计算机自适应性测试将是摆在汉字应用水平测试面前的另一个重要课题。题库建设以后,不同测试字的相关信息可以陆续标注补充,信度、效度、难度、区分度等属性可以参数的形式出现,参数之间相互佐证,同时由于大数据的介入,这些参数还可以进行动态的调整修正。计算机可以根据受测者的水平,选择最适合的题目进行测试,对其汉字应用能力作出精确的评估,以适应不同工作的需要。

(三) 供受测者考前练习或日常提高汉字水平练习之用

由于汉字应用水平测试目前还处于试点阶段,市场上相关的辅导资料不多,国家语委汉字应用水平测试工作领导小组编写了一本《汉字应用水平测试指导用书》,其主体部分是字音辨析、字形辨析、字义和用法辨析,这些内容为汉字应用水平测试素材库的建设提供了很好的参考,但可供练习的试题非常有限。上海语言文字测试中心曾经组织汉字应用水平测试培训教师出题,但不同教师受其主体思维、阅读水平和知识储备的限制,依赖主观经验给出的试题难以避免前后重复、难易度不均、覆盖范围不广等问题。基于大规模题库随机组配生成的试卷可以有效地避免上述问题,受测者可以在考前进行针对性的练习,熟悉汉字应用水平测试,增强信心;有兴趣提高汉字水平的普通人也可以借此掌握汉字的形音义等知识,提高汉字应用能力。

(四)为中小学生汉字分级测试提供依据

大纲中的甲级字表与义务教育阶段需要掌握的汉字有相当大的重合,丙级字表与高中阶段需掌握汉字有较大的重合,因此,可以将甲、乙、丙三表汉字与中小学教学用字进行对比,以此为基础,建立中小学汉字测试素材库和题库,区分每个学段的具体要求,为提高中小学生汉字应用水平、实现中小学汉字分级测试奠定基础。

汉字应用水平测试题库的建设对未来汉字应用水平测试的全面推广具有积极意义,但同时题库建设也是一项旷日持久的工作,建设过程中不可避免地会遇到各种困难。如素材库中各项描述性属性的标注,需要投入较多的人力、物力和时间;题库中试题信度、效度、难度、区分度等组卷属性,要在大规模实测或试测的基础之上进行统计才能得出。如何科学地增加锚题的数量,避免部分锚题曝光度过高,如何构建试题难度等级模型,使主观难度系数(通过汉字的属性如笔画数量、结构复杂度、音符表音准确度等指标综合给出)和客观难度系数(通过试测或实测得出)互相校验;针对笔画较少、结构较为简单的汉字,应采用何种形式进行测试才比较合理,等等,都需要深入思考和反复验证。总之,汉字应用水平测试从首测到现在不过十几年的时间,还比较"年轻",题库建设的工作任重道远,需要更多学者通力合作。

第三章 汉字应用水平测试成绩的统计与分析

据 2016 年 1 月 26 日教育部语信司网站消息,汉字应用水平测试自 2007 年实施,先后有 14 个省市共计 16 万人次参加测试。其中,上海参测人数接近 6.2 万人,超过全国总数的 38%,在汉字应用水平测试推广方面成绩显著。以上海市汉字应用水平测试受测者为样本,从具体入级情况、标准化总分分布、测试不同单项等方面对其 2007—2015 年 9 年间的汉字应用水平测试成绩进行汇总、分析和解释,不仅能借此了解上海市民的汉字应用水平,了解汉字应用水平测试在上海的推广和测试目标的实施状况,发现问题,总结经验,为未来全面推广汉字应用水平测试、提高国民汉字应用水平提出更有针对性、可行性的建议,同时也有助于进一步提升汉字应用水平测试的科学性,使之未来能发展成为和普通话水平测试地位相当的测试。

第一节 对象特征

上海地区 2007—2015 年汉字应用水平测试报名情况见表 3-1。

表 3-1　2007—2015 年汉字应用水平测试报名情况

年份	男		女		合计	
	人数	比例	人数	比例	人数	比例
2007	1 042	26.00%	2 965	74.00%	4 007	100%
2008	3 284	32.16%	6 926	67.84%	10 210	100%
2009	616	35.98%	1 096	64.02%	1 712	100%
2010	64	13.36%	415	86.64%	479	100%
2011	1 474	18.09%	6 672	81.91%	8 146	100%
2012	1 067	15.49%	5 820	84.51%	6 887	100%
2013	1 394	19.12%	5 895	80.88%	7 289	100%
2014	2 351	19.55%	9 676	80.45%	12 027	100%
2015	1 989	18.00%	9 059	82.00%	11 048	100%
合计	13 281	21.49%	48 524	78.51%	61 805	100%

从表 3-1 可以看出,在汉字应用水平测试实行之初,上海地区参加测试的热情就较高。除 2009 和 2010 年报名人数较少,其他年份参测对象数量都较多。尤其是 2014 和 2015 年,较之以前有非常明显的增长。

上海地区 2007—2015 年汉字应用水平测试对象中,男性比例远低于女性。2007 到 2015 年间,男性报名者占比最高的是 2009 年,其次是 2008 年,两个年度其均在总体人数的 1/3 左右,2010 年比例最低,2011 年以后虽有所增长,但总体上仍不足女性报名人数的四分之一。因此,未来汉字应用水平测试在推广宣传、拓宽受测范围时,要尤为重视面向男性的宣传工作。

下文我们依次分析上海市汉字应用水平测试受测对象的年龄、民族、学历、职业等特征。

一、受测对象年龄构成

2007—2015 年间,汉字应用水平测试的 6 万多受测对象年龄分布跨度很大,参测时年龄最小的是 16 岁,最大的有 74 岁,平均年龄 30.6 岁。总体分布情况如表 3-2 所示。

表 3-2 2007—2015 年受测对象年龄分布情况

年龄	30 岁以下		30—39 岁		40—49 岁		50 岁及以上		合计	
	人数	比例	人数	比例	人数	比例	人数	比例	人数	比例
人数	32 876	53.19%	16 321	26.41%	11 435	18.50%	1 173	1.90%	61 805	100%

从表 3-2 可以看出,青年人群是当今上海市汉字应用水平测试的主体测试对象。这种定位是非常准确的。青年群体受信息化时代的影响最强,接触网络语言较多,有较强的追求新奇的心理,很容易理解、接受并传播各种新兴的语言或文字使用现象,包括不太规范的语言文字现象。而中年人或老年人相对来说性格偏于保守,对新兴的语言现象的理解、接受和传播均需花费较青年人群更长的时间。因此,在未来的汉字应用水平测试推广宣传工作中,应继续坚持以青年人群为主体的方针,再逐步推广到中小学生和中老年群体。

二、受测对象民族构成

上海市汉字应用水平测试的参测对象以汉族为主,也有其他民族参加。2014 和 2015 年的汉字应用水平测试,统计了受测对象的民族信息,除汉族以外,还有白族、布朗族、布依族、藏族、朝鲜族、达斡尔族、傣族、侗族、俄罗斯族、哈尼族、哈萨克族、回族、黎族、满族、蒙古族、苗族、仫佬族、纳西族、羌族、畲族、水族、土族、土家族、维吾尔族、锡伯族、瑶族、彝族、裕固族、仡佬族、壮族等 30 个少数民族共 767 位受测对象参加了汉字应用水平测试,另有拉祜族、毛南族各 1 名报名但未参加考试。参测对象具体民族构成见表 3-3:

表3-3 2014—2015年少数民族受测对象民族分布情况

	2014		2015		合计	
	人数	比例	人数	比例	人数	比例
白族	11	64.71%	6	35.29%	17	100%
布朗族	0	0%	1	100%	1	100%
布依族	9	39.13%	14	60.87%	23	100%
藏族	17	37.78%	28	62.22%	45	100%
朝鲜族	9	64.29%	5	35.71%	14	100%
达斡尔族	2	100%	0	0%	2	100%
傣族	2	66.67%	1	33.33%	3	100%
侗族	13	54.17%	11	45.83%	24	100%
俄罗斯族	0	0%	1	100%	1	100%
哈尼族	3	50.00%	3	50.00%	6	100%
哈萨克族	2	50.00%	2	50.00%	4	100%
回族	74	56.06%	58	43.94%	132	100%
黎族	1	14.29%	6	85.71%	7	100%
满族	38	40.86%	55	59.14%	93	100%
蒙古族	40	54.05%	34	45.95%	74	100%
苗族	32	58.18%	23	41.82%	55	100%
仫佬族	0	0%	2	100%	2	100%
纳西族	0	0%	1	100%	1	100%
羌族	1	100%	0	0%	1	100%
畲族	1	25.00%	3	75.00%	4	100%
水族	0	0%	1	100%	1	100%
土族	1	100%	0	0%	1	100%
土家族	35	43.21%	46	56.79%	81	100%
维吾尔族	15	27.78%	39	72.22%	54	100%
锡伯族	1	50.00%	1	50.00%	2	100%
瑶族	10	66.67%	5	33.33%	15	100%

续　表

	2014		2015		合计	
	人数	比例	人数	比例	人数	比例
彝族	9	52.94%	8	47.06%	17	100%
裕固族	0	0%	1	100%	1	100%
仡佬族	3	100%	0	0%	3	100%
壮族	43	55.13%	35	44.87%	78	100%
其他	2	40.00%	3	60.00%	5	100%
合计	374	48.76%	393	51.24%	767	100%

受测对象超过 80 人的民族有 5 个,分别是回族(132)、满族(93)、土家族(81)、壮族(78)和蒙古族(74);受测对象超过 40 人的有 3 个,分别是苗族(55)、维吾尔族(54)、藏族(45),接下来依次是布依族(23)、侗族(24)、白族(17)、彝族(17)、瑶族(15)、朝鲜族(14)。其余 16 个民族受测对象均不足 10 个人。

从 2000 年到现在,进行了三次人口普查。第五次、第六次、第七次全国人口普查中,上海市少数民族人口分别为 10.41 万人、27.56 万、39.98 万人,其增长趋势极其明显。我们还查阅到了第六次人口普查的更具体的一些数据,2010 年第六次人口普查中,上海市少数民族共 55 个,0—14 岁、15—64 岁、65 岁及以上的人口比重分别为 12.5%、83.7 和 3.8%。人口数在 2 万人以上的有回族(占全市少数民族人口的 28.3%)、土家族(12.2%)、苗族(11.4%)、满族(9.1%)和朝鲜族(8.1%);人口数在 2 万人以下 1 万人以上的有壮族(5.9%)和蒙古族(4.1%);人口数在 1 万以下 5 千以上的有侗族(2.8%)、彝族(2.6%)、布依族(2.1%)和维吾尔族(1.9%);其他少数民族人口都在 5 000 人以下。[①]

即使我们不考虑上海市少数民族人口的增长趋势,2014 和 2015 年参加汉字应用水平测试的少数民族总人数,也不足 2010 年少数民族总人口数

[①] 杨群.全市少数民族人口增长 165.9%　总数达 27.56 万人[N],解放日报,2011-11-21.

的0.3%,即使只考虑15—64岁的人群,参测人数也仅达0.3%。因此,在未来的汉字应用水平测试宣传推广工作中,要重点关注高等院校的少数民族大学生,在少数民族人口比较集中的居住地进行宣传,尤其要多吸引人口数在1万以上的少数民族人员参加测试。

三、受测对象学历构成

参加汉字应用水平测试的受测对象,学历有高中/中专、大专、本科、硕博士等不同层次[①]。2007年报名信息未区分本科和硕博士,故我们统称为本科及以上,将它跟2008—2015年分开进行统计。受测对象学历分布情况见表3-4和表3-5。

表3-4 2007年受测对象学历分布情况

年份	高中/中专		大专		本科及以上		合计	
	人数	比例	人数	比例	人数	比例	人数	比例
2007	45	1.12%	711	17.74%	3 251	81.13%	4 007	100%

表3-5 2008—2015年受测对象学历分布情况

年份	高中/中专		大专		本科		硕博		合计	
	人数	比例	人数	比例	人数	比例	人数	比例	人数	比例
2008	17	0.17%	238	2.33%	9 822	96.20%	133	1.30%	10 210	100%
2009	9	0.53%	672	39.25%	986	57.59%	45	2.63%	1 712	100%
2010	0	0%	51	10.65%	409	85.39%	19	3.97%	479	100%
2011	7	0.10%	883	10.84%	6 814	83.65%	442	5.43%	8 146	100%
2012	14	0.20%	630	9.15%	5 766	83.72%	477	6.93%	6 887	100%
2013	7	0.10%	573	7.86%	6 233	85.51%	476	6.53%	7 289	100%

① 此处未严格区分是在读还是已毕业。

续　表

年份	高中/中专		大专		本科		硕博		合计	
	人数	比例	人数	比例	人数	比例	人数	比例	人数	比例
2014	105	0.87%	1 069	8.89%	10 113	84.09%	740	6.15%	12 027	100%
2015	59	0.53%	1 256	11.37%	9 217	83.43%	516	4.67%	11 048	100%
合计	218	0.38%	5 372	9.29%	49 360	85.40%	2 848	4.93%	57 798	100%

据第六次人口普查数据,2010年上海常住人口为2 301.92万人。6岁以上常住人口为2 208.57万,其中,具有大学(大专及以上)文化程度的人口为503.96万人(22.8%),具有高中(含中专)文化程度的人口为482.32万人(21.8%),具有初中文化程度的人口为840.65万人(38.1%),具有小学文化程度的人口为312.18万人(14.1%)[①]。

受测对象中,高中/中专比例为0.38%,大专/大学及以上文化程度的人员比例为99.62%,后者占绝对优势,这与上海市常住人口的学历比例不太一致,主要是因为目前汉字应用水平测试还处于试点阶段,受测对象多为高校师生和中小学教师。考虑到高中学生多会继续就读大学(含大专),而中专学生可能毕业以后会直接就业,上海市中专学校在校学生可以作为一个工作重点。

四、受测对象职业构成

汉字应用水平测试主要适用于各级政府部门、新闻出版单位、各级各类教育机构、其他事业单位和企业单位等录用人员和核定在职人员资格;适用于公务员、编辑、记者、校对和文字录入人员,各级各类学校教师和学生,文秘及办公室工作人员,广告业从业人员,中文字幕机操作人员,以及日常工作与汉字应用紧密相关的其他人员,也适用于想要了解自己汉字应用水平

---

① 杨群.全市少数民族人口增长165.9%　总数达27.56万人[N],解放日报,2011-11-21.

和能力的其他人员。

下面我们将上海市汉字应用水平测试受测对象的职业按日常工作与汉字应用的紧密程度分成四类,其中最密切的是记者/编辑/校对/录入/文秘等(简称为"记者等",后同),其次是教师,接下来是公务员、广告人员和其他职业(简称为"公务员等",后同),最后是学生。2007—2015年四类受测对象的构成情况见表3-6。

表3-6 2007—2015年受测对象职业分布情况

年份	学生		公务员等		教师		记者等		合计	
	人数	比例	人数	比例	人数	比例	人数	比例	人数	比例
2007	787	19.64%	596	14.87%	2463	61.46%	161	4.02%	4007	100%
2008	9086	88.99%	130	1.27%	840	8.23%	154	1.51%	10210	100%
2009	1009	58.94%	496	28.97%	60	3.50%	147	8.59%	1712	100%
2010	0	0%	0	0%	479	100%	0	0%	479	100%
2011	751	9.22%	5	0.06%	7390	90.72%	0	0%	8146	100%
2012	2063	29.95%	116	1.68%	4677	67.91%	31	0.45%	6887	100%
2013	2762	37.89%	9	0.12%	4515	61.94%	3	0.04%	7289	100%
2014	7048	58.60%	53	0.44%	4911	40.83%	15	0.12%	12027	100%
2015	6249	56.56%	22	0.20%	4773	43.20%	4	0.04%	11048	100%
合计	29755	48.14%	1427	2.31%	30108	48.71%	515	0.83%	61805	100%

从表3-6可以看出,2010年报名人数为历年最低,仅为479人,职业全是教师。其他年份,四种类型均有涉及。但第一类即学生除在2009和2007年保持较高比例外,其他年份数量都很少。而第四类即记者、编辑、校对、文秘、录入等与文字关系密切的工作人员中,也仅在2009年及以前超过了100人,2010年以后参测人数极少,最高不过31人。

2014和2015年,参测总人数较前几年有非常明显的增长。增长的部分主要体现在在校学生报名人数大幅增加。

总的说来，从 2007 到 2015 年，学生和教师一直是上海市汉字应用水平测试参测对象的主体，两者占比均超过了 48%，合起来占比达 96.85%。

目前，汉字应用水平测试尚处于试点时期，测试选择以教师和学生为主要群体体现了测试目标的长期性和务实性，即希望从教育着手，从根本性上推动国民语言文字水平的提高，然后从校园走向社会，逐步推广到公务员、出版编辑、广告宣传人员等与文字使用密切相关的群体。谨慎地推进测试覆盖的范围，可以避免在条件不成熟、设计不完备的情况下将测试作为入职准入标准，使汉字应用水平测试承担过高的社会责任。

从 2007 年试点到现在，已经过去了十多年，就今后汉字应用水平测试的推广工作而言，一方面应该坚定立足学校不动摇，教师和在校学生（大专、本科和硕博士）仍然是测试的主要对象；另一方面，也要逐步扩大受测范围，首先是中青年在职人群，尤其是记者、编辑等与文字关系密切的从业人员，最后再逐渐扩展到与文字关系不太密切的其他从业人员。

第二节　入级情况

一、测试历年入级总体情况

我们统计了 2007 年以来参加汉字应用水平测试的受测对象入级情况，其中，2007 到 2013 年的成绩中，既分级又分等，因此共有一级甲等、一级乙等、二级甲等、二级乙等、三级甲等、三级乙等、不入级等 7 种情况，分别予以统计；2014 和 2015 年，仅分级不分等，因此共有一级、二级、三级、不入级 4 种情况。具体情况如表 3-7 和 3-8 所示。

表3-7 2007—2013年受测对象总体入级情况

年份	一甲		一乙		二甲		二乙		三甲		三乙		不入级		合计	
	人数	比例	人数	比例	人数	比例	人数	比例	人数	比例	人数	比例	人数	比例	人数	比例
2007	278	6.94%	445	11.11%	1034	25.80%	1077	26.88%	757	18.89%	318	7.94%	98	2.44%	4007	100%
2008	168	1.65%	463	4.53%	1708	16.73%	2770	27.13%	2886	28.27%	1705	16.70%	510	4.99%	10210	100%
2009	77	4.50%	132	7.71%	342	19.98%	411	24.01%	403	23.54%	266	15.54%	81	4.73%	1712	100%
2010	28	5.85%	57	11.90%	148	30.90%	143	29.85%	62	12.94%	35	7.31%	6	1.25%	479	100%
2011	450	5.52%	808	9.92%	1869	22.94%	1866	22.91%	1599	19.63%	1057	12.98%	497	6.10%	8146	100%
2012	637	9.25%	1052	15.28%	2148	31.19%	1738	25.24%	938	13.62%	312	4.53%	62	0.90%	6887	100%
2013	690	9.47%	886	12.16%	1798	24.67%	1729	23.72%	1225	16.81%	678	9.30%	283	3.88%	7289	100%

表 3-8 2014—2015 年受测对象总体入级情况

年份	一级		二级		三级		不入级		合计	
	人数	比例	人数	比例	人数	比例	人数	比例	人数	比例
2014	183	1.52%	4 885	40.62%	6 588	54.78%	371	3.08%	12 027	100%
2015	67	0.61%	4 311	39.02%	6 179	55.93%	491	4.44%	11 048	100%

二、新大纲实施前后入级情况对比

为了更鲜明地体现出 2014 年新大纲实施前后汉字应用水平测试入级情况的发展变化,我们将 2007 到 2013 年中的一级甲等和一级乙等、二级甲等和二级乙等、三级甲等和三级乙等合并为一级、二级、三级,并与 2014 和 2015 年的入级百分比进行了比较,结果见表 3-9。

表 3-9 2007—2015 年测试入级百分比

年份	一级	二级	三级	不入级	合计
2007	18.05%	52.68%	26.83%	2.44%	100%
2008	6.18%	43.86%	44.97%	4.99%	100%
2009	12.21%	43.99%	39.08%	4.73%	100%
2010	17.75%	60.75%	20.25%	1.25%	100%
2011	15.44%	45.85%	32.61%	6.10%	100%
2012	24.53%	56.43%	18.15%	0.90%	100%
2013	21.63%	48.39%	26.11%	3.88%	100%
2014	1.52%	40.62%	54.78%	3.08%	100%
2015	0.61%	39.02%	55.93%	4.44%	100%

从表 3-9 可以看出,就测试入级结构来说,2007—2013 年间基本趋势保持稳定。二级入级率最高,其次为三级、一级和不入级。只有 2008 年,测

试题型调整,导致入级表现有所变化,二级比例虽仍然高于三级,但相差不大。除 2008 年以外,一级入级率均在 10% 以上,2012 和 2013 年较前几年有比较明显的提高,均超过了 20%。原因大概在以下几个方面:一是从 2009 到 2013 年,测试题型稳定,受测对象比较熟悉;二是上海市语言文字测试中心曾开设了两次"汉字应用能力测试"培训班,培训了一批讲师,在高校和区县开设测试考前辅导,帮助受测对象熟悉题型、纠正错误;三是受测对象重视,加强复习。

而新大纲施行后,2014—2015 年,测试入级结构发生了显著变化,三级入级率最高,其次为二级、不入级和一级。总体入级等第明显降低,三级占比大幅增加,二级入级比例略有下降,但不明显,一级入级率下降幅度非常明显,最值得关注的是,一级入级比例明显低于不入级的比例,而这是以前从未出现过的一种现象。

新大纲实施后的两年,一级入级率大幅下降,主要原因是汉字应用水平测试的题型发生了较大的变化。语音部分变化尤为明显,2014 年以前是找出词语中加点字注音错误或读音不同的一项,现改为找出 4 个汉字中注音错误或读音不同的一项,前者有使用环境,可以依词定音,后者仅为孤零零的汉字,增加了认读难度。考查范围中成语比例增大,在一定程度上也提高了对受测者文化水平的要求。

二级入级情况从表面上看仅是略为下降,2014 和 2015 年分别是 40.62% 和 39.02%,和 2008、2009 年较为接近。但考虑到在 2014 和 2015 年,二级入级分数由原来的 400—599 分调整为 500—599 分,仅对应于原来的二级甲等,因此实际上二级入级率相对以前而言是有了较为明显的提升。需要注意的是,2010 年二级入级率最高,超过了 60%,但参加测试人数非常少,不到 500 人,因此,其数据参考价值有限。

2014—2015 年的三级入级比例较 2007—2013 年有非常明显的提高,均超过了 50%。一个很大的原因是新大纲规定的三级入级分数范围从以前的 200—399 扩大为 200—499。

不入级的情况变化不明显,在 1% 和 6.1% 之间。除 2010 和 2012 年仅

1%左右,2014 和 2015 年虽然实行的是新大纲,但比例和其他年份比较接近。

第三节　成绩分析

汉字具有形、音、义三位一体的特点,掌握一个汉字,形体、读音、意义三个方面都不可忽视。2007 年的汉字应用水平测试试题分为五个部分,分别是汉字书写、字形辨误、汉字选用、字音辨别和字义辨别等,其中字形辨误、字音辨别、字义辨别部分是明确的对汉字形、音、义的考查,汉字书写和汉字选用可以看作是对汉字整体的综合考查。而从 2008 到 2013 年,汉字应用水平测试试题比较稳定,在 2007 年题型的基础上略有调整,不再出现明确的考查字义的部分,而是将字义的考查融合进对字音、字形的考查之中,分为字音认读、字形辨误、汉字选用、汉字书写四个部分,每部分 30 题,每题 1 分,共 120 分。经过标准化处理后每部分 200 分,总分为 800 分。2014 和 2015 年,题型虽未改变,但在具体的考查形式和内容上略有变化,因没有统计单项成绩得分,故不纳入本书考察范围。

下文我们使用 SPSS20.0 依次具体分析历年来上海市汉字应用水平测试标准化总分和单项得分的情况。

一、测试标准化总分

（一）测试标准化总分描述

汉字应用水平测试受测对象所得的分数最后被统一转换成标准分。我们对 2007—2015 年汉字应用水平测试标准化总分的集中趋势和离散趋势进行了分析,见表 3-10。

表3-10　2007—2015年测试标准化总分的集中和离散趋势

年份	均值	中值	众数	最高分	最低分	极差	标准差	方差
2007	471	477	515	772	33	739	131.354	17 253.862
2008	401	400	402	774	23	751	125.428	15 732.236
2009	426	425	309	742	42	700	139.497	19 459.281
2010	485	496	518	717	152	565	119.335	14 240.780
2011	440	449	618	762	9	753	147.149	21 652.781
2012	507	518	625	784	1	783	120.525	14 526.217
2013	474	486	505	782	36	746	144.927	21 003.956
2014	488	488	507	643	222	421	54.256	2 943.681
2015	483	486	486	641	271	370	53.216	2 831.894

从表3-10可以看出，上海市历年来汉字应用水平测试标准化总分的均值和中值都差别不大，最大的差值为12，最小的差值为0。

众数方面，除了2008和2015年之外，跳跃性都较大，和均值、中值之间的差值较为明显，尤其值得注意的是2011年，众数分别高于均值、中值178分、169分。不过众数反映的是该次考试中出现频次最多的分数，在几千上万人的考试中，常带有一定的偶然因素。

2007—2013年，汉字应用水平测试最高分均在715以上，2014—2015年与前几年明显不同，均低于645分。

同时，我们也发现，从2007到2015年，测试分数的标准差明显地分成了两组，一组是2007到2013年，标准差的范围在119—148之间，大于115小于150；另一组是2014和2015年，标准差范围在53—55之间，大于50小于60。两组标准差差异明显。由此可以看出，后两年受测对象之间的内部差异远远小于以往各年。测试的标准化总分离散趋势变化明显，最高分降低，最低分提高，极差缩小，标准差和方差缩小。这与2014年开始采用新大纲、测试题型变化有非常明显的关系。

(二) 标准化总分分布形态

接下来,我们来观察并分析 2007 到 2015 年汉字应用水平测试分数的分布形态。上海历年测试分数的偏度和峰度系数见表 3-11。

表 3-11　2007—2015 年测试标准化总分的偏度和峰度系数

年份	偏度	偏度标准误	峰度	峰度标准误
2007	-0.275	0.039	-0.340	0.077
2008	0.017	0.024	-0.412	0.048
2009	-0.035	0.059	-0.665	0.118
2010	-0.467	0.112	-0.253	0.223
2011	-0.252	0.027	-0.679	0.054
2012	-0.442	0.030	-0.023	0.059
2013	-0.344	0.029	-0.434	0.057
2014	-0.135	0.022	-0.071	0.045
2015	-0.267	0.023	-0.014	0.047

从表 3-11 可以看出,2007 到 2015 年 9 年间测试分数的峰度和偏度都不为 0,均有一定程度的偏离。偏度除 2008 年是大于 0 外,其他年份均为负数;所有年份的峰度也均为负数。

一般来说,偏度小于 0 为左偏,绝对值越大说明其偏斜程度越大;峰度小于 0 为平顶峰,绝对值越大说明峰顶越平。2010 和 2012 年偏度系数的绝对值最大,左偏最为明显;2009 和 2011 年峰度系数的绝对值最大,峰顶最为平坦。

总体上来看,上海市历年测试的标准化总分呈现出高度一致的倾向,总分分布形态为平顶峰,形态左偏。这说明获得高分的人数比较多。峰顶较正态分布的峰顶来说更为平坦,有比正态分布更短的尾部,说明受测对象的分数不是集中于均值附近,离中趋势明显。

为什么这 9 年测试分数的分布形态都呈现出高度一致的非正态(偏态)分布,而且是左偏平峰的分布形态呢?

一般来说，测试成绩的分布形态受以下几个因素影响：

一是测试试题的难易程度：测试试题的难易程度越合理，结果越趋向于正态分布。二是受测对象数量的多少：受测对象越多，结果越趋向于正态分布。三是受测对象来源的随机性和差异性：受测对象来源的随机性越大，他们之间的差异性越大，结果越趋向于正态分布。

就汉字应用水平测试来说，它是由中华人民共和国教育部、国家语言文字工作委员会组织实施的一项语言类标准化水平测试，目的在于衡量人们在日常工作和生活中准确运用汉字的能力。作为标准化测试，其各环节包括测试目的确定、命题、施测、评分、计分、分数解释等都是按照系统的科学程序进行组织的。最终得分是经过标准化处理、具有可解释意义的标准分数，严格地控制了误差。可以认为，测试试题总体难易程度比较合理。

排除了试题的因素，我们再来看受测对象。2007 到 2015 年，除了 2009 年为 1 712 人，2010 年为 479 人以外，受测人数最少的是 2007 年的 4 011 人。其实，即使是 2010 年，400 多人的样本也不能说是小样本。因此，汉字应用水平测试成绩多呈左偏平峰只能是跟受测对象来源的随机性和差异性有关了。

汉字应用水平测试的测试对象是中等以上受教育程度人群，从 2007 年开始进行试测，到现在为止，一直是在部分省市试点进行，并未全面推开。上海市从 2007 年到现在，每年都组织测试工作。但受测对象的来源跟真正的随机性相差甚远。

首先，受测对象的单位虽然在逐渐扩大，但性质比较单一，多是大中小学学校，少数是报社、出版社和政府机关。其次，受测对象的主体是大中小学教师和大学学生，对这一部分群体的准确描述不应该是"中等以上受教育程度人群"，而是"高等以上受教育程度人群"，属于高素质群体，内部同质性较高。结合上海市受测对象主要集中于高学历群体的实际情况，测试成绩呈左偏平峰分布形态是非常合理的。

二、测试单项成绩

(一) 测试单项成绩整体描述

我们统计了2008—2013年6年间测试中四个部分的单项成绩(2014和2015年没有单项成绩,故未进行分析),见表3-12。

表3-12　2008—2013年受测对象的单项成绩

		2008年	2009年	2010年	2011年	2012年	2013年
字音认读	均数	92.61	105.68	105.02	106.96	117.23	112.28
	中数	87	108	102	106	115	112
	众数	95	111	68	144	115	122
	极差	200	197	199	196	200	195
	标准差	38.57	46.02	38.20	50.81	35.48	44.33
	方差	1 487.88	2 118.23	1 459.44	2 581.30	1 258.48	1 965.20
字形辨误	均数	104.43	113.73	132.94	129.23	135.38	129.78
	中数	108	116	138	136	142	134
	众数	89	126	140	146	142	144
	极差	200	192	164	198	199	195
	标准差	39.18	38.34	30.73	38.84	34.77	40.06
	方差	1 535.41	1 470.25	944.25	1 508.39	1 209.07	1 604.99
汉字选用	均数	109.61	98.49	109.67	97.98	128.96	118.73
	中数	108	103	115	104	133	119
	众数	117	103	96	114	141	133
	极差	200	193	172	187	200	193
	标准差	36.22	39.95	36.83	33.61	30.35	44.54
	方差	1 311.51	1 595.63	1 356.10	1 129.82	921.11	1 983.51

续 表

		2008年	2009年	2010年	2011年	2012年	2013年
汉字书写	均数	94.76	99.32	137.67	106.02	125.29	112.71
	中数	94	96	145	107	127	117
	众数	100	72	154	141	156	145
	极差	199	200	186	200	200	199
	标准差	41.31	43.02	38.98	50.98	44.28	48.04
	方差	1706.39	1850.57	1519.62	2592.63	1960.61	2307.43

从表3-12可以看出，字形辨误始终保持较高的得分率，而字音认读的得分长期保持较低水准，说明对于受测对象来说，他们对汉字形体信息的掌握程度较高，而读准字音一直是他们全面掌握汉字的难点。汉字选用和汉字书写两个项目的得分变动较大，可能受到不同年度试题难度和报名人数的影响。例如，2010年汉字书写部分的均数和中位数均远超其他年度，可能与2010年受测人数较少有一定的关系。

就标准差而言，汉字书写一直是最大的项目；其次是字音认读，但其波动比较大；字形辨误的标准差相对较低，而汉字选用的标准差最小。这说明受测个体在汉字书写和字音认读两个方面差异最大，而在字形辨误和汉字选用两个方面差异较小。

（二）测试单项成绩比较

一般来说，标准差的大小反映的是受测对象在这一项目上的异质程度，标准差越大，说明受测对象之间在这一项目上的差别越大。均值和中值分别反映的是受测对象在这一项目上的一般水平和中等水平，均值和中值越大，说明受测对象在这一项目上的得分越高，题目越容易。这两组数据结合起来，在一定程度上能够说明不同题型的特点：

标准差较大且均值、中值较高，说明项目虽比较容易但具有较好的区分度；

标准差较大而均值、中值较低,说明项目比较难但具有较好的区分度;

标准差较小而均值、中值较高,说明项目比较容易且区分度比较小;

标准差较小且均值、中值较低,说明项目比较难且区分度比较低。

2008—2013年,上海市汉字应用水平测试四种题型(字音认读A、字形辨误B、汉字选用C、汉字书写D)的标准差、均值、中值大小比较见表3-13。

表3-13　2008—2013年测试不同题型的标准差、均值和中值比较

年份	标准差	均值	中值
2008	D>A>B>C	C>B>D>A	B=C>D>A
2009	A>D>C>B	B>A>D>C	B>A>C>D
2010	D>A>C>B	D>B>C>A	D>B>C>A
2011	D>A>C>B	B>A>D>C	B>D>A>C
2012	D>A>C>B	B>C>D>A	B>C>D>A
2013	D>C>A>B	B>C>D>A	B>C>D>A

从横向来看,2008年汉字书写和字音认读题的标准差比较大,但均值、中值较小,说明该年度,汉字书写和字音认读题目的难度大于另外两种题型。汉字选用的标准差最小且均值、中值都最大,说明其难度和区分度都最小。2009年字形辨误题标准差最小且均值、中值都最大,说明其难度最低,区分度不大;字音认读题标准差最大,均值、中值处于第二位,说明其区分度较大,且难度比较适中。2010年汉字书写题标准差最大,但均值和中值均居于第一位,说明题目虽然比较容易但区分度比较高;字音认读题均值、中值均为最低,标准差居于第二位,说明题目较难但区分度比较高。2011、2012和2013年字形辨误题标准差均为最小且均值、中值均为最高,说明其题目比较容易,同时区分度比较低。

从纵向来看,就区分度而言,汉字应用水平测试的四种题型中,汉字书写题的区分度最高,剩下依次是字音认读、汉字选用和字形辨误。就难度来看,字音认读题难度最大,剩下依次是汉字书写、汉字选用和字形辨误。从四种题型的题干来看,字形辨误和汉字选用均有一定的语境,且都是选择

题,在一定程度上可以用排除法和猜测法,区分度和难度低于另两种题型也是情有可原。当然,试题的区分度和难度会受到多种因素的影响,这一点,前文已有讨论,此处不再赘述。

第四节　影响因素

汉字应用水平测试是国家级标准化水平测试,测试得分会按照从原始分转换为标准化总分来衡量。测试成绩不仅可能会受到受测对象个体的人口学因素如性别、年龄、民族、职业等影响,也可能会受到其他如测试题型、大纲规定的入级标准等因素的影响。为行文方便,下文我们在讨论时分别将它们统称为主观因素和客观因素。

一、影响测试成绩的主观因素

2007年,上海市作为首批汉字应用水平测试试点省市之一,举行了两次汉字应用水平测试,当年受测对象就超过了4 000人。从2008年起,每年举行一次考试。2007—2015年间,上海市受测对象合计有61 837人。为了了解受测者的个体因素对测试结果的影响情况,我们首先在SPSS20.0中按大约所有个案的3%的比例进行随机抽样[①]。具体数据见表3-14:

表3-14　2007—2015年受测对象样本选取情况

年份	2007	2008	2009	2010	2011	2012	2013	2014	2015	合计
人数	4 007	10 210	1 712	479	8 146	6 887	7 289	12 027	11 048	61 805
样本数	120	313	48	37	247	201	209	358	327	1 860

---

① 按大约3%的比例,不是精确的3%。因2010年受测人数与其他年份有较大区别,按3%的比例仅有15人,为了便于以后的检验,该年提高了抽样比例,现在数据大约为所有个案的8%。

(一) 性别因素

1. 样本性别分布

1860个样本中,受测对象性别比例分布如表3-15所示。

表3-15　2007—2015年受测对象样本性别分布

年份	男		女		合计	
	人数	比例	人数	比例	人数	比例
2007	25	20.83%	95	79.17%	120	100%
2008	93	29.71%	220	70.29%	313	100%
2009	16	33.33%	32	66.67%	48	100%
2010	6	16.22%	31	83.78%	37	100%
2011	38	15.38%	209	84.62%	247	100%
2012	30	14.93%	171	85.07%	201	100%
2013	39	18.66%	170	81.34%	209	100%
2014	68	18.99%	290	81.01%	358	100%
2015	48	14.68%	279	85.32%	327	100%
合计	363	19.52%	1497	80.48%	1860	100%

从表3-15中可以看出,上海市汉字应用水平测试受测对象男性数量远远低于女性数量。2007—2015年,仅开头3年(2007—2009年)男性受测人数在总体比例的20%以上,其他年份其比例均低于20%。男女性别比例和受测对象总体分布基本一致。

2. 受测对象性别与测试成绩的相关性

为了统计与检验的方便,我们分别对性别和等级进行赋值。其中性别赋值情况:男为0,女为1;2007—2013年,等级情况从不入级、三级乙等、三级甲等、二级乙等、二级甲等、一级乙等、一级甲等分别赋值为1—7;2014—2015年,等级情况从不入级、一级、二级、三级分别赋值为1—4。因2007—2013年入级是分三级六等,而2014—2015年仅分为三个等级,故分开进行考察。样本具体入级情况见表3-16和表3-17。

表 3-16 2007—2013 年不同性别受测对象样本测试入级情况

	不入级	三乙	三甲	二乙	二甲	一乙	一甲	合计
男	24	37	49	68	44	18	8	248
女	34	97	169	234	232	97	65	927
合计	58	134	218	302	275	115	73	1 175

表 3-17 2014—2015 年不同性别受测对象样本测试入级情况

	不入级	三级	二级	一级	合计
男	11	79	26	0	116
女	28	296	238	7	569
合计	39	375	264	7	685

对受测对象与测试等级、测试标准化总分之间的相关检验表明，汉字应用水平测试中受测对象的性别与测试等级、标准化总分均存在一定的相关性（P 值均为 0.000），也就是说受测对象的性别对测试的入级情况、标准化总分均有一定的影响。和女性相比，男性在单项成绩和总分、入级情况等方面表现都相对较弱。男性的平均总分为 424.60，而女性为 471.55。每个单项成绩均低于女性。在汉字选用部分，差别最小，约 6 分；而在汉字书写部分，差别最大，约 28 分；在字音认读和字形辨误上差距相当，在 13—15 分之间。

3. 讨论

我们将男性和女性在测试成绩上的差异通过表 3-18 更明确地呈现出来。

表 3-18 2007—2015 年受测对象样本测试总分性别差异描述

性别	个案数	均值	分组中值	标准差	方差
男	364	424.60	442.50	127.711	16 309.50
女	1 496	471.55	481.36	115.98	13 451.62
总计	1 860	462.36	473.76	119.79	14 349.50

从表 3-18 可以看出,受测样本中,男性受测对象的标准差大于女性受测对象,说明男性受测对象的内部差异大于女性受测对象的内部差异。换言之,男性受测对象两极分化现象更为严重。男性测试总分的均值、组内中值均远远低于女性,说明女性的汉字应用水平测试成绩优于男性。这一结论与整个教育界的整体状况"女强男弱"、近年来广受关注的高考成绩、大学学业成绩存在性别差异(女生高于男生)的现象体现出高度一致性。

为什么女性的汉字应用水平测试成绩会高于男性的成绩呢?原因大概有以下两点:

(1) 女性天生具有语言方面的优势

诺贝尔奖获得者、美国心理学家罗杰·斯佩里教授曾就男女大脑功能差异问题做过一系列实验,分语言性和动作性两部分进行。结果是:在方向和位置的辨识、图形的组合等方面,男性要优于女性;而在语言表达才能、记忆力和人际关系处理上,女性要优于男性。这表明:女性较早建立左脑优势,在语言表达方面更胜一筹;而男性却会较早地建立右脑优势,善于空间识别。[1]

(2) 女性的自律性强于男性

弗吉尼亚大学教学研究中心的研究员克莱尔·卡梅伦的研究结果表明,在自律方面,男性比女性晚熟一年。宾夕法尼亚大学认知学专家的研究显示,进入中学后,女性在自律方面的优势进一步扩大,直至男性望尘莫及。[2] 另外,普遍而言,女性比男性自律性好,这还可能导致女性针对考试提前制订计划,设定目标,并通过努力实现这个目标。

(二) 年龄因素

由于 2015 年缺少年龄数据,我们仅能检验上海市 2007—2014 年受测

---

[1] 杭二中女生林心悦全国中学生物理竞赛第一[EB/OL].腾讯网,2014-6-25.
[2] 张慧.为何女孩成绩总比男孩好?[N].青年参考,2014-10-15.

对象年龄与测试等级和总分的相关性。

1. 样本年龄分布

从2007年到2015年,6万多人参加了上海市汉字应用水平测试,年龄分布跨度很大,参测时最小的是16岁,最大的有74岁。我们对2007—2014年样本中有年龄信息的1533名参测对象进行了统计,主要信息见表3-19。

表3-19　2007—2014年受测对象样本年龄分布

样本数	均值	四分位数	众数	极小值	极大值
1533	27.12	20/24/34	19	16	56

从表3-19中,我们能看出来,整体参测对象样本的年龄并未呈现出正态分布的形态。虽然年龄跨度比较大,但主要集中在18—36岁的年轻人群。

2. 受测对象年龄与测试成绩的相关性

(1) 新大纲实施前后受测对象年龄与测试结果的相关性

因为2014年的测试试题有了一定的变化,等级确定标准也与以前年份不同,故我们分开进行检验(后同)。结果发现,上海市2007—2013年的受测对象样本中,汉字应用水平测试参测对象的年龄与其测试入级情况之间的Spearman相关系数为0.208,与其测试总分之间的Spearman相关系数为0.228,显示为弱的正相关,P值均小于0.01。而2014年,参测对象年龄与测试等级不相关,与测试总分之间的Spearman相关系数为-0.153,显示为微弱的负相关,P值小于0.01。显然,新大纲实施前后,参测对象的年龄对测试的入级情况和标准化总分的影响表现不同。

为了进一步明确受测对象年龄与测试成绩之间相关性的具体表现,我们将受测者分为30岁以下、30—39岁、40—49岁以及50岁以上四个年龄段,考察他们在测试试题相对一致的2008—2013年在四个不同测试项目和总分中的表现。结果见表3-20:

表 3-20 2008—2013 年不同年龄段受测对象测试成绩描述

年龄	人数	描述值	字音认读	字形辨误	汉字选用	汉字书写	总分
30 岁以下	21 127	均值	100.79	114.60	109.08	97.68	422.85
		中值	100.02	117.05	113.04	99.09	423.79
		标准差	41.97	39.22	38.64	43.13	132.96
30—39 岁	7 874	均值	114.67	133.54	114.93	119.44	482.58
		中值	115.83	136.72	117.79	126.47	499.75
		标准差	44.87	38.75	38.02	48.76	142.43
40—49 岁	5 152	均值	114.45	138.52	120.23	134.39	507.59
		中值	116.81	145.36	123.05	144.90	526.71
		标准差	44.99	38.25	36.06	45.79	136.41
50 岁以上	579	均值	90.47	119.40	110.60	93.63	414.10
		中值	87.37	119.86	114.57	98.67	421.50
		标准差	50.20	43.09	39.58	53.38	154.50
合计	34 732	均值	105.79	122.52	112.09	107.99	448.81
		中值	105.31	125.91	115.73	109.09	454.39
		标准差	43.79	40.34	38.37	47.22	140.39

从表 3-20 可以看出：从最年轻的群体到 40—49 岁，受测者的成绩随年龄增长而有提升，不过 50 岁以上群体各项成绩都相对较低。字音认读是各年龄组中最弱的一组，但就四个项目自身的考查结果而言，字形辨误表现出一定的优势。所有样本的总体表现和 30 岁以下群体相对接近。

（2）受测对象年龄与汉字书写项目的相关性

伴随着信息化时代来临，有越来越多的学者和专家认为汉字即将或已经进入"危机"之中。对于年轻一代来说，电脑和手机输入代替了用笔书写。用电脑或手机打字时，多使用拼音输入法，即便使用五笔输入或手写输入，也不需要熟知汉字的所有笔画和笔顺，久而久之，年轻一代书写汉字的能力逐渐退化。因此，受测对象年龄与汉字书写能力之间是否有关系，也成为我们关注的问题。

考虑到 2008—2013 年，受测对象的年龄与测试结果之间呈现出微弱的正相关，我们随机挑选了 2012 和 2013 年的数据，来进一步考察受测对象的年龄与汉字书写单项之间是否存在相关关系。检验结果表明，这两年，受测对象年龄与汉字书写单项之间的 Spearman 相关系数分别为 0.483 和 0.310，P 值均小于 0.01。说明受测对象年龄越大，书写能力越强。这也从侧面说明，确实需要关注年轻一代的汉字书写能力。

3. 讨论

(1) 30—49 岁群体测试成绩优于其他群体的原因

从上文可以看出，年龄并非唯一影响测试结果的因素，调查中 30—49 岁群体的汉字水平优于青年和中老年群体有几方面的因素：一是受教育水平。30—49 岁年龄段的受测者一般成长于改革开放以后，多接受过本科以上的高等教育，而 50 岁以上的群体文化水平相对较低。二是从事文字相关工作的时间比较长。30—49 岁的这个群体是较为成熟的在职人员，从事文字相关工作的经历可能比较长。三是这个群体在获得稳定的语言文字应用能力的时期，受网络等其他干扰因素影响较少。

(2) 年龄对测试成绩有影响，但明显不是唯一因素

新大纲实施前后，受测对象年龄与测试成绩的相关性表现并不一致。

从样本可以看出，2007—2013 年汉字应用水平测试中受测对象年龄与测试等级和总分均呈微弱的正相关关系，受测对象年龄越大，越有可能取得更高的测试等级和总分。但 2014 年以后实施了新大纲，测试题型、入级条件都较以前有了很大的变化，于是，受测对象年龄这个因素跟测试的等级和总分也呈现出较为复杂的关系。而对 2012 和 2013 年受测对象样本年龄与各个单项能力之间关系的考察表明，受测对象的年龄对汉字书写能力的影响更为明显。

综上，受测对象的年龄确实会对汉字应用水平测试结果产生一定的影响，但并非唯一的影响因素。事物之间的关系很复杂，常是多因一果，汉字应用水平测试的成绩同样如此，除了年龄以外，还会受到其他因素的影响。

(三) 民族因素

1. 不同民族受测对象的入级情况

在 2007—2015 年的报名信息中,仅有 2014—2015 两年记录了受测者的民族信息,两年间共有 767 名少数民族考生参加了汉字应用水平测试。他们的具体入级情况如表 3-21 所示。

表 3-21 2014—2015 年少数民族受测对象入级情况

年份	一级		二级		三级		不入级		合计	
	人数	比例	人数	比例	人数	比例	人数	比例	人数	比例
2014	1	0.27%	158	42.25%	185	49.47%	30	8.02%	374	100%
2015	2	0.51%	132	33.59%	197	50.13%	62	15.78%	393	100%
合计	3	0.39%	290	37.81%	382	49.80%	92	11.99%	767	100%

在表 3-21 的基础上,我们进一步统计了有 10 个以上受测对象的少数民族 2014 和 2015 年的入级情况,如表 3-22 所示。

表 3-22 2014—2015 年受测人数大于 10 的少数民族受测对象入级情况

	入级情况				总计
	一级	二级	三级	不入级	
白族	0	7	10	0	17
布依族	0	7	15	1	23
藏族	0	3	17	25	45
朝鲜族	0	2	9	3	14
侗族	0	8	13	3	24
回族	0	44	82	6	132
满族	1	52	37	3	93
蒙古族	1	29	42	2	74
苗族	0	19	32	4	55
土家族	0	37	39	5	81

续　表

民族	入级情况				总计
	一级	二级	三级	不入级	
维吾尔族	0	2	16	36	54
瑶族	0	10	5	0	15
彝族	0	7	10	0	17
壮族	1	43	32	2	78
合计	3	270	359	90	722

从表3-22中可以看出，少数民族受测对象的汉字应用水平多集中在二三级，一级者不足百分之一，不入级的比例超过了十分之一。考虑到受测对象多集中在高校，少数民族群体汉字应用的实际水平应该更低一些。

2. 受测对象民族与测试成绩的相关性

我们用非参数检验中的Kruskal-Wallis检验来检验不同民族受测对象的测试总分之间是否存在差异。检验统计量H＝192.77（即卡方），P值为0.000，小于0.01。这说明不同民族受测者的汉字应用水平测试成绩之间存在显著差异。

接下来，我们用SPSS 20.0对14个受测人数在10人以上的少数民族受测者和样本中汉族受测者的测试成绩进行了描述性统计，结果见表3-23。

表3-23　14个受测人数大于10的少数民族受测对象测试成绩的描述性统计
（以样本中汉族受测对象为参照）

民族	人数	均值	中值	最高分	最低分	极差	标准差	方差
白族	17	488	475	561	419	142	48.17	2 320.28
布依族	23	484	492	563	389	174	47.80	2 284.32
藏族	45	387	382	570	275	295	69.62	4 847.21
朝鲜族	14	443	456	548	314	234	67.91	4 611.80
侗族	24	464	470	573	327	246	61.88	3 829.35
回族	132	482	480	598	343	255	55.89	3 124.13
满族	93	502	510	605	350	255	49.72	2 471.71

续 表

民族	人数	均值	中值	最高分	最低分	极差	标准差	方差
蒙古族	74	487	489.5	602	359	243	53.60	2 872.44
苗族	55	473	478	561	316	245	49.35	2 435.23
土家族	81	490	490	599	374	225	52.32	2 737.54
维吾尔族	54	366	363.5	516	271	245	61.84	3 824.48
瑶族	15	512	509	596	440	156	45.16	2 039.12
彝族	17	477	477	545	391	154	49.48	2 448.40
壮族	78	503	502	618	335	283	47.97	2 300.81
汉族[①]	657	484	485	622	312	310	54.88	3 012.19

以汉族为参照,从表3-23中可以看出,瑶族、壮族、满族等三个民族的受测者,均值和中值都较高,均超过500分。极差最大的三个民族分别是汉族、藏族和壮族,极差较小的三个民族是白族、瑶族和彝族。标准差较小,说明该民族受测对象内部同质性较高。而维吾尔族和藏族均值和中值均低于390分,同时标准差较大,说明其内部同质性较低。

3. 讨论

从少数民族的角度看,影响其汉字应用水平的因素主要有如下几个:有没有自己的民族文字;日常生活中本民族文字使用是否高频;是否有比较集中的本民族聚居地等。

维吾尔族、藏族不仅有本民族的语言文字,对于本族者来说,使用也比较高频,再加上多居住于本民族的聚居地,因此,其汉字应用水平明显低于汉族和其他一些少数民族就不奇怪了。

另外需要注意的是,平均分高于汉族的除了瑶族、壮族、满族外,还有土家族、白族、蒙古族等3个民族,这并不能简单地理解为以上6个民族的汉字应用水平高于汉族。就2014和2015年这些少数民族的受测对象来说,基本都是高校在读大学生,日常生活中接触汉字较多,不能代表其整个民族

---

① 汉族数据来自2014和2015年的抽样样本。

的汉字使用水平。如果需要了解整个民族的汉字应用水平,需扩大样本,进行更大范围的调查。

(四) 学历因素

1. 样本学历分布

参加汉字应用水平测试的受测对象,学历有高中、中专、大专、本科、硕士、博士等不同层次[①],我们将这些不同的学历层次合并为四个等级,分别是高中/中专、大专、本科、硕博士,按从1到4进行赋值。上海市2007年的测试未区分本科和硕博士,故我们仅对2008—2015年分开进行统计,具体情况见表3-24。

表3-24 2008—2015年受测对象样本学历分布

年份	高中/中专		大专		本科		硕博士		合计	
	人数	比例	人数	比例	人数	比例	人数	比例	人数	比例
2008	0	0%	10	3.19%	300	95.85%	3	0.96%	313	100%
2009	1	2.08%	19	39.58%	26	54.17%	2	4.17%	48	100%
2010	0	0%	3	8.11%	32	86.49%	2	5.41%	37	100%
2011	0	0%	27	10.93%	206	83.40%	14	5.67%	247	100%
2012	0	0%	19	9.45%	166	82.59%	16	7.96%	201	100%
2013	0	0%	12	5.74%	187	89.47%	10	4.78%	209	100%
2014	2	0.56%	34	9.50%	302	84.36%	20	5.59%	358	100%
2015	4	1.22%	39	11.93%	272	83.18%	12	3.67%	327	100%
合计	7	0.40%	163	9.37%	1491	85.69%	79	4.54%	1740	100%

将表3-24中的样本学历分布情况与第一节中受测对象总体学历分布情况进行对比,可以发现,样本较好地反映了总体的学历结构。

---

① 此处未严格区分是专科、本科、硕博士在读还是已毕业。

2. 受测对象学历与测试成绩的相关性

和前文一样，我们依然分别检验2008—2013年、2014—2015年汉字应用水平测试中受测对象学历与测试等级、标准化总分之间是否有相关性。

(1) 受测对象学历和测试入级情况的相关性

首先，我们来看新大纲实施前后样本中不同学历受测对象的入级情况，见表3-25和表3-26。

表3-25 2008—2013年不同学历受测对象样本入级情况

	不入级	三乙	三甲	二乙	二甲	一乙	一甲	合计
高中	1	0	0	0	0	0	0	1
专科	9	13	20	25	12	8	3	90
本科	43	109	170	235	222	84	54	917
硕博	1	4	9	14	3	10	6	47
合计	54	126	199	274	237	102	63	1055

表3-26 2014—2015年不同学历受测对象样本入级情况

	不入级	三级	二级	一级	合计
高中	0	4	1	0	5
专科	11	53	9	1	74
本科	28	301	239	6	574
硕博	0	17	15	0	32
合计	39	375	264	7	685

检验发现，2008—2013年、2014—2015年，受测对象学历对测试入级情况的影响系数分别为0.099和0.189，显示为弱的正相关，但显著性极强，P值均为0.000。

(2) 受测对象学历与测试总分的相关性

我们依然分开检验2008—2013年、2014—2015年受测对象学历与测试总分之间的相关性。因学历是分类数据,测试总分是连续数据,故我们采用 Kruskal-Wallis 检验方法。

检验发现,2008—2013 年、2014—2015 年学历与总分之间的相关系数分别为 0.103 和 0.223,显示为弱的正相关,但显著性极强,P 值均为 0.000。说明受测对象的学历确实会对测试总分产生影响,但这个影响不大且可改变。

3. 讨论

在上文,我们发现了一个值得关注的现象,也就是新大纲实施后,学历对入级情况和标准化总分的影响系数较大纲实施前均有较为明显的提高,这和新大纲实施后试题题型改变导致整体难度增加有一定的关系。

有些人可能会有这样的认识:学历越高,读的书越多,汉字应用水平应该越高。但我们进一步的检验并不完全支持这种认识,无论是 2008—2013 年还是 2014—2015 年,对受测对象学历与汉字应用水平测试等级、测试总分之间的检验结果都是呈微弱的正相关关系,尤其是 2008—2013 年,受测对象学历与测试等级和标准化总分之间的相关系数都非常小,甚至可以忽略不计。

而我们对不同学历组(硕士、博士分开)单项成绩的进一步考察也发现,学历和测试结果并非呈简单的正相关关系,也就是说并非学历越高成绩越好。从最低学历组到硕士组,各部分成绩与学历基本成正比。博士组在字音认读和字形辨误方面与本科组类似,在汉字选用方面水平相对最高,与硕士组类似,但在汉字书写部分显著低于其他受过高等教育的测试者,仅近似于高中学历者。受教育水平和字音认读、字形辨误、汉字选用都有比较密切的关系,但书写部分的学历区分度极小。大专组、本科组和硕士组汉字书写水平类似,而高中组与博士组最低。博士组成员在进入最高学历学习后,语言文字的相关使用主要围绕本专业知识,日常汉字学习和应用的频率反而低于硕士生阶段。博士研究生阶段需要大量阅读和撰写本学科专业文章,但他们书写汉字的能力反而下降了。与其他群体相比,他们大量使用电脑输入。这可以部分解释他们在选用汉字题上得分相对较高的现象。

上述考察均说明,受测对象学历对测试成绩的影响极其有限,测试成绩可能会受到多种因素的影响。譬如,测试成绩有可能与受测对象的职业和专业关系更为密切,硕士学历教师的常用汉字应用水平可能会高于博士学位非教师的普通工作人员,而一个理工科的博士其汉字应用水平不一定高于文科的本科生。

(五) 职业因素

1. 样本职业分布

上海市自2007年起即成为汉字应用水平测试试点城市,一直到现在,从未间断。我们将上海市汉字应用水平测试受测对象的职业,按日常工作与汉字应用紧密程度分成四类,分别是大学生、公务员/广告人员等("公务员等")、教师、记者/编辑/校对/录入/文秘("记者等")。汉字应用水平测试受测对象样本共1860人,职业分布情况见表3-27。

表3-27　2007—2015年受测对象样本职业分布情况

年份	学生		公务员等		教师		记者等		合计	
	人数	比例	人数	比例	人数	比例	人数	比例	人数	比例
2007	28	23.33%	17	14.17%	71	59.17%	4	3.33%	120	100%
2008	276	88.18%	6	1.92%	24	7.67%	7	2.24%	313	100%
2009	27	56.25%	10	20.83%	5	10.42%	6	12.50%	48	100%
2010	0	0%	0	0%	37	100%	0	0%	37	100%
2011	20	8.10%	0	0%	227	91.90%	0	0%	247	100%
2012	47	23.38%	2	1.00%	151	75.12%	1	0.50%	201	100%
2013	85	40.67%	0	0%	123	58.85%	1	0.48%	209	100%
2014	213	59.50%	0	0%	145	40.50%	0	0%	358	100%
2015	190	58.10%	0	0%	137	41.90%	0	0%	327	100%
合计	886	47.63%	35	1.88%	920	49.46%	19	1.02%	1860	100%

将表3-27和表3-6中的信息进行对比,就可以发现,样本的职业分

布比例和总体的职业分布比例比较接近。

2. 受测对象职业与测试成绩的相关性

(1) 受测对象职业与测试等级的相关性

我们将上述四类职业按从 1 到 4 进行赋值。因 2014 年前后等级划分标准不同,所以我们还是将 2007—2013 年和 2014—2015 年分开处理。

2007—2013 年样本不同职业入级情况见表 3-28。

表 3-28 2007—2013 年不同职业受测对象样本入级情况

	不入级	三乙	三甲	二乙	二甲	一乙	一甲	合计
学生	26	66	108	146	97	22	18	483
公务员等	2	4	7	11	7	4	0	35
教师	28	64	98	139	166	88	55	638
记者等	2	0	4	6	5	1	0	18
合计	58	134	217	302	275	115	73	1 174

对 2014 和 2015 年受测对象随机抽样时我们几乎没有抽到第 2 类和第 4 类职业的数据,因此在原来随机抽样的基础上,按 3% 每年每类的比例重新进行了补充,其中,2015 年第 4 类因数据过少故全部纳入,新样本入级分布见表 3-29。

表 3-29 2014—2015 年不同职业受测对象样本入级情况

	不入级	三级	二级	一级	合计
学生	21	202	176	4	403
公务员等	0	13	9	1	23
教师	18	173	88	3	282
记者等	1	2	4	2	9
合计	40	390	277	10	717

检验发现,2007—2013 年、2014—2015 年受测对象的职业与测试等级之间的相关系数分别为 0.178 和 −0.100,P 值分别为 0.000 和 0.007,统计学意义上非常显著。

(2) 受测对象职业与测试标准化总分的相关性

和前面一样,我们还是将 2007—2013 年和 2014—2015 年分开处理。检验结果表明,2017—2013 年、2014—2105 年受测对象的职业与测试总分之间的相关系数分别为 0.180 和 −0.132,P 值分别为 0.000 和 0.001,统计学意义上非常显著。

3. 讨论

上文的检验告诉了我们一个比较有意思的现象,2007—2013 年受测对象职业与测试等级和总分均呈现出微弱的正相关关系,受测对象从事的职业与文字关系越密切,成绩可能越高,这符合我们的一般认知,但是 2014—2015 年受测对象职业与测试等级和总分均呈现出微弱的负相关关系。

一个可能的原因是 2014 年改变了入级标准和题型,入级难度提高,试题语音辨读部分难度增大,导致那些日常工作与汉字密切相关的受测对象不再具有明显的优势。另一个原因可能是与职业相比,受测对象的成绩跟专业关系更为密切。

2007 年的统计中有基本的文理科信息,分别是大学文科生、大学理科生、中小学语文教师、中小学非语文教师、大学文科教师、大学理科教师等。故我们在下文中,将大学理科生和文科生(简称为"大学理生"和"大学文生")、中小学非语文教师和中小学语文教师(简称为"非语文教师"和"语文教师")、大学理科教师和大学文科教师(简称为"大学理师"和"大学文师")两两进行对比,考察文理科不同专业对受测对象测试成绩的影响。

(六) 专业因素

1. 2007 年不同专业受测对象的入级情况

2007 年不同专业受测对象的入级情况见表 3 - 30。

表 3-30　2007 年不同专业受测对象入级情况

	不入级		三乙		三甲		二乙		二甲		一乙		一甲		合计	
	人数	比例	人数	比例	人数	比例	人数	比例	人数	比例	人数	比例	人数	比例	人数	比例
大学理生	2	7.69%	8	30.77%	3	11.54%	10	38.46%	2	7.69%	1	3.85%	0	0%	26	100%
大学文生	11	1.45%	34	4.48%	131	17.21%	228	29.96%	199	26.15%	100	13.14%	58	7.62%	761	100%
非语文教师	43	4.11%	109	10.42%	261	24.95%	290	27.72%	259	24.76%	63	6.02%	21	2.01%	1046	100%
语文教师	0	0%	8	1.21%	25	3.79%	107	16.21%	224	33.93%	150	22.73%	146	22.12%	660	100%
大学理师	2	3.23%	5	8.06%	30	48.39%	18	29.03%	7	11.29%	0	0%	0	0%	62	100%
大学文师	0	0%	8	3.43%	35	15.02%	72	30.90%	68	29.18%	33	14.16%	17	7.30%	233	100%
合计	58	2.08%	172	6.17%	485	17.40%	725	26.00%	759	27.22%	347	12.45%	242	8.68%	2788	100%

根据表 3-30,我们能直观地看出,在汉字应用水平测试中,大学文科生的入级情况优于大学理科生,中小学语文教师优于中小学非语文教师,大学文科教师优于大学理科教师。

2. 受测对象专业与测试结果的相关性

进一步的检验发现,就大学生而言,文科、理科不同专业与测试等级、总分均呈微弱正相关,相关系数分别为 0.153 和 0.144,P 值为 0.000。就中小学教师而言,语文教师和非语文教师与测试等级、总分均呈中度正相关,相关系数分别为 0.528 和 0.522。就大学教师而言,文科和理科不同专业教师与测试等级、总分均呈中度正相关,相关系数分别为 0.400 和 0.430。

3. 讨论

从上文检验结果可以看出,就中小学教师和大学教师而言,受测对象文理科专业与测试成绩均呈中度正相关,说明专业对测试成绩有比较明显的影响;而就大学生而言,受测对象文理科专业与测试成绩仅呈微弱正相关关系。主要是因为大学生这个群体,距离高考的时间不长,不管是文科生还是理科生日常学习也都离不开汉字,因此其专业对测试成绩的影响较小。但这仍然不能解释 2014—2015 年,受测对象职业与测试成绩呈微弱负相关的原因。受测对象职业、专业与测试成绩之间的关系,需要我们在以后观察更多样本,做更精细的区分与检验。

二、影响测试成绩的客观因素

(一) 测试成绩保持相对稳定的原因

汉字应用水平测试结果除受参测对象个体不同主观因素的影响以外,从客观方面来说,也受到试题类型、评分方式、入级标准等多重因素的影响。

测试成绩在 2008—2013 年期间保持稳定,客观原因可能有以下几种:

1. 测试群体保持稳定

汉字应用水平测试在上海的试点过程中,形成了一批层次不同、较为稳定的试点单位,包括华东师范大学、华东政法大学、同济大学、上海海事大学、上海海洋大学、上海大学、上海对外经贸大学、东华大学、上海中医药大学、上海师范大学、上海工程技术大学、上海政法学院、上海立信会计金融学院、上海商学院、上海应用技术学院、上海建桥学院、上海外国语大学贤达经济人文学院、上海中侨职业技术大学和上海出版印刷高等专科学校等院校。主要试点单位稳定下来以后,受测对象多为学生和老师。而这两个群体相较于其他社会群体来说,在思想上对测试更加重视,准备也更为充分。

2. 测试题型保持稳定

第二章中我们分析了自2007年以来,汉字应用水平测试题型的发展变化。自2008年稳定题型到2013年,5年间再无变动,故参与测试的群体对测试题型已经比较熟悉。

3. 开展测前培训

上海市语言文字测试中心重视汉字应用水平测试的推广工作,定期开展汉字应用水平测试师资业务提高活动,培训了一批优秀的汉字应用能力测试讲师,在上海市各高校和区县开展汉字应用水平测试考前辅导,帮助受测对象了解测试内容和结构、培养受测对象正确的书写习惯。

(二) 新大纲对测试成绩的影响

2014年后测试结果发生了明显的变化,这与试题类型和入级标准这两个方面的变化都有重要关联。2014年起,有两个组成部分的题型发生了较大的变化。例如在语音认读部分,2008—2013年的字音认读题目有使用环境,可以依词定音,但2014—2015年题干仅为孤零零的汉字,增加了认读难度。汉字书写部分删除了原来的考查汉字笔顺、笔画的选择题和在语段中找出错别字并改正的题型,更改为把成语等四字格补充完整,并且没有拼音提示。从试卷总体来看,2014—2015年的测试增加了对成语部分的考查,且去语境化的趋势非常明显。

1. 新大纲对标准化总分的影响

根据表3-10,2008年均数、中数、众数均处于较低水平,2011和2012年众数较高。与2013年的均数、中数、众数相比,2014和2015年没有明显的上升或降低趋势,说明新大纲实施前后,汉字应用水平测试成绩总分的集中趋势没有发生明显的变化。

但是新大纲实施以后的2014和2015年,汉字应用水平测试成绩的极差和标准差都有了非常明显的下降趋势,说明后两年的测试总分相对来说离散程度比较低,受测对象内部的差异较以前为小。

我们绘出了历年来汉字应用水平测试总分分布的直方图,也发现,2014和2015年峰顶虽然比较平坦,但明显比前几年陡峭,分数更为集中。

2. 新大纲对入级情况的影响

除了标准化总分外,衡量测试成绩的最重要标准是入级情况。

汉字应用水平测试的入级条件有两个:一是总分要求;二是甲表字的答对率,其中甲表答对率是基本条件。旧大纲关于一、二、三等级入级的基本条件是甲表答对率达到80%以上,2014年以后新大纲对于二等、三等的甲表答对率要求分别调整为65%和50%,否则为不入级。强调甲表答对率,是为了测量受测对象对常用汉字的掌握程度。因为甲表4 000字包含了使用频率最高、中等文化程度者应该掌握的汉字。其中,3 500个是常用汉字,另外500个字是字表研制者结合字频和对中等文化程度人群的实测结果筛选出来的。

从2007到2013年,虽有甲表答对率和总分两个要求,但实际入级仅考虑了总分一个指标,这几年实际未入级的受测总人数均为总分未达到200分的实际人数。2014和2015年,甲表答对率和总分两个标准同时使用,但观察实际测试结果可见,真正起作用的实际上只有甲表答对率一个标准,这从表3-31中历年来的入级最低分和不入级最高分可以看出来。

表3-31　2007—2015年入级最低分和不入级最高分统计

年份	入三级最低分	不入级最高分
2007	201	199
2008	200	199
2009	200	199
2010	209	188

续　表

年份	入三级最低分	不入级最高分
2011	200	199
2012	200	198
2013	200	199
2014	354	439
2015	371	429

从表3-31可以看出，新大纲实施前后，进入三级的最低分和不入级的最高分均产生了很大的变化。在新大纲实施以前的7年时间，进入三级的最低分和不入级的最高分均在200分上下，除参赛人数特别少的2010年波动幅度为[+9,-12]，其他均在一两分范围之内。新大纲实施后，2014和2015年不管是进入三级的最低分，还是不入级的最高分，都有了非常大的提高，由此可以判定，2014年以前和2014年以后，入级标准实际上是总分和甲表答对率在分别起作用。

新大纲的实施使得相当一批人的入级情况发生了变化。总分为200—399分的受测对象，如甲表答对率不足50%，新大纲实施以前可以入三级，现在为不入级；总分为400—499分的受测对象，原来可以为二级乙等，现在只能为三级（甲表答对率超过50%）或不入级（甲表答对率低于50%）；总分为500—599分、600分以上的受测对象，原来是二级甲等、一级甲等或一级乙等，现在理论上有降级或不入级的可能。不过，经过我们调查发现，总分为600分以上的受测对象，其甲表答对率都比较高，目前尚未发现降级和不入级的情况。我们将新大纲实施后甲表答对率对入级产生的影响列表如下：

表3-32　2014—2015年甲表答对率对受测对象入级情况的影响

单位：人

	500—599分	400—499分	300—399分	200—299分
2014年	4	6 302	36	323	12
2015年	2	5 942	46	434	11

续 表

	500—599 分	400—499 分	300—399 分	200—299 分
原等级	原二甲	原二乙	原三甲	原三乙
新等级	三级	不入级		

从表 3-32 可以看出,新大纲影响最大的群体是得分为 400—499 分和 300—399 分的测试者。受甲表答对率影响,两年间,共有 6 位 500—599 分的测试者按旧标准可归入二级甲等,按新标准归入三级;12 244 名和 82 名 400—499 分的原可入二级乙等,现归入三级和不入级;757 名 300—399 分的按旧标准原可入三级甲等,23 名 200—299 分的原可归入三级乙等,现均为不入级。

值得我们思考的问题是,新的等级标准实施后,三级总分最低分为 200 分的标准完全没有发挥作用(2014 和 2015 年入级最低分分别为 354 和 371)。解释汉字应用水平测试总分较高却不入级的现象,需要对试题本身和测试结果进行更深入细致的结构性分析。应该如何确定适当的入级总分,并确定恰当的权重,使最低甲表答对率和总分标准共同起作用,是测试的开发和实施者需要考虑的问题。

第五节 总结与启示

一、总结

本章中我们依次分析了 2007—2015 年上海市汉字应用水平测试受测对象的特征、入级情况和标准化总分、单项成绩,并抽样考察了影响汉字应用水平测试结果的主客观因素。我们发现:

2007—2015 年上海市汉字应用水平测试的受测对象中,女性比例接近

4/5,30 岁以下人群超过一半。2014—2015 年,上海市虽有除汉族以外的 30 个少数民族的 767 位受测对象参加了测试,但其中有 7 个民族仅 1 人报名参测,人数超过 100 的仅有回族一个民族,两年共有 132 人参加测试。从受测对象的受教育水平来看,本科及以上学历者接近 90%。从受测对象的职业上来看,教师和学生占比均超过 48%,两者合起来接近 97%。可见,这 9 年间,上海市汉字应用水平测试的参测对象多半具有女性、30 岁以下、汉族、本科及以上学历、教师/学生等特征。

自 2014 年汉字应用水平测试开始实行新大纲的等级以后,受测对象的入级结构发生了明显的变化:不入级率小幅提升,三级入级率大幅提高,二级入级率小幅下降,而一级入级率大幅下降,甚至低于不入级率。就标准化总分而言,其集中趋势没有明显变化,但离散趋势变化明显,最高分大幅下降,最低分大幅提升,全距缩小,标准差和方差显著缩小。就测试卷面四个组成部分的试题而言,汉字书写部分区分度最高,字音认读难度最大,字形辨误最为容易,汉字选用波动较大。

汉字应用水平测试结果受到主客观因素的影响。就主观因素而言,受测对象的性别、年龄、民族、学历和职业均会影响到测试成绩,但文理科不同的专业对测试成绩的影响最大。客观因素包括测试的试题类型和大纲以及真正起作用的入级条件到底是甲表答对率还是入级最低分。

二、讨论

分析 2007—2015 年上海市汉字应用水平测试受测对象的特征,很容易看出测试目前主要聚焦于高校师生和中小学教师等两个高等以上受教育程度群体,但在逐步推广到公务员、出版编辑、广告宣传人员等与文字使用密切相关的群体中。这既体现了测试目标的长期性,也体现了推进工作的谨慎性,避免汉字应用水平测试过早地承担过高的社会责任。

未来汉字应用水平测试的推广,可以有意识地关注男性、30—60 岁、普通中等专业学校、职业高中、技工学校等中等以上受教育程度人群,将测试范围逐渐扩展至从事与汉字关系密切的工作的各行各业,再到和汉字关系不太密切的行业。同时,不能忽略少数民族群体,尤其是需要关注有民族语言文字的民族群体。此外,尚需动员更多的非文科专业的人群(包括受过高等教育的群体)参加汉字应用水平测试。

由于我们只考察了2014—2015年两年的测试结果,虽发现测试新题型、新大纲对测试结果产生了一定的影响,但这个影响到底有多大,会持续多长时间,还需要观察更多的数据。但应该如何确定适当的入级总分,规定恰当的权重,使最低甲表答对率和总分标准共同起作用,会一直是测试的开发和实施者需要考虑的问题。

受测对象的性别、年龄、民族、学历、职业、专业等主观因素的确会对测试成绩产生一定的影响,但影响程度都非常有限,而且并非不可改变。这从另一个方面表明,汉字应用水平测试结果是多种因素综合影响的结果,在日常生活中,我们通过后天的努力,养成良好的汉字书写习惯,多多读书看报,有意识地练习等,均可以有效地提高我们的汉字测试成绩,进而提高汉字应用水平。

第四章　汉字应用水平测试受测对象汉字态度调查

汉字应用水平测试设计伊始,主要目的是考查中等以上受教育程度人群在以规范汉字为媒介的阅读、书面表达等活动中,掌握和使用汉字所达到的水平。自2007年测试开始试点以来,各试点城市语委一直把大中小学作为推广汉字应用水平测试的主要阵地,上海市在该测试的推广方面取得了尤为显著的成绩。仅2008—2015年间,上海有近2.8万名教师参加了测试,这是仅次于大学生的第二大测试群体,而其中又以中小学教师为主。因此,以中小学教师为调查对象,分析这个群体在参加汉字应用水平测试后的态度、意识和行为的变化,具有相当大的代表性,从中可以了解测试带来的社会效应和测试对参加者行为、意识的影响,在促进汉字应用水平测试朝着更规范的方向发展、发挥更大社会效益等方面也能起到非常积极的作用。

第一节　调查过程

一、问卷设计

本项研究选取的对象是参加过汉语应用水平测试的中小学教师群体,

调查主要采用问卷方法进行,辅以访谈法。问卷自行编制,一共设置了32道题,其中16道单选题,13道矩阵量表题,2道多选题,1道开放式问题(此题为选答)。问卷内容分为两个组成部分:

1. 背景信息

本部分包括调查对象的性别、年龄、职业、学历等信息。

2. 主体部分

本部分主要了解受测对象参加汉字应用水平测试的基本情况,对测试的认识,受测后汉字水平、汉字使用意识和行为等方面的变化,以及对测试的进一步推广和分级进行测试等问题的看法。为了更好地了解受测对象参测前后的变化,我们还设置了若干问题,了解他们参加普通话水平测试的相关情况,以便进行对比。

二、问卷发放

在研究的初期阶段,我们发放了20份问卷进行预调查,根据回收的问卷对个别问题进行调整,修改以后再通过问卷星正式发放。关于教师群体中大部分的数据来源,通过上海市各区县的语委进行发放获得。

此次调查的问卷共回收1 042份,有127份试卷未通过交叉验证,判为无效问卷,有效问卷916份,有效率为87.91%。调查对象的个体差异因素特征分布见表4-1。

表4-1 中小学教师群体调查对象的个体差异分布

单位:人

性别		年龄				学历			职业[①]		
男	女	18—25岁	26—35岁	36—50岁	50岁以上	本科以下	本科	研究生	语文教师	非语文教师	其他
121	795	279	366	236	35	25	651	240	392	474	50

---

① 下文为了简便,职业有时简称为"语文""非语文""其他"。

三、问卷分析

本项研究对所取得的数据用 SPSS20.0 进行分析,主要包括两个部分:一是对调查结果的描述性统计,了解汉字应用水平测试对受测者汉字水平的影响,并与普通话水平测试的测后效应进行比较。二是对调查问卷中的相关变量进行检验,了解受测的中小学教师群体内部性别、学历、岗位、年龄等因素是否会影响其汉字应用水平测试的成绩,测试后受测者汉字水平、意识和行为是否有变化,以及对全面推广汉字应用水平测试和推行分级测试等问题的看法。

此外,本次调查在发放问卷的基础上,为对问卷中涉及的问题进行更深入的了解,还访谈了3位中小学教师。从性别来看,1位男老师,2位女老师;从年龄看,18—25、36—50、50以上三个年龄段各1位;从学历来看,2位本科,1位研究生;从岗位来看,语文教师、非语文教师、管理岗老师各1位。

第二节　调查结果

一、受测对象的入级情况

本次调查中的916位受测对象,有623位在三个月内参加测试,成绩尚未公布,有117位受测者记不清自己的等级,剩下的176位受测者具体入级情况如表4-2所示。

表4-2　中小学教师群体测试入级情况

级别	一级	二级	三级	不入级	合计
人数	53	100	17	6	176
比例	30.11%	56.82%	9.66%	3.41%	100%

对比第三章表 3-7、表 3-8 中受测对象的入级情况,可以发现,一级和二级比例显著提高,三级比例显著降低,不入级比例较为接近。虽然本次调查中已取得测试结果的中小学教师数量不算多,但从中还是能看出,中小学教师的汉字应用水平明显高于整体受测对象的平均水平。

2014 年以前,汉字应用水平测试成绩呈现方式和普通话水平测试一样,既分级,又分等。但 2014 年以后实行新大纲,仅分级而不再分等。在访谈中,我们了解到,由于目前二级成绩的跨度比较大,多数受测者都希望对自己的汉字应用水平有更精准的认识。如果汉字应用水平测试分级以后再分等,将会具有更强的区分作用,有利于对接不同岗位工作人员的具体需求。

二、关于测试工具性的认识

汉字应用水平测试试题的难度是否适中?能否准确反映受测对象的汉字应用水平?能否帮助受测对象了解自身汉字应用方面的弱点?为了回答上述问题,我们设计了三道量表题,通过数字"1—5",了解受调查者对汉字应用水平测试作用和试题难度的看法。

调查数据显示,就试题的难度而言,平均得分为 3.54。48.36% 的人认为试题比较难或非常难,48.14% 的人认为试题难度适中,仅有 3.49% 的受测对象认为试题非常容易或比较容易。可见,对于大部分人而言,要想顺利通过汉字应用水平测试,获得满意的成绩,还是需要付出不少努力的。

受测对象对汉字应用水平测试的工具性有比较乐观的认识,本题平均得分为 3.48,有接近一半(48.69%)的受测对象认为汉字应用水平测试能比较准确或非常准确地反映受测者的汉字水平,但尚有 10.59% 的受测对象认为测试在反映受测对象的汉字应用水平方面不太准确或非常不准确,说明汉字应用水平测试的试题还有进一步优化的空间。

测试能帮助受测对象了解自身汉字应用方面的弱点吗?88.54% 的受测对象给出了肯定的回答。弱点首先存在于汉字书写(64.73%)和正确发音(50.6%)方面,其次在准确理解汉字字义方面(36.13%),再次是在更大语境如词、句、段中的正确使用方面(28.7%)。也有受测者指出,自己汉字应用的弱点在使用频率不高的生僻字、汉字的笔顺和记忆等方面。虽然现在处于数字化、信息化时代,绝大部分受测对象(65.28%)仍然认为,应该大力提升国民的汉字能力,尤其是正确书写汉字的能力、准确读出汉字字音的能力和在语境中准确使用汉字的能力。

此外,我们还进一步了解了对第一次测试成绩不满意的受测对象再次参加该测试的意愿。有53.17%的人选择愿意再次参加,0.98%的受测对象表示不确定。说明大部分的受测对象比较认可汉字应用水平测试的工具性,希望通过测试来提升自己的汉字水平。

三、汉字应用水平测试的测后效应

(一) 受测对象对测试作用的评价

汉字应用水平测试是否能提高受测者的汉字水平?

针对测试的试题类型,我们把汉字使用能力分解为准确发音的能力、正确书写的能力和实际应用的能力等三个方面,设计了3道量表题了解受测者测试前后汉字水平的变化。具体见表4-3。

表4-3 受测对象测后汉字水平变化情况

题目	1 完全没进步		2 几乎没进步		3 有一些进步		4 进步比较大		5 进步非常大		平均分
	人数	比例	人数	比例	人数	比例	人数	比例	人数	比例	
1. 测后您的汉字读音准确性有进步吗?	24	2.62%	90	9.83%	438	47.82%	245	26.75%	119	12.99%	3.38
2. 测后您的汉字书写水平有进步吗?	29	3.17%	115	12.55%	404	44.10%	252	27.51%	116	12.66%	3.34

续 表

题目	1 完全没进步		2 几乎没进步		3 有一些进步		4 进步比较大		5 进步非常大		平均分
	人数	比例	人数	比例	人数	比例	人数	比例	人数	比例	
3. 测后您的整体汉字应用水平有进步吗？	21	2.29%	101	11.03%	421	45.96%	253	27.62%	120	13.1%	3.38
合计	74	2.69%	306	11.64%	1 263	45.96%	750	27.29%	355	12.92%	3.37

从表4-3可以看出，汉字应用水平测试对提高受测对象的汉字应用水平有一定的帮助。有40%左右的人认为汉字应用水平测试使他们的读音准确性、汉字书写、整体应用方面进步比较大或非常大，45%左右的人认为有一些进步，有12%—16%的人认为测试在提高他们的汉字应用水平方面几乎没作用或完全没作用。

相对而言，受测对象认为，测试在提高汉字书写水平方面作用最小，其平均分为3.4，低于在汉字读音准确性和汉字整体应用水平方面的平均分（均为3.8）。这可能与我们整体的汉字使用环境有关，读音校正了，汉字应用水平提高了，可立刻于生活中显示出来；而现在工作和学习中，需要用笔直接书写汉字的机会较少，受测者少有机会练习，一方面这使得他们无从判断自己的汉字书写水平是否有所提高，另一方面随着时间的流逝，测试所起的作用会越来越小。

（二）与普通话水平测试测后语言态度的比较

916位受测对象的普通话水平见表4-4。

表4-4 中小学教师受测对象普通话水平测试入级情况

等级	一甲	一乙	二甲	二乙	三甲	三乙	不入级	记不清	合计
人数	23	80	621	178	0	3	3	8	916
比例	2.51%	8.73%	67.79%	19.43%	0%	0.33%	0.33%	0.87%	100%

从表 4-4 可以看出，我们所调查的群体中，普通话水平整体较好。有超过 10% 的受测对象获得一级证书，近 68% 的受测对象获得二甲证书，近 20% 的人获得二乙证书，不足 0.7% 的人获三乙证书或不入级，另有 0.87% 的受测对象记不清自己的等级了。

普通话水平测试能否提高受测对象的普通话水平？在测试是否改善受测对象的语音面貌这一问题上，超过 55% 的受调查者都持比较积极的态度；获得一甲、一乙、二甲、二乙四个等级证书的人中，超过一半的人认为普通话水平测试对语音面貌的改善比较大或非常大。尤其是持一乙等级证书的受测对象，有 65% 的人对普通话水平测试改善语音面貌的作用持积极肯定的态度。不过，尚有 13.86% 的人认为改善作用很小或比较小，29.91% 的人认为一般，说明普通话水平测试在改善语音面貌方面，还大有可为。

受测对象认为汉字应用水平测试的作用，总体上不如普通话水平测试效果明显，见表 4-5。

表 4-5 关于汉字应用水平测试和普通话水平测试作用的评价对比

	非常大	比较大	一般	比较小	非常小
普通话水平测试	25.22%	31%	29.91%	7.31%	6.55%
汉字应用水平测试	12.92%	27.29%	45.96%	11.14%	2.69%

从表 4-5 可以看出，受测对象对普通话水平测试的作用评价选项较为均匀地分布在"非常大""比较大"和"一般"等三项，比例均处于 1/4—1/3，差距不足 6%；而就汉字应用水平测试而言，受测对象多集中于"一般"选项，达 45.96%，远高于"比较大"和"非常大"的选择人数。两个测试的效果有较为明显的差异。之所以会如此，首先是因为普通话水平测试是在全国范围内全面推行的一种语言测试，一年内有多次报名机会，且已成为部分行业、职业的入职条件，受测对象的参与意愿和重视程度都远远高于汉字应用水平测试。其次是因为普通话水平测试测的是口语语音面貌，而言语行为

随时随地都会发生,受测者有更多的练习机会来纠正并改善自己的发音。因此,普通话水平测试的测后作用也更为显著。

在访谈中,有多位受测对象提到在刚参加测试后的三个月内,测试的作用效果比较明显;但时间一长,作用力下降,测试的影响力就逐渐降低。此外,与其说是普通话水平测试、汉字应用水平测试本身对受测对象的语音面貌、汉字应用水平有较大的改善和促进,不如说是测试之前的培训和备考过程提高了受测对象的语言文字能力。一般来说,测前准备越充分,越能明显意识到测试的促进作用。还有部分受测对象指出,提高国民汉字规范意识和应用水平是一项长期而重要的任务,信息化时代导致大家手写汉字的机会减少,仅仅通过每年一次的测试来提高国民汉字应用能力,不太可能,尤其是对于那些未参加过培训的受测者而言,作用更是有限。

(三) 汉字应用水平测试测后行为与意识

汉字应用水平测试对受测对象的行为、意识、情感是否会发生影响? 这一部分,我们共设计了 6 道题。

测试中遇到拿不准或不会做的题目,考完以后,有 80.24% 的人会通过手机、翻查词典或其他手段进行确认。虽然测后的确认对测试成绩不会产生影响,但说明大部分受测对象都比较重视这个测试,期望了解所测汉字的准确读音、形体或应用方式。但在测试后的阅读中遇到不知道读音或不理解准确含义的汉字时,绝大部分受测对象(72.65%)不会通过手机、翻查词典或其他手段进行确认,主要原因有二,一是阅读中即使遇到一些不认识或不理解意义的汉字,也不会影响其对整个所读篇章的理解,二是翻查词典或其他确认行为会导致阅读行为的中断,影响阅读的流畅性和阅读的体验。

汉字应用水平测试是否能促进受测对象的汉字学习主动性? 数据显示,测试在促进汉字学习主动性方面作用较为明显。44.96% 的受测对象认为测试可以大幅提高或比较大地提高他们汉字学习的主动性,42.25% 认为汉字学习的主动性有一些提高,另有 11.79% 认为汉字学习的主动性完全或几乎没提高。

汉字应用水平测试是否能提高受测对象的汉字规范意识？信息化时代来临，有越来越多的学者和专家认为汉字即将或已经进入"危机"之中，社会上乱用字、错用字（包括传统媒体、网络媒体和新兴自媒体的文章内容，城市公共和私人领域的标识用语，等等）现象也比较明显。为此，我们特意调查了受测对象在测试后对社会不规范用字的敏感程度和个人规范用字的意识是否有所提高。结果表明，对绝大部分受测者而言，汉字应用水平测试的效应较为明显。47.71%的受测对象认为测后对社会不规范用字的现象敏感性有非常大或比较大的提高，42.25%认为测后有一些提高，但仍有10.05%认为完全或几乎没提高。就个人规范使用汉字的意识而言，48.25%的受测对象认为测后有比较大或非常大的提高，40.5%认为有一些提高，11.25%认为完全或几乎没提高。从上述数据可以看出，调查对象对这两个问题的回答趋势相当一致。实际上，这也是两个相互有联系的问题。个人规范使用汉字的意识提高了，对社会不规范用字的现象自然更加敏感。对不规范用字现象不敏感的人，个人一般也不太具有规范使用汉字的意识。

汉字应用水平测试能否提高受测对象对汉字、汉文化的认可与喜爱程度？参加测试后，有48.91%的受测对象认为自己对汉字、汉文化的认可与喜爱程度有比较大或非常大的提高，40.39%的受测对象认为有一些提高，仅10.7%的人认为完全或几乎没提高。

（四）受测对象关于推广汉字应用水平测试的看法

汉字应用水平测试目前属于试点推广阶段，就该测试是否应该逐步由试点推行发展为正式考试，我们设计了层次不同的6个问题，分别如下：

26. 您觉得汉字应用水平测试应该逐步由试点推行发展为正式考试吗？

27. 您赞成把这项测试作为部分与汉字关系密切的职业（如教师、

公务员等)、行业(广告业等)的入职条件吗?

28. 您赞同所有在校大学生都应该参加汉字应用水平测试吗?

29. 您赞同所有师范类、出版类院校毕业的大学生都应该参加汉字应用水平测试吗?

30. 您认为应该设计并推行面向中学生的汉字应用水平测试吗?

31. 您赞成应该设计并推行面向小学生的汉字应用水平测试吗?

916位受测对象对这6个问题的认识情况见表4-6。

表4-6 中小学教师受测对象关于分层分级推广测试的认识

题号	1完全不赞同		2基本不赞同		3无所谓		4比较赞同		5非常赞同		平均分
	人数	比例	人数	比例	人数	比例	人数	比例	人数	比例	
26	55	6.00%	87	9.50%	343	37.45%	256	27.95%	175	19.10%	3.45
27	46	5.02%	85	9.28%	319	34.83%	259	28.28%	207	22.60%	3.54
28	30	3.28%	53	5.79%	330	36.03%	270	29.48%	233	25.44%	3.68
29	24	2.62%	39	4.26%	289	31.55%	285	31.11%	279	30.46%	3.83
30	37	4.04%	58	6.33%	305	33.30%	287	31.33%	229	25.00%	3.67
31	42	4.59%	82	8.95%	324	35.37%	255	27.84%	213	23.25%	3.56
合计	234	4.26%	404	7.35%	1910	34.75%	1612	29.33%	1336	24.31%	3.62

从表4-6可以看出,从问题26到问题29,平均得分逐渐上升。虽然幅度不是很大,但趋势很明显。从问题29到问题31,平均得分逐渐降低。不过问题31的得分超过了问题27,虽然数值差别不大,但其中蕴含的意义值得重视。后面4个问题都是关注汉字应用水平测试在不同级别、不同类型学校的推广情况。显然,对于中小学教师群体来说,他们比一般群体更为清楚地认识到了学校作为一个阵地在推广汉字应用水平测试、提高国民汉字能力方面所起的积极作用。

接下来,我们来看不同问题各选项的比例。同平均得分趋势一致,6

个问题中,选比较赞同或非常赞同的比例不断增加。虽然比较赞同或非常赞同将汉字应用水平测试逐步由试点推行发展为正式考试的受测对象比例未及一半(47.05%),但有超过一半的受测对象(50.88%)比较或非常赞同将这项测试作为部分职业或行业的入职条件,有54.92%的受测对象比较或非常赞同所有在校大学生都参加汉字应用水平测试,有61.57%的受测对象赞同师范类、出版类院校毕业的大学生应该参加汉字应用水平测试。

不过,对于是否应该设计并推行面向中学生和小学生的汉字能力测试,非常赞同或比较赞同的比例略有下降,分别为56.33%和51.06%,但仍然高于将汉字应用水平测试发展为正式考试的比例。

从总体上来看,大约有35%的受测对象对于汉字应用水平测试在不同范围、不同层级学校、不同人群中的推广持无所谓的态度。持完全不赞同或基本不赞同的受测对象中,问题26的比例最高,为15.5%;其次是问题27,比例为14.33%;接下来依次是问题31和问题30,比例分别为13.54%;比较低的是问题29和问题30,比例分别为9.07%和6.88%。

在访谈中我们得知,大部分教师认为学校应该是天然的推广汉字应用水平测试的主要阵地,能起到事半功倍之效。在学校推广测试较在社会上更易于操作,这种易操作性体现在测试程序管理的方方面面,包括预热宣传、报名、培训、组织考试、通知成绩、取证等。但将该测试作为一个全民测试或部分行业职业的入职条件,需要认真论证、慎重考虑,以免引起负面效果。就在中小学推行汉字应用水平测试而言,开发面向每个年级学习者的汉字应用水平测试工作量大,既不现实,也无必要,但可以考虑开发适合不同学段学习者的测试,譬如将小学和中学分别分为低高两个学段,可以自主选择在该学段的任何一个年级参加测试;测试内容以不增加测试者的学习负担为原则,超纲内容控制在有限的比例之内,使中小学生即使是裸考,测试成绩也能与他们正常的汉字认知水平和应用能力相匹配。如此,便不会增加额外的学习负担。

第三节 影响因素

一、性别对受测对象测后汉字态度的影响

(一) 性别对语言测试入级情况的影响

916名中小学教师的普通话水平如下：

表4-7 不同性别中小学教师普通话水平测试入级情况

性别	一甲		一乙		二甲		二乙		三甲	
	人数	比例	人数	比例	人数	比例	人数	比例	人数	比例
男	1	0.83%	7	5.79%	47	38.84%	59	48.76%	0	0%
女	22	2.77%	73	9.18%	574	72.20%	119	14.97%	0	0%

性别	三乙		不入级		未参加或记不清		合计	
	人数	比例	人数	比例	人数	比例	人数	比例
男	1	0.83%	3	2.48%	3	2.48%	121	100%
女	2	0.25%	0	0%	5	0.63%	795	100%

从表4-7中可以看出，就整体而言，女性的普通话水平较多集中于二甲段，普遍高于男性，另有近12%的女性受测对象处于一级水平；男性普通话水平较多集中于二乙段，处于一级水平的仅为6.62%。卡方检验也表明，不同性别的测试对象其普通话水平差异具有显著意义（P＝0.000）。

这916名汉字应用水平受测者中，有623位是在三个月内参加测试的，成绩尚未公布，有117位受测对象记不清自己的等级，剩下的176位中，分性别入级情况如下：

表4-8　不同性别中小学教师汉字应用水平测试入级情况

等级 性别	一级		二级		三级		不入级		合计	
	人数	比例	人数	比例	人数	比例	人数	比例	人数	比例
男	7	38.89%	6	33.33%	2	11.11%	3	16.67%	18	100%
女	46	29.11%	94	59.49%	15	9.49%	3	1.90%	158	100%
合计	53	30.11%	100	56.82%	17	9.66%	6	3.41%	176	100%

本次调查中,男性受测对象的测试等级数据很少,才18位。但这18位受测对象的汉字应用水平测试等级呈现出非常明显的两极分化现象,一级水平的受测对象和不入级的受测对象都远远高于总体水平。

(二) 性别对测后汉字水平提高程度的影响

为了解男女性别受测对象测后汉字应用水平的提高程度是否有显著性差异,我们对问卷的第15—17等3道试题分别进行了独立样本T检验。我们发现,男性与女性在第15个问题"测试后,您的汉字读音准确性有进步吗"的认识上无显著差异,对问题16、17"测试后,您的汉字书写水平有进步吗""测试后,您的整体汉字应用水平有进步吗"的认识存在显著性差异(P值分别为0.015和0.016)。接下来,我们把第15—17等3个问题看作一个整体进行了独立样本T检验,男性均值为10.61,女性均值为10.01,两者之间仍然存在显著性差异(P=0.026/0.031),男性受测对象自评的汉字应用水平测试后汉字应用水平提高的程度高于女性。

(三) 性别对测后汉字意识、情感、看法的影响

第18—21题主要是了解受测对象在汉字应用水平测试后意识、情感方面的变化。我们分别检验了不同性别受测对象测后的意识、情感变化是否有显著性差异。检验发现,无论是受测对象的汉字规范意识、汉字学习主动性还是对汉字、汉文化的情感,男女之间均无显著差异。

第26—31题主要了解受测对象对推广汉字应用水平测试的看法。我们分别检验了男女性别对汉字应用水平测试在社会上逐步全面推广、成为部分行业或职业准入标准、在大学生中全面推广、在部分院校大学生中推广、在中学生中推广、在小学生中推广等问题的看法是否有显著性差异。检验发现，在上述问题上，男女之间无差异，即性别对汉字应用水平测试的推广看法均无影响。

二、年龄对受测对象测后汉字态度的影响

（一）年龄对语言测试入级情况的影响

916 名中小学教师普通话入级情况见表 4-9。

就普通话水平测试而言，总体上，绝大部分教师普通话水平均处于较好水准，这与他们的职业有关。对于教师来说，普通话水平测试等级证书是一个入职条件。4 个年龄段中，获得二甲证书等级的受测者人数最多，比例均超过一半，最低为 58.47%，最高为 75.27%，超过了 3/4；获得二乙证书等级的受测对象较多，4 个年龄段均在 20% 左右。普通话一级证书获得者的比例，年龄从低到高，呈逐渐递增的趋势，到 36—50 岁达到最高点，50 岁以后略有回落。从具体年龄段来看，36—50 岁的受测对象，普通话一级证书比例最高，达到 20.76%；18—25 岁的最少，仅为 5.02%；50 岁以上和 26—35 岁的在 10% 左右，分别为 11.43% 和 9.84%。一级证书呈现出目前这种分布格局，首先可能跟受测对象们从事教学工作的时间有一定关系。18—25 岁年龄段的教师从事教学工作时间不长，由于教师职业的特殊性，人们常说教学相长，教师有可能在从事教学工作的同时逐渐改善自己的语音面貌，从而获得更好的普通话等级。其次是可能因为 50 岁以上的受调查者，普遍出生于 20 世纪 70 年代以前，受时代的局限，在幼年和求学时期没有接受到较好的普通话的教育，导致他们虽然整体语音面貌不错，但在发音时依然会出现一些个别声调发音不准、声韵母发音不到位的情况，而这些属于顽固性缺陷，较难纠正。

176 位参加过测试且获得证书的受测者其年龄段分布见表 4-10。

表4-9 不同年龄中小学教师普通话水平测试入级情况

年龄	一甲		一乙		二甲		二乙		三甲		三乙		不入级		未参加或记不清		合计	
	人数	比例	人数	比例	人数	比例	人数	比例	人数	比例	人数	比例	人数	比例	人数	比例	人数	比例
18—25	3	1.08%	11	3.94%	210	75.27%	53	19.00%	0	0%	1	0.36%	0	0%	1	0.36%	279	100%
26—35	8	2.19%	28	7.65%	252	68.85%	73	19.95%	0	0%	0	0%	1	0.27%	4	1.09%	366	100%
36—50	11	4.66%	38	16.10%	138	58.47%	44	18.64%	0	0%	2	0.85%	0	0%	3	1.27%	236	100%
50以上	1	2.86%	3	8.57%	21	60.00%	8	22.86%	0	0%	0	0%	2	5.71%	0	0%	35	100%
合计	23	2.51%	80	8.73%	621	67.79%	178	19.43%	0	0%	3	0.33%	3	0.33%	8	0.87%	916	100%

表4-10　不同年龄中小学教师汉字应用水平测试入级情况

年龄	一级		二级		三级		不入级		合计	
	人数	比例	人数	比例	人数	比例	人数	比例	人数	比例
18—25	2	9.52%	13	61.90%	4	19.05%	2	9.52%	21	100%
26—35	6	15.79%	26	68.42%	6	15.79%	0	0%	38	100%
36—50	43	44.79%	45	46.88%	6	6.25%	2	2.08%	96	100%
50以上	2	9.52%	16	76.19%	1	4.76%	2	9.52%	21	100%
合计	53	30.11%	100	56.82%	17	9.66%	6	3.41%	176	100%

从表4-10可以看出,就汉字应用水平测试而言,受测对象获得的证书等级主要集中在二级阶段,但每个年龄段获得的证书等级各有特点。虽然各年龄段中,均是二级比例最高,但36—50岁这个年龄段,二级比例和一级比例较为接近,而其他年龄段中,二级比例相较于其他等级,优势非常明显。故不同年龄段中,36—50岁的受测者,汉字应用能力明显强于其他年龄段的受测者。18—25岁的受测者,一级和二级证书的获得比例,明显低于其他年龄段,说明近年来很多人担忧的"汉字危机"在年轻一代身上确有体现。26—35岁年龄段,一级、三级比例近似,无不入级者。

(二) 年龄对测后汉字水平提高程度的影响

我们检验了不同年龄段受测对象测试后汉字水平提高程度是否有显著差异,方式是先把第15—17题作为一个整体检验,后分题依次检验。检验结果表明,受测对象无论是在读音准确性或汉字书写方面,还是汉字整体应用方面,均不存在显著性差异,也就是说,汉字应用水平测试对不同年龄段的测试对象,无论是汉字单项能力,还是整体能力的提高方面,均无差别。

(三) 年龄对测后汉字意识、情感的影响

我们检验了不同年龄段受测对象测试后汉字规范使用意识,汉字学习主动性和汉字、汉文化情感方面是否有显著差异,方式是先把18—21题作为一个整体检验,后分题依次检验。检验发现,从整体上来看,不同年龄段受测者测后汉字意识、情感没有显著性差异。但分题检验的结果表明,不同年龄段受测对象测后在汉字学习的主动性方面有显著差异（P＝0.022）。就均值而言，26—35岁年龄段的受测对象均值最高，为3.56，其他依次是18—25岁均值为3.45,36—50岁均值为3.34,50岁以上均值最低，为3.26。这也比较容易理解。26—35岁的受测对象处于人生最好的阶段，生活稳定，在提升自己各方面能力方面有更强的自觉性；更为年轻的受测对象刚刚工作，有一定的提升自己的意愿，但面临的干扰比较多；而36岁以上的受测对象，工作多年，教学上得心应手，进取动机减弱，学习意愿较前两者低，也很正常。

（四）年龄对测后推广汉字应用水平测试看法的影响

我们检验了不同年龄段受测者对推广汉字应用水平测试的总看法是否有显著性差异，结果表明，不同年龄段的看法有显著差异（P＝0.018）。在对26—31题的分题检验中，我们发现对第26、27、30、31等题的检测结果显示有显著差异，而第28、29题没有显著差异。具体分题检验结果见表4-11。

表4-11 汉字应用水平测试推广观的年龄差异

题号	年龄	均值	P值	标准差
第26题	18—25	3.52	0.002	0.95
	26—35	3.55		1.05
	36—50	3.25		1.24
	50以上	3.14		1.12
第27题	18—25	3.59	0.007	0.98
	26—35	3.60		1.07
	36—50	3.35		1.24
	50以上	3.89		0.93
第28题	18—25	3.64	0.101	0.93
	26—35	3.76		0.99
	36—50	3.58		1.17
	50以上	3.89		0.87

续 表

题号	年龄	均值	P 值	标准差
第29题	18—25	3.81	0.473	0.92
	26—35	3.84		0.98
	36—50	3.78		1.31
	50以上	4.06		0.84
第30题	18—25	3.74	0.01	0.92
	26—35	3.78		0.98
	36—50	3.44		1.23
	50以上	3.54		1.07
第31题	18—25	3.64	0.001	0.97
	26—35	3.66		1.02
	36—50	3.33		1.23
	50以上	3.40		1.29

从表4-11可以看出,18—25岁年龄组的受测对象在推广汉字应用水平测试等问题的看法上差别不大,对第26题全面推广的看法均分最低,为3.52;对第29题赞同师范类、出版类院校的大学生参加汉字应用水平测试的看法均分最高,为3.81。26—35岁年龄组的受测对象各题均分均略高于前一组,趋势与前一组大致相同,均分最低为26题,为3.55,均分最高为29题,为3.84。

值得注意的是,36—50岁、50岁以上等另两个年龄组对在不同群体、不同范围内推广汉字应用水平测试的态度呈现出较为明显的差异。尤其是50岁以上的受测对象,态度呈现出非常明显的两极分化现象(第26题和第29题均分差距达0.86)。非常赞成让汉字应用水平测试成为部分行业、职业的入职条件(均分为3.89),赞成让在校大学生,师范类、出版类高校的大学生参加汉字应用水平测试(均分为4.06),而对于全面推广汉字应用水平测试、在中小学生中推行分级汉字应用水平测试等问题呈非常审慎的态度(均分分别为3.14、3.54、3.4)。36—50岁的受测对象各题均分趋势与50分以上年龄组的趋势基本相同,但无论是赞同还是不赞同,本年龄段的态度均更为谨慎。可见36岁以上的受测对象更倾向于让成年人,尤其是工作与文字关系密切的成年人承担引领汉字规范使用的责任,认为在条件不成熟的情况下全面推广测试容易造成资源的浪费。而36岁以下的受测对象则倾向全社会一起,努力营造规范使用汉字的氛围与环境,尤其是重视发挥中小学教育阵地的作用,认为汉字规范使用应该从娃娃抓起。

三、岗位对受测对象测后汉字态度的影响

(一) 岗位对语言测试入级情况的影响

目前,教师资格证考试中,任职语文教师,对普通话水平测试等级的要求为二级甲等及以上,非语文教师为二级乙等及以上。任职要求的层次性在我们的调查中体现得非常明显,具体见表4-12。

从表4-12可以看出,三种岗位中,中小学语文教师普通话水平最高,其次是与中小学教学相关的其他岗位,非语文教师群体整体最差。就语文教师群体而言,二甲等级是一枝独秀,其次有14.28%达到一级水平,二乙比例非常低。非语文教师群体中,二甲虽比例最高,但二乙也超过了1/3,而且一级比例明显低于另两个群体。与中小学教学相关的其他岗位中,有14%的人达到一级水平,比例和语文教师非常接近,但获二甲证书的比例远远低于语文教师。可见不同岗位人员的普通话水平有非常明显的差异。我们进一步的检验结果也证明了这一点($P=0.000$)。

接下来,我们来看任职不同岗位的教师获得汉字应用水平测试等级证书的情况。具体见表4-13。

不同岗位的受测对象获得汉字应用水平测试等级证书的趋势与他们获得普通话水平测试证书的趋势近似。中小学语文教师汉字应用水平最高,其次为与中小学教学相关的其他岗位,中小学非语文教师群体汉字应用水

表 4-12 不同岗位中小学教师普通话水平测试入级情况

	一甲		一乙		二甲		二乙		三甲		三乙		不入级		未参加或记不清		合计	
	人数	比例	人数	比例	人数	比例	人数	比例	人数	比例	人数	比例	人数	比例	人数	比例	人数	比例
语文	16	4.08%	40	10.20%	328	83.67%	8	2.04%	0	0%	0	0%	0	0%	0	0%	392	100%
非语文	3	0.63%	37	7.81%	265	55.91%	162	34.18%	0	0%	3	0.63%	0	0%	4	0.84%	474	100%
其他①	4	8.00%	3	6.00%	28	56.00%	8	16.00%	0	0%	0	0%	3	6.00%	4	8.00%	50	100%
合计	23	2.51%	80	8.73%	621	67.79%	178	19.43%	0	0%	3	0.33%	3	0.33%	8	0.87%	916	100%

① 中小学管理岗位人员中,大部分是任课教师出身,且日常工作也与语言文字关系密切,故纳入了中小学教师整体这个群体。

表 4-13 不同岗位中小学教师汉字应用水平测试入级情况

	一级		二级		三级		不入级		合计	
	人数	比例	人数	比例	人数	比例	人数	比例	人数	比例
语文	43	40.19%	58	54.21%	6	5.60%	0	0%	107	100%
非语文	5	8.93%	37	66.07%	10	17.86%	4	7.14%	56	100%
其他	5	38.46%	5	38.46%	1	7.69%	2	15.39%	13	100%
合计	53	30.11%	100	56.82%	17	9.66%	6	3.41%	176	100%

平相对最差。前两个群体的汉字应用水平测试一级证书获得率在40%左右,而非语文教师群体尚不足10%。同时,非语文教师群体的二级和三级入级比例均明显高于另两个群体。进一步的检验也发现了不同岗位的三个群体之间的汉字应用水平具有显著性差异($P=0.000$)。可见,在中小学推广汉字应用水平测试,应对非语文教师这个群体给予更多关注。

(二) 岗位对测后汉字水平提高程度的影响

我们检验了不同岗位受测对象在汉字应用水平测试后的汉字水平提高程度是否有显著差异,方式依然是先将15—17题作为一个整体检验,后分题依次检验。检验结果表明,不同岗位的受测对象无论是在读音准确性或汉字书写方面,还是在汉字整体应用方面,均存在显著性差异,也就是说,不同岗位的受测对象,测试后其汉字应用水平提高程度有显著差异。具体检验情况如表4-14所示。

表 4-14 中小学教师测后汉字水平提高程度的岗位差异

题号	岗位	均值	P值	标准差
第15题	语文教师	3.47		0.92
	非语文教师	3.27	0.001	0.91
	其他岗位	3.60		0.93
第16题	语文教师	3.41	0.001	0.98
	非语文教师	3.24		0.93

续　表

题号	岗位	均值	P值	标准差
	其他岗位	3.68		0.96
第17题	语文教师	3.47	0.001	0.93
	非语文教师	3.28		0.91
	其他岗位	3.68		0.94

从上表可以看出，汉字应用水平测试对受测对象汉字水平的提高，在与中小学教学相关的其他岗位群体中表现得最为明显，其次是中小学语文教师，最后为中小学非语文教师这个群体。这可能与前两个群体的日常工作与汉字使用关系更为密切有关。

（三）岗位对测后汉字意识、情感的影响

我们检验了不同岗位受测对象测试后在汉字规范使用意识、汉字学习主动性和汉字、汉文化情感方面是否有显著差异，方式是先把18—21题作为一个整体检验，后分题依次检验。检验发现，无论是整体检验，还是分题检验，不同岗位受测者的测后汉字意识、情感均有显著差异。整体检验P值为0.000，分题检验具体情况见表4-15。

表4-15　中小学教师测后汉字意识、情感的岗位差异

题号	岗位	均值	P值	标准差
	语文教师	3.62		0.93
第18题	非语文教师	3.41	0.001	0.89
	其他岗位	3.66		0.94
	语文教师	3.60		0.93
第19题	非语文教师	3.40	0.001	0.91
	其他岗位	3.76		0.98
第20题	语文教师	3.58	0.000	0.90

续　表

题号	岗位	均值	P值	标准差
	非语文教师	3.34		0.94
	其他岗位	3.68		0.94
第21题	语文教师	3.63	0.000	0.90
	非语文教师	3.41		0.95
	其他岗位	3.80		0.90

中小学非语文教师群体各题均分均为三个群体中最低,一般在3.40左右;语文教师较非语文教师群体有所提高,为3.60左右;最高的是与中小学教学相关的其他岗位群体,各题均分均为最高,最低的第18题也达到3.66,最高的第21题更是达到了3.80。

(四) 岗位对测后推广汉字应用水平测试看法的影响

我们检验了不同岗位受测对象对推广汉字应用水平测试的看法是否存在显著差异,方式是先把26—31题作为一个整体检验,后分题依次检验。检验发现,无论是整体检验,还是分题检验,不同岗位受测对象对推广汉字应用水平测试的看法均有显著差异。整体检验P值为0.000,分题检验具体情况见表4-16。

表4-16　中小学教师汉字应用水平测试推广观的岗位差异

题号	岗位	均值	P值	标准差
第26题	语文教师	3.56	0.000	1.07
	非语文教师	3.32		1.08
	其他岗位	3.78		1.15
第27题	语文教师	3.67	0.000	1.08
	非语文教师	3.40		1.08
	其他岗位	3.8		1.14

续　表

题号	岗位	均值	P值	标准差
第28题	语文教师	3.78	0.003	1.01
	非语文教师	3.57		1.01
	其他岗位	3.94		1.08
第29题	语文教师	3.95	0.001	0.91
	非语文教师	3.70		1.00
	其他岗位	4.02		1.00
第30题	语文教师	3.78	0.001	1.03
	非语文教师	3.55		1.04
	其他岗位	3.92		1.09
第31题	语文教师	3.66	0.001	1.06
	非语文教师	3.45		1.08
	其他岗位	3.90		1.09

对推行汉字应用水平测试的看法,不同岗位三个群体看法趋势同前两个主题一致,都是与中小学教学相关的其他岗位人员均分最高,中小学非语文教师岗位均分最低,中小学语文教师均分处于中间位置。与中小学教学相关岗位人员这个群体,可能是因为在工作中经常需要起草文件,上传下达,有较多运用汉字的场合,故不仅对全面推广汉字应用水平测试持比较积极的态度,对设计面向中小学生的汉字应用水平测试也非常积极,更不用说在特定群体、特定行业和职业中推行汉字应用水平测试了。

四、学历对受测对象测后汉字态度的影响

(一) 学历对语言测试入级情况的影响

不同学历的中小学教师普通话水平测试和汉字应用水平测试入级情况如表4-17和表4-18所示。

通过进一步的检验,我们发现,不同学历受测群体之间的普通话水平和

第四章 汉字应用水平测试受测对象汉字态度调查 / 177

表4-17 不同学历中小学教师普通话水平测试入级情况

	一甲		一乙		二甲		二乙		三甲		三乙		不入级		未参加或记不清		合计	
	人数	比例	人数	比例	人数	比例	人数	比例	人数	比例	人数	比例	人数	比例	人数	比例	人数	比例
本科以下	1	4.00%	2	8.00%	16	64.00%	3	12.00%	0	0%	0	0%	2	8.00%	1	4.00%	25	100%
本科	17	2.61%	58	8.91%	434	66.67%	132	20.28%	0	0%	3	0.46%	1	0.15%	6	0.92%	651	100%
研究生及以上	5	2.08%	20	8.33%	171	71.25%	43	17.92%	0	0%	0	0%	0	0%	1	0.42%	240	100%
合计	23	2.51%	80	8.73%	621	67.79%	178	19.43%	0	0%	3	0.33%	3	0.33%	8	0.87%	916	100%

表 4-18　不同学历中小学教师汉字应用水平测试入级情况

	一级		二级		三级		不入级		合计	
	人数	比例	人数	比例	人数	比例	人数	比例	人数	比例
本科以下	4	22.2%	11	61.10%	1	5.56%	2	11.10%	18	100%
本科	43	32.33%	75	56.39%	13	9.77%	2	1.50%	133	100%
研究生及以上	6	24.00%	14	56.00%	3	12.00%	2	8.00%	25	100%
合计	53	30.11%	100	56.82%	17	9.66%	6	3.41%	176	100%

汉字应用水平均没有显著差别。换言之,受测对象的学历对其语言和文字能力均没有直接影响。就汉字应用水平测试而言,其目标面向的对象是中等以上受教育人群,测试的内容以甲表常用字(比例达70%)为主,因此,更高的学历并不一定能获得更高的等级也就很好理解了。

(二) 学历对测后汉字水平提高程度的影响

我们将第15—17题作为一个整体,检验不同学历受测对象测后汉字水平的提高程度是否有显著差别。检验结果为无显著差别。但在第15—17题的分题检验结果中发现,第16题的结果,也就是不同学历受测对象测试后汉字书写水平的提高程度有显著差别。具体数据见表4-19。

表 4-19　中小学教师测后汉字书写水平提高程度的学历差异

题号	学历	均值	P 值	标准差
第16题	本科以下	3.03	0.049	0.67
	本科	3.35		0.990
	研究生及以上	3.28		0.879

汉字应用水平测试后,本科以下的受测对象,其汉字书写水平提高程度最高。

(三) 学历对测后汉字意识、情感的影响

我们检验了不同学历受测对象测试后在汉字规范使用意识,汉字学习主动性和汉字、汉文化情感方面是否有显著差异,方式是先把18—21题作为一个整体检验,后分题依次检验。检验发现,无论是整体检验,还是分题检验,不同学历受测对象的测后汉字意识、情感均无显著差异。

(四) 学历对测后推广汉字应用水平测试看法的影响

我们检验了不同学历受测对象对推广汉字应用水平测试的看法是否存在显著差异,方式是先把26—31题作为一个整体检验,后分题依次检验。检验发现,虽然不同学历受测对象整体上对推广汉字应用水平测试的看法无显著差异,但在分题检验的过程中,我们发现他们在对第26题和第31题的看法上存在显著差异。具体数据见表4-20。

表4-20 中小学教师汉字应用水平测试推广观的学历差异

题号	学历	均值	P值	标准差
第26题	本科以下	3.04	0.041	1.16
	本科	3.41		1.10
	研究生及以上	3.58		1.02
第31题	本科以下	2.88	0.000	1.53
	本科	3.52		1.10
	研究生及以上	3.74		0.97

在全面推广汉字应用水平测试和设计面向小学生的汉字应用水平测试这两个问题上,随着调查对象学历的提高,其认可程度不断提升。

第四节 发现与启示

一、调查发现

本次调查主要有以下发现:

(一) 汉字应用水平测试能反映受测者的汉字水平

汉字应用水平测试能比较准确地反映受测者的汉字水平,还可以帮助受测者了解自己在汉字应用方面的弱点,其弱点主要存在于汉字书写和语音方面,但总体试题难度略有一点偏高。

(二) 汉字应用水平测试有较为明显的测后效果

汉字应用水平测试对受测者的汉字读音准确性、汉字书写和整体应用能力均有所提高,但这种效应会随着时间的延长逐渐降低;测试前的备考和培训对受测者有较大的促进作用;测试可以提高受测者学习汉字的积极主动性、汉字规范意识,以及对汉字、汉文化的积极情感。

(三) 汉字应用水平测试的测后效应受不同因素的影响

性别、年龄、岗位、学历等因素对汉字应用水平测试的测后效应均有一定的影响,但岗位的影响因素最为明显。中小学非语文教师这个群体汉字应用水平测试的入级水平最低,测试对他们的影响也最小。因此,在中小学推广汉字应用水平测试时,要对这个群体予以充分的关注。

(四) 汉字应用水平测试宜分层、分群体逐步推广

虽然汉字应用水平测试目前处在试点阶段,但中小学教师已充分认识到了学校在推广该测试中的作用,考虑现实情况,在区分层次、行业/职业、群体的基础上逐步推广比较切实。

二、调查启示

作为一项推进多年并在继续推进的大规模文字测试,汉字应用水平测试的研发和管理部门应当持续而且更深入地了解并关注测试的测后效应以及受测者的测试需求。本次面向中小学教师受测群体的测后态度调查给我

们如下启示：

(一) 测试试题宜同时兼顾汉字能力的静态和动态两个层面

汉字能力有不同的层面，静态层面的能力主要是针对汉字本身而言的认、读、写、说、查、辨等六个方面的能力，动态层面的能力主要是指在更大的语境（词、句、段）中准确使用汉字和猜测汉字字音、字义的能力。

目前的汉字应用水平测试，对静态和动态层面的汉字能力考查均有所涉及。第一、四部分分别考查汉字字音、汉字书写，属于静态能力的考查；第二、三部分兼顾对汉字字形和综合能力的考查。总的来说，静态为主，对字义关注较少，考查动态能力的题目可适当扩大比例。

(二) 丰富汉字应用水平测试试题形式，提高试题的真实性和趣味性

目前汉字应用水平测试的试题为选择和填空两种类型，测试的主要是受测对象静态的汉字能力，题干形式大部分是备用的语言单位包括字、词、短语等，仅第三部分汉字选用题的题干形式为句子，且多为短句，没有上下文。总体而言，受测者主动输出的部分不多，有为测试而测试的倾向。访谈中我们了解到受测对象希望测试能有更丰富多样的题型，如完形填空、写作等，测试中能出现更真实有趣的语料，测试关注的汉字能力有较强的实用性，能在日常生活和工作中应用到。此外，他们还提到，测试试题的单一还带给受测对象一定的压力感，跟提高他们汉字应用水平的初衷不太吻合。

(三) 做好测试前的宣传和培训工作，从而有效推进汉字应用水平测试

目前，汉字应用水平测试的社会知晓度并不是很高，仍有相当多的人不了解汉字应用水平测试。而且调查显示，汉字应用水平测试并没有得到中小学教师队伍的普遍认可，不同年龄、性别、岗位、学历的受测对象评价和认可程度存在较大差异，测试对受测对象汉字态度的影响在不同年龄、性别、岗位、学历中也有差别。结合问卷和访谈，我们推测，大致原因如下：

第一，对于测试的宣传不到位，大多数受测对象参加测试都是基于各区语委的动员,依托学校被动地接受测试安排、报名、参加培训与测试等工作,主动参与的较少。

第二,中小学非语文教师岗位的受测对象认为测试涉及较多生僻字,题目偏难,测试与日常工作关系不大,故参与动机不足。

第三,部分受测对象测试成绩低于预期,他们认为自己已具备所测汉字的书写能力,所以对汉字书写部分较严的批改标准(如对连笔、笔画间关系的处理和认定)持有异议。

第四,目前的测试仅一种卷面,一种选择,若开发面向不同群体、不同层次的测试,将有利于吸引更多人次的受测对象,提高国民学习汉字、汉文化的兴趣。

(四) 多途径并举改善测试效果,提高国民汉字规范意识和应用能力

语言文字的学习从来不是一蹴而就的。汉字应用水平测试对受测对象的汉字使用、意识和情感等会产生一定的影响,但这影响并不足以长时间改变受测对象的意识和行为。汉字应用水平测试是提高国民汉字规范意识和应用能力的一个有效途径,在推进有关工作的同时,还应该尽量扩展其他途径,如推进不同等级的与规范使用汉字相关的各种活动,组织不同类型的与规范使用汉字相关的各种竞赛,开发规范使用汉字的App,通过净化汉字使用环境形成良好的文字生态,在全社会形成一种"人人规范使用汉字、人人使用规范汉字"的良好氛围。

总之,仅仅想通过一次测试就改变受测对象的汉字态度和使用习惯,是不可能的。因此,国家相关部门应该根据社会需要,大力宣传和推广规范汉字的使用,提高国民规范使用汉字的意识,同时加大汉字应用水平测试的宣传和培训力度,扩大汉字应用水平测试研发队伍,开发更多种类的汉字应用水平测试,尤其注意在不额外增加中小学生学习负担的前提下,开发面向中小学生的汉字应用水平分级测试,从小培养国民对母语、母文化的重视程度。多管齐下,才能全面提高国民汉字规范意识和应用水平。

结　语

汉字应用水平测试因开展时间较短、目标面向特定人群(以中小学教师、高校师生为主),故社会影响和效应远低于普通话水平测试。关于该项测试的研究目前尚处于起始阶段,视野所及尚未出现较为系统、深入且全面的研究成果。本书以教育测量学、社会语言学、语料库语言学的相关理论为指导,综合使用问卷法、访谈法、统计法、对比法、语料库方法等对汉字应用水平测试涉及的方方面面,如社会知晓度与认可度、测试试题本身、测试结果、测试后受测对象的汉字态度等问题进行了考察与研究,主要研究结论如下:

汉字应用水平测试的知晓度在50%左右波动,知晓途径以媒体信息和师长亲友等告知为主;大部分青年人认为自己的汉字应用水平处于一般及以下水平,自评情况与职业和学历有关;青年群体总体上对汉字应用水平测试持积极肯定的态度,有一半左右的人愿意参加汉字应用水平测试,性别和职业对需求度有一定影响。汉字应用水平测试的进一步推广可以从增加试点城市、加大宣传力度、均衡受测人员构成比例、激发测试内在动机等方面入手。

从2007年汉字应用水平测试开始试测到2014年实施新大纲,汉字应用水平测试题型经历了一些调整,表现出了较为明显的去语境化的倾向,对汉字能力的考查更为直接。新大纲实施以前,测试试题对甲、乙、丙三表字的考查距大纲要求有一定的距离,总倾向是甲表字居多,乙表字和丙表字不足。新大纲实施后,测试对甲、乙、丙三表字的考查较以前接近大纲要求,但与此同时也减少了关于汉字能力的考查项目,如区分多音字在不同词语中的读音,识别语篇中的错字,等等。对受测对象的调查表明,他们希望试题类型更为灵活多变,语料来源真实有趣,以便切实感受到测试的效用。

信度和效度是评价测试的两个重要指标。2012和2015年汉字应用水平测试试卷的信度系数(克隆巴赫α系数)均超过了0.9,对内容效度和结构效度的分析也表明,这两年的试卷效度均处于较为理想的状态,说明该测试稳定而有效。提高信度和效度可以从继续坚持做好测试的组织管理工作、细化大纲要求、加强题库建设、加强命题检查、对测试结果进行定量分析、努力降低测试主观部分阅卷者的主观性等方面入手。

对汉字应用水平测试试卷各组成部分难度和区分度的考察表明:第四部分汉字书写的难度和区分度最为合理,均处于理想状态;其次是字音认读部分,难度和区分度较好;字形辨误和汉字选用两个部分的难度和区分度均低于理想水平,汉字选用的区分度最低,两年均为0.21。新大纲实施前后的两年卷面,难度和区分度各有高低。汉字应用水平测试试题的难度和区分度主要受汉字本身的属性,如字表等级、字频、笔画数量、部件易混淆程度、结构复杂程度、音符表音准确度、含有测试字的词语的同音词数量和使用频率、测试项目是否单一等因素的影响。

汉字应用水平测试题库建设既具有现实性,也具有可行性。建设汉字应用水平测试题库要坚持全面性、均衡性、开放性和自动拼卷四原则。标注了各种属性的素材库是题库建设的基础,利用程序可以从素材库中生成不同类型的试题形成题库,根据题库可以进一步生成标准样式的汉字应用水平测试模拟试卷。题库可以直接服务于汉字应用水平测试命题工作,可供日常练习,对实现计算机自适应测试和中小学汉字分级测试亦有积极作用。

影响汉字应用水平测试试题难度的因素包括汉字本身的属性、包含测试字词语的使用频率和同音词数量的多少、试题考查项目的单一程度等。根据上述因素可以对汉字应用水平测试题库中试题的难度进行预估,预估的主观难度系数与测试得出的客观难度系数互相参照,通过调整影响试题各因素所占权重的方法,将两个系数不断拟合,可建立起汉字应用水平测试试题的难度分析模型。利用模型,可在测试之前对整张试卷的难度进行预测,从而有助于促进汉字应用水平测试命题工作向规范化、科学化的方向发展。

对上海市2007—2015年的汉字应用水平测试情况进行分析以后发现,目前测试群体多半具有以下特征:女性、30岁以下、汉族、本科以上、学生/教师为主。自2014年开始实行新大纲以后,受测对象整体入级结构发生了显著变化,一级入级率大幅下降,三级入级率大幅提升。历年标准化总分离散趋势变化明显,且多呈左偏平峰分布形态,这与受测对象多属于高等以上受教育程度人群、同质性较高有关。参测者的性别、年龄、民族、学历、职业等都会对汉字应用水平测试结果产生一定的影响,但相关系数不高。大中小学教师这个群体中,受测对象的专业(文科还是理科)与测试成绩呈中度正相关,大学文科教师、中小学语文教师更有可能取得更好的测试成绩。年龄最大、教育水平最高、职业与文字关系最密切的受测对象,其测试成绩均表现出一定的特殊性。

汉字应用水平测试能比较准确地反映受测对象的汉字应用水平,提高他们的汉字能力,对其汉字使用行为、意识和情感有一定的影响,因此,测试最好分层逐步推广。不同性别、年龄、岗位、学历对受测对象汉字态度的不同方面有一定的影响。汉字应用水平测试的效应有一定的时效性,仅靠一次测试不能长期地影响受测对象的汉字态度,国民汉字规范意识和应用能力的提高需要多途径并举。

汉字应用水平测试是一项非常年轻的测试,涉及的问题也很多。本书受各种主客观条件影响,很多问题未能深入,未来的研究可从以下几个方面进行:

1. 扩大调查范围,尽量了解汉字应用水平测试推进全貌

本书的调查对象局限于特定人群,如对测试的社会知晓度和需求度的调查是以青年人群为例,对受测对象测后汉字态度的调查以中小学教师为例,虽说青年人群和中小学教师都是当前汉字应用水平测试的重要群体,但没有对某一地区受测全部人群的调查,不易于发现汉字应用水平测试推进情况的全貌。未来有机会,当调查不同试点城市,更细致地了解测试在不同

地区的推进情况。

还可以对汉字应用水平测试试点城市的管理机构进行调研,了解大规模推进汉字应用水平测试,在管理、组织、考务、宣传、培训、教材、督查等方面应做好的物质准备,摸清现有条件的不足和瓶颈主要存在于何处,如何改进,为未来汉字应用水平测试全面推广打下基础。

2. 尝试构建含有共同内核的中日韩通用汉字字表和汉字能力测试

日本和韩国早在多年以前就开展了大规模的汉字等级考试,发展较为成熟,每年有多次考试机会,参测人数众多,不同等级的汉字学习目标与本国大中小学的汉字学习目标有一定的对应关系。

他山之石,可以攻玉,对日本和韩国的汉字等级考试进行调研,可以借鉴其组织管理经验,提高汉字应用水平测试组织管理工作的科学性;分析日韩汉字等级考试的发展历史、考试字表、大纲、真题、等级划分和社会效应等,有助于我国汉字应用水平测试扩大测试受众面、增强测试动机、发挥更大的社会作用,为将义务教育阶段受教育者纳入测试范围进行准备,为构建中日韩共用汉字字表和含有共同内核的中日韩汉字能力考试打下基础。长远来看,还能促进中日韩同形汉字的比较和共通化,推进亚洲汉字文化圈内的汉字应用实现规范化和标准化。

3. 关注汉字应用水平测试涉及的更多社会问题

最近十几年来,语言测试工作者关心的问题逐步从改善测试的信度和效度发展到关注测试的后效作用和社会应用。

汉字应用水平测试会对受测对象的汉字学习情况产生影响。测试通过哪些途径对哪些受测人群产生哪些影响,不同人群受影响的方面、强度是否呈现出差别,如何发挥测试正面的、积极的影响作用,避免测试负面的、消极的影响作用,是需要测试管理部门和语言测试工作者共同关注的问题。

当未来汉字应用水平测试发展比较成熟,具备条件与部分行业职业的入职挂钩时,测试者关心的问题可能不再是如何提高汉字能力本身,而是能够快速通过并达到相应等级、获得证书的途径,这时候,可能形形色色的培训班和模拟试题集都会应运而生,作弊、替考也难以杜绝,因此,如何控制测试的风险也是一个需要测试管理部门慎重思考的问题。

  对汉字应用水平测试结果的使用进行监督,保证测试不偏离当初设计时所确定的目的和用途,防止测试成绩的滥用和误用,这是保护受测对象权益的重要举措。在汉字应用水平测试发展为正式测试以后,测试管理部门应该向社会报告测试的依据、实施过程、考试结果的有效性等问题,接受政府主管部门和社会各界的监督。

参考文献

曹昭:《河北省汉字应用水平测试个案分析》,河北师范大学硕士学位论文,2010年。

曹昭:《河北省汉字应用水平测试信度和效度分析》,《语言文字应用》2015年第3期。

陈菲等:《汉字应用水平测试书写题阅卷规则初探》,《语言文字应用》2011年第1期。

陈燕玲:《从刀刻到指尖:也谈信息时代民众的汉字能力》,《汉字文化》2014年第3期。

戴海崎等主编:《心理与教育测量》,暨南大学出版社2011年版。

范劲松、金艳:《语言测试标准研究:回顾、反思和启迪》,《外语界》2010年第1期。

风笑天:《现代社会调查方法》,华中科技大学出版社2014年版。

高更生:《现行汉字规范问题》,商务印书馆2006年版。

桂诗春:《题库建设讲话(一)》,《现代外语》1989年第4期。

韩宝成、罗凯洲:《语言测试效度及其验证模式的嬗变》,《外语教学与研究》2013年第3期。

韩宝成:《语言测试:理论、实践与发展》,《外语教学与研究》2000年第1期。

《汉字应用水平测试指导用书》编写组:《汉字应用水平测试指导用书》,上海锦绣文章出版社2016年版。

何辉、朱建华:《硕士生应聘高校教师　千字作文错别字多达10处》,《长江商报》2008年1月15日。

何莲珍、吕洲洋:《语言测试的新视角:批判语言测试》,《浙江大学学报》2013年第6期。

黄光扬主编:《教育测量与评价》,华东师范大学出版社2012年版。

教育部、国家语言文字工作委员会:《汉字应用水平等级及测试大纲》,广东教育出版社2007年版。

教育部、国家语言文字工作委员会:《通用规范汉字表》,语文出版社2013年版。

教育部语用司:《汉字应用水平测试命题评价中心揭牌》,《语言文字周报》2011年7月27日。

兰燕飞:《近八成受访者担忧汉字危机》,《新京报》2013年8月31日。

劳斯:《信息化造成了汉字危机吗?》,《中国青年报》2013年9月16日。

李靖华:《汉字应用水平测试的试卷结构》,《长江大学学报》2009年第4期。

李艳娜等:《汉字应用水平测试规范化管理的具体实践》,《山东省青年管理干部学院学报》2009年第6期。

李征、陈伊萍:《中文研究生不辨"的地得"　教授叹指导论文如上语文课》,《新闻晚报》2010年1月29日。

刘润清:《语言测试和它的方法》,外语教学与研究出版社2000年版。

刘云峰等:《汉字应用水平测试的几点思考》,《江西教育学院学报》2011年第6期。

陆经生、陈旦娜:《语言测试与语言传播:以西班牙语全球传播战略为例》,《外语教学与研究》2016年第5期。

罗清:《400字简历有24个错别字　大学生应聘直接被PASS》,《重庆晨报》2014年9月15日。

潘文国:《"语文歧视"会引发汉语危机吗?》,《解放日报》2011年2月7日。

裘锡圭:《文字学概要》,商务印书馆2013年版。

全香兰等:《韩国汉字等级考试与针对韩国学生的汉字教学》,《华文教学与研究》2015 年第 2 期。

上海市语言文字水平测试中心:《汉字应用水平测试指导用书》,上海锦绣文章出版社 2007 年版。

苏培成:《现代汉字学纲要》,商务印书馆 2014 年版。

孙曼均:《汉字应用水平测试用字的统计与分级》,《语言文字应用》2004 年第 1 期。

孙曼均:《〈汉字应用水平等级及测试大纲〉的几个重要问题》,《语言文字应用》2008 年第 2 期。

孙曼均主编:《汉字应用水平测试字典》,广东教育出版社 2007 年版。

唐余俊:《汉字应用水平测试(HZC)应试指导》,暨南大学出版社 2009 年版。

佟乐泉:《汉字应用水平测试培训手册》,广东教育出版社 2008 年版。

汪顺玉:《语言测试构念效度研究》,四川大学出版社 2009 年版。

王平:《韩国考级汉字的共用字种研究——基于对韩国 8 家汉字考级机构用汉字字表的调查》,《中国文字研究》第 14 辑,2011 年。

王平:《韩国现代用汉字字表及其存在的问题》,《山东师范大学学报》2012 年第 2 期。

王平、金玲敬:《韩国汉字考级一级用 3500 类字表的统计和分析》,《中国文字研究》第 13 辑,2010 年。

王淑华、郭曙纶:《汉字应用水平测试知晓度和需求度调查》,《江西科技师范大学学报》2007 年第 3 期。

王淑华、雷红波:《上海市汉字应用水平测试的统计与分析》,《中国文字研究》第 25 辑,2017 年。

王渝光等:《普通话水平测试题库建设的理论与实践》,《语言文字应用》1997 年第 3 期。

谢小庆、许义强:《HSK(初中等)题库与试卷生成系统》,《世界汉语教学》1999 年第 3 期。

许敬辉:《国家语言资源与汉字应用水平测试》,《河北青年管理干部学院学报》2009 年第 5 期。

杨惠中、桂诗春:《语言测试的社会学思考》,《现代外语》2007年第4期。

杨群:《全市少数民族人口增长165.9% 总数达27.56万人》,《解放日报》2011年11月21日。

叶军:《上海市汉字应用水平测试评估标准研究》,http://www.shysc.edu.sh.cn/DocHtml/1/Article_20121231515.html,2012年。

俞晨怡:《完善汉字应用水平检测体系 提高汉字应用能力——从日本汉字能力检测引发的思考》,《浙江工商职业技术学院学报》2014年第1期。

臧迎欣:《智能拼音输入法对大学生汉字应用能力负面影响的调查研究》,沈阳师范大学硕士学位论文,2012年。

张慧:《为何女孩成绩总比男孩好》,《青年参考》2014年10月15日。

张晋军:《新汉语水平考试(HSK)题库建设之我见》,《中国考试》2013年第4期。

张凯:《汉语水平考试题库的描述性参数》,《世界汉语教学》1999年第3期。

张凯:《语言测试理论及汉语测试研究》,商务印书馆2006年版。

张琳:《汉字应用水平测试中大学生常见错误分析与培训策略研究》,《长春教育学院学报》2018年第11期。

张万彬:《关于字形规范的几个问题》,《语言文字应用》2003年第3期。

张一清:《"汉字应用水平测试"的缘起和发展》,《语言文字应用》2005年第3期。

张一清:《汉字应用水平等级标准研制报告》,《语言文字应用》2004年第1期。

张振胜:《八成人认为存在汉语应用危机 专家呼吁保护》,《中国青年报》2010年12月21日。

周飞亚、胡晓萍:《你还会写多少汉字》,《人民日报》2013年8月9日。

AERA, APA, & NCME, Standards for Educational and Psychological Testing, Washington, DC: APA, 1985,1999.

Bachman, L. F., & Palmer, A., *Language Assessment in Practice: Developing Language Assessments and Justifying Their Use in the*

Real World, Oxford: Oxford University Press, 2010.

Shohamy E.,张文(译),多元文化社会中的测试:民主原则和时间在社会语言测试中的应用,《语言政策与教育》2016 年第 1 期。

Weir, J. C. et al., *Measured Constructs*, Cambridge: Cambridge University Press, 2013.

  Weir, J.C., *Language Testing and Validation: An Evidence-Based Approach*, Basingstoke: Palgrave Macmillan, 2005.

附　录

1　表图索引

表1-1　汉字应用水平测试社会知晓度和需求度调查对象个体特征分布

表1-2　青年群体对汉字应用水平测试的知晓情况

表1-3　青年群体对四种载体中出现错别字的态度

表1-4　青年群体汉字应用水平自评情况

表1-5　青年群体汉字应用能力最强时间调查

表1-6　人生不同阶段手写频率与电脑输入频率对比

表1-7　青年群体汉字识别能力和书写能力提高需求的对比

表1-8　青年群体汉字应用水平测试参与意愿

表2-1　2012和2015年测试卷面整体用字频次对比

表2-2　2012年字音认读试题汉字字表归属情况

表2-3　2015年字音认读试题汉字字表归属情况

表2-4　2012—2015年字音认读试题汉字字表归属情况

表2-5　2012年字形辨误试题第一种题型汉字字表归属情况

表2-6　2012年字形辨误试题第二种题型汉字字表归属情况

表2-7　2015年字形辨误试题汉字字表归属情况

表2-8　2012—2015年字形辨误试题一级汉字字表归属情况
表2-9　2012年汉字选用试题第一种题型汉字字表归属情况
表2-10　2012年汉字选用试题第二种题型汉字字表归属情况
表2-11　2015年汉字选用试题第一种题型汉字字表归属情况
表2-12　2015年汉字选用试题第二种题型汉字字表归属情况
表2-13　2015年汉字选用试题第三种题型汉字字表归属情况
表2-14　2012—2015年汉字选用试题测试字字表归属情况
表2-15　2012—2015年汉字书写试题测试字字表归属情况
表2-16　2012和2015年汉字应用水平测试样本成绩概况
表2-17　2012和2015年汉字应用水平测试的信度
表2-18　2012和2015年汉字应用水平测试的结构效度
表2-19　2012和2015年字音认读试题的难度和区分度
表2-20　2012和2015年字音认读试题难度和区分度的分级
表2-21　2012和2015年字形辨误试题的难度和区分度
表2-22　2012和2015年汉字选用试题的难度和区分度
表2-23　2012和2015年汉字书写试题的难度和区分度
图2-1　汉字应用水平测试题库构成
表3-1　2007—2015年汉字应用水平测试报名情况
表3-2　2007—2015年受测对象年龄分布情况
表3-3　2014—2015年少数民族受测对象民族分布情况
表3-4　2007年受测对象学历分布情况
表3-5　2008—2015年受测对象学历分布情况
表3-6　2007—2015年受测对象职业分布情况
表3-7　2007—2013年受测对象总体入级情况
表3-8　2014—2015年受测对象总体入级情况
表3-9　2007—2015年测试入级百分比
表3-10　2007—2015年测试标准化总分的集中和离散趋势
表3-11　2007—2015年测试标准化总分的偏度和峰度系数

表 3-12　2008—2013 年受测对象的单项成绩

表 3-13　2008—2013 年测试不同题型的标准差、均值和中值比较

表 3-14　2007—2015 年受测对象样本选取情况

表 3-15　2007—2015 年受测对象样本性别分布

表 3-16　2007—2013 年不同性别受测对象样本测试入级情况

表 3-17　2014—2015 年不同性别受测对象样本测试入级情况

表 3-18　2007—2015 年受测对象样本测试总分性别差异描述

表 3-19　2007—2014 年受测对象样本年龄分布

表 3-20　2008—2013 年不同年龄段受测对象测试成绩描述

表 3-21　2014—2015 年少数民族受测对象入级情况

表 3-22　2014—2015 年受测人数大于 10 的少数民族受测对象入级情况

表 3-23　14 个受测人数大于 10 的少数民族受测对象测试成绩的描述性统计（以样本中汉族受测对象为参照）

表 3-24　2008—2015 年受测对象样本学历分布

表 3-25　2008—2013 年不同学历受测对象样本入级情况

表 3-26　2014—2015 年不同学历受测对象样本入级情况

表 3-27　2007—2015 年受测对象样本职业分布情况

表 3-28　2007—2013 年不同职业受测对象样本入级情况

表 3-29　2014—2015 年不同职业受测对象样本入级情况

表 3-30　2007 年不同专业受测对象入级情况

表 3-31　2007—2015 年入级最低分和不入级最高分统计

表 3-32　2014—2015 年甲表答对率对受测对象入级情况的影响

表 4-1　中小学教师群体调查对象的个体差异分布

表 4-2　中小学教师群体测试入级情况

表 4-3　受测对象测后汉字水平变化情况

表 4-4　中小学教师受测对象普通话水平测试入级情况

表 4-5　关于汉字应用水平测试和普通话水平测试作用的评价对比

表4-6　中小学教师受测对象关于分层分级推广测试的认识
表4-7　不同性别中小学教师普通话水平测试入级情况
表4-8　不同性别中小学教师汉字应用水平测试入级情况
表4-9　不同年龄中小学教师普通话水平测试入级情况
表4-10　不同年龄中小学教师汉字应用水平测试入级情况
表4-11　汉字应用水平测试推广观的年龄差异
表4-12　不同岗位中小学教师普通话水平测试入级情况
表4-13　不同岗位中小学教师汉字应用水平测试入级情况
表4-14　中小学教师测后汉字水平提高程度的岗位差异
表4-15　中小学教师测后汉字意识、情感的岗位差异
表4-16　中小学教师汉字应用水平测试推广观的岗位差异
表4-17　不同学历中小学教师普通话水平测试入级情况
表4-18　不同学历中小学教师汉字应用水平测试入级情况
表4-19　中小学教师测后汉字书写水平提高程度的学历差异
表4-20　中小学教师汉字应用水平测试推广观的学历差异

2 汉字应用水平测试字表调整情况

一、从有到无(共36个)

1. 把原测试字表中收录的《通用规范汉字表》(2013,以下简称《通规》)三级字,共29个字调整出测试字表。

2. 《通规》未收录的字,共7个调整出测试字表。

具体调出情况如下①:

原甲表:晖 p249 楞 p257 磺 p262

原乙表:膪 p270 蹓 p271

原丙表:

矽 p274   舨 p276   馀 p276   揎 p278   亍 p273   彳 p273

殳 p273   邡 p273   杜 p274   枘 p274   渍 p275   浉 p275

琊 p276   埲 p276   埇 p276   桄 p276   痄 p276   揼 p277

硚 p276   跰 p277   猊 p277   摱 p278   漤 p280   溇 p280

劙 p280   翦 p280   蕹 p281   憪 p281   瀍 p282   醭 p282

颥 p282

二、从无到有(共36个)

1. 原字表未收(2个字),现进入甲表

妮 p240   瞅 p259

即"妮、瞅"两个《通规》一级字收入测试字表。

2. 《通规》二级字34个,现进入丙表

p274:忒、杼、泠、侬、呷、炜、玮、昕

p275:甬、珏

p276:桢、浜、铐、晟、娣、钰

p277:啫、晗、婕、婧、琏

---

① 汉字后面数字是《汉字应用水平测试指导用书》(2007版)页码。

p278：晳、琨、琬、焱、操、煲、歆

p279：暝、箸

p280：瑾、璇

p281：燮、蹚

三、表间调整

甲→乙(13个)

汐 p236　矶 p238　峥 p245　恸 p247　麸 p251

铣 p252　翎 p253　惘 p253　嵘 p255　牍 p256

肄 p258　稞 p258　擤 p259

乙→甲(10个)

酉 p237　祀 p237　帷 p251　崛 p251　馈 p254

渲 254　鲍 p257　肇 p259　镑 p261　黯 p264

丙→甲(4个)

壬 p273　弗 p273　咋 p274　癸 p275

乙→丙(1个)

跶 p269

四、各子表具体调整

1. 甲表调出调入情况

(1) 调出：16个字(《通规》表外字、二级字和三级字)

① 删除(3个)：晖 p249　楞 p257　磺 p262

② 调至乙表(13个)：

汐 p236　矶 p238　峥 p245　恸 p247　麸 p251

铣 p252　翎 p253　惘 p253　嵘 p255　牍 p256

肄 p258　稞 p258　擤 p259

(2) 调入：16个字(《通规》一级字)

① 原字表未收(2个)：妮 p240　瞅 p259

② 来自乙表(10个)：

酉 p237　祀 p237　帷 p251　崛 p251　馈 p254

渲 254　鮑 p257　肈 p259　鎊 p261　黯 p264

③ 来自丙表(4 个字)：

壬 p232　弗 p233　咋 p240　癸 p244

2. 乙表调出调入情况

(1) 调出：13 个字(《通规》表外字 2 个,一级字 10 个,二级字 1 个)

① 删除(2 个)：膪 p270　蹓 p271

② 调入甲表(10 个)：

酉 p266　祀 p266　帷 p268　崛 p268　馈 p269

渲 p269　鮑 p269　肈 p270　鎊 p270　黯 p272

(2) 调入：13 个字(原测试字表甲表、《通规》二级字 13 个)

汐 p266　矶 p266　峥 p267　怆 p267　翎 p268

麸 p268　铣 p268　腆 p268　嵘 p268　惆 p268

稞 p269　肄 p269　摞 p269

3. 丙表调出调入情况

(1) 调出：35 个字(《通规》一级字 4 个,三级字 27 个,表外字 4 个)

① 调入甲表(4 个)：壬 p273　弗 p273　咋 p274　癸 p275

② 删除(31 个)：

矽 p274　版 p276　馀 p276　揎 p278　亍 p273　彳 p273

殳 p273　邡 p273　杺 p274　枘 p274　浈 p275　浉 p275

琊 p276　埗 p276　埇 p276　桄 p276　痄 p276　捵 p277

砗 p276　跰 p277　猇 p277　搌 p278　潆 p280　溇 p280

劙 p280　蒯 p280　蕹 p281　憞 p281　瀍 p282　醵 p282

颧 p282

(2) 调入：35 个字(原字表乙表字 1 个,未收《通规》二级字 34 个)

P274:忒、杍、泠、侬、呷、炜、玮、昕　P275:甭、珏

P276:桢、浜、悖、晟、娣、钰　P277:喏、晗、婕、婧、琒

P278:皙、琨、琬、焱、跶、搡、煲、歆　P279:暝、筶

P280:瑾、璇　P281:燮、蹚

3 汉字应用水平测试社会知晓度和需求度调查问卷

"汉字应用水平测试"是教育部为推进语言文字规范化而进行的一项测试,自2007年起逐步在全国14个省市进行试测,其终极目标是促进国民提高通用语言文字的规范意识和应用水平。

本问卷目的在于了解全国范围内个人的汉字使用状况与"汉字应用水平测试"的社会知晓度和需求度情况,调查方式为匿名,所有信息仅用于课题研究。

谢谢您的配合!

1. 您的年龄[单选题]

    A. 18岁以下　　　B. 18—35岁　　　C. 36—45岁

    D. 46—55岁　　　E. 56岁以上

2. 您的性别[单选题]

    A. 男　　　　　　B. 女

3. 您的学历[单选题]

    A. 初中及以下　　B. 高中、中专

    C. 大学本专科　　D. 研究生及以上

4. 您的职业[单选题]

    A. 在校大学生、研究生　　　B. 教师、科研人员

    C. 国家公务员　　　　　　　D. 记者编辑

    E. 与文字工作关系密切的其他从业人员＿＿＿＿＿

    F. 与文字工作关系不大的从业人员＿＿＿＿＿

5. 您目前所在省份是[单选题]

安徽　北京　重庆　福建　甘肃　广东　广西　贵州　海南　河北　黑龙江　河北　河南　湖北　湖南　江苏　江西　吉林　辽宁　内蒙古　宁夏　青海　山东　山西　陕西　上海　四川　天津　西藏　新疆　云南　浙江　其他

6. 您是否听说过普通话水平测试？［单选题］

A. 听说过　　B. 从没听说过　　（请跳至第 9 题）

7. 您是否参加过普通话水平测试？［单选题］

A. 参加过　　B. 没参加过　　（请跳至第 9 题）

8. 您普通话测试的等级为［单选题］

A. 不入级　　　B. 三级乙等　　　C. 三级甲等

D. 二级乙等　　E. 二级甲等　　　F. 一级乙等

G. 一级甲等

9. 目前您对于提高汉字识别能力的需求程度为［单选题］

A. 非常低　B. 比较低　C. 一般　D. 比较高　E. 非常高

10. 目前您对于提高汉字书写能力的需求程度为［单选题］

A. 非常低　B. 比较低　C. 一般　D. 比较高　E. 非常高

11. 您觉得您的汉字识别、书写能力处于什么样的水平［单选题］

A. 很不好　B. 不太好　C. 一般　D. 比较好　E. 非常好

12. 您觉得您的汉字识别书写能力最强时期是［单选题］

A. 中学时期　　　B. 获取最高学位阶段

C. 现在　　　　　D. 其他_____

13. 您现在用笔书写汉字的频率大致是［单选题］

A. 极少用笔写字，每周 100 字以内

B. 较少用笔写字，每周 500 字以内

C. 每周有较规律的写字习惯

D. 写字是必不可少的工作

E. 经常写字

F. 其他_____

14. 如果您觉得汉字识别书写水平下降了，影响因素有［多选题］

A. 长期使用电脑手机打字　　B. 工作忙，很少有时间看书报杂志

C. 日常从事工作与文字关系不密切　D. 其他_____

15. 您觉得日常汉字使用上常见的困难有[多选题]

A. 完全不认识　　　B. 字音不确定

C. 字义不理解　　　D. 字形记得不准确

E. 提笔忘字　　　F. 没有困难　　　G. 其他_____

16. 您认为识字、用字能力强有哪些好处[多选题]

A. 有助于人际交流　B. 有助于开展工作　C. 增加自信,提高修养

D. 提升在别人眼中的形象　　E. 没有什么好处

F. 其他_____

17. 您对以下载体中的错别字的态度是[矩阵量表题]

(1) 公共标语中出现错别字

A. 极不应该　B. 不应该　C. 无所谓

(2) 街边商店招牌、介绍中有错别字

A. 极不应该　B. 不应该　C. 无所谓

(3) 报刊文章中有错别字

A. 极不应该　B. 不应该　C. 无所谓

(4) 网络文章中有错别字

A. 极不应该　B. 不应该　C. 无所谓

18. 您是否听说过汉字应用水平测试?[单选题]

A. 听说过　B. 从没听说过　(请跳至第 20 题)

19. 您是通过什么途径知道汉字应用水平测试的呢?[单选题]

A. 报纸杂志等传统媒体　　B. 网络等新媒体　　C. 师友告知

D. 单位通知或宣传　　　　E. 其他_____

20. 您是否参加过汉字应用水平测试?[单选题]

A. 参加过　B. 没参加过　(请跳至第 22 题)

21. 您的汉字应用水平测试等级为[单选题]

A. 不入级　B. 三级　C. 二级　D. 一级

22. 若现在有该项测试的报名机会,您是否会报名参加?[单选题]

A. 会　(请跳至第 23 题)　　B. 不会　(请跳至第 24 题)

23. 促使您决定报名该项测试的主要因素是[多选题]

A. 了解自己的汉字应用水平　B. 对于未来的工作有帮助

C. 多一个证书,多一份保障,艺多不压身　D. 看到大家都报名就报了

E. 不知道为什么就报了　　F. 其他_____

＊填写完该题,请跳至第 25 题。

24. 您不报名该项测试的原因有[多选题]

A. 没有时间　　B. 没有兴趣　　C. 自身工作与汉字应用不紧密

D. 觉得该测试对提高汉字水平没有实际帮助

E. 其他_____

25. 您觉得"汉字应用水平测试"有哪些作用?[多选题]

A. 改善社会用字环境,减少错别字、不规范汉字的使用

B. 提高大众的语言文字规范意识

C. 提高应试者个人的汉字应用水平

D. 增强对汉语汉字的认同感

E. 没什么作用,不必要开展这项测试

F. 其他_____

问卷到此结束,感谢您的参与!

4 2012年汉字应用水平测试试卷用字累频表

序号	汉字	字频	百分比	累计百分比
1	的	104	3.9	3.9
2	是	28	1.0	4.9
3	一	26	1.0	5.9
4	人	25	0.9	6.9
5	不	20	0.7	7.6
6	了	20	0.7	8.4
7	过	15	0.6	8.9
8	和	14	0.5	9.4
9	时	12	0.4	9.9
10	为	12	0.4	10.3
11	物	12	0.4	10.8
12	在	12	0.4	11.2
13	国	11	0.4	11.7
14	来	11	0.4	12.1
15	我	11	0.4	12.5
16	心	11	0.4	12.9
17	大	10	0.4	13.3
18	地	10	0.4	13.6
19	个	10	0.4	14.0
20	能	10	0.4	14.4
21	三	10	0.4	14.8
22	有	10	0.4	15.1
23	中	10	0.4	15.5
24	才	9	0.3	15.8

续　表

序号	汉字	字频	百分比	累计百分比
25	出	9	0.3	16.2
26	动	9	0.3	16.5
27	将	8	0.3	16.8
28	们	8	0.3	17.1
29	气	8	0.3	17.4
30	生	8	0.3	17.7
31	体	8	0.3	18.0
32	通	8	0.3	18.3
33	行	8	0.3	18.6
34	以	8	0.3	18.9
35	长	7	0.3	19.2
36	成	7	0.3	19.4
37	程	7	0.3	19.7
38	风	7	0.3	20.0
39	画	7	0.3	20.2
40	就	7	0.3	20.5
41	开	7	0.3	20.8
42	可	7	0.3	21.0
43	里	7	0.3	21.3
44	流	7	0.3	21.5
45	上	7	0.3	21.8
46	者	7	0.3	22.1
47	自	7	0.3	22.3
48	称	6	0.2	22.6
49	到	6	0.2	22.8
50	对	6	0.2	23.0
51	精	6	0.2	23.2

续 表

序号	汉字	字频	百分比	累计百分比
52	酒	6	0.2	23.5
53	明	6	0.2	23.7
54	年	6	0.2	23.9
55	前	6	0.2	24.1
56	水	6	0.2	24.4
57	它	6	0.2	24.6
58	位	6	0.2	24.8
59	吸	6	0.2	25.0
60	下	6	0.2	25.3
61	小	6	0.2	25.5
62	新	6	0.2	25.7
63	要	6	0.2	25.9
64	也	6	0.2	26.2
65	这	6	0.2	26.4
66	之	6	0.2	26.6
67	重	6	0.2	26.8
68	吃	5	0.2	27.0
69	当	5	0.2	27.2
70	道	5	0.2	27.4
71	而	5	0.2	27.6
72	分	5	0.2	27.8
73	很	5	0.2	28.0
74	后	5	0.2	28.1
75	或	5	0.2	28.3
76	记	5	0.2	28.5
77	京	5	0.2	28.7
78	具	5	0.2	28.9

续　表

序号	汉字	字频	百分比	累计百分比
79	力	5	0.2	29.1
80	门	5	0.2	29.3
81	命	5	0.2	29.4
82	那	5	0.2	29.6
83	品	5	0.2	29.8
84	起	5	0.2	30.0
85	亲	5	0.2	30.2
86	然	5	0.2	30.4
87	让	5	0.2	30.6
88	身	5	0.2	30.8
89	失	5	0.2	30.9
90	食	5	0.2	31.1
91	事	5	0.2	31.3
92	天	5	0.2	31.5
93	文	5	0.2	31.7
94	先	5	0.2	31.9
95	义	5	0.2	32.1
96	用	5	0.2	32.3
97	月	5	0.2	32.4
98	张	5	0.2	32.6
99	着	5	0.2	32.8
100	作	5	0.2	33.0
101	保	4	0.1	33.2
102	北	4	0.1	33.3
103	蝙	4	0.1	33.5
104	部	4	0.1	33.6
105	常	4	0.1	33.8

续 表

序号	汉字	字频	百分比	累计百分比
106	处	4	0.1	33.9
107	从	4	0.1	34.1
108	都	4	0.1	34.2
109	度	4	0.1	34.4
110	方	4	0.1	34.5
111	蝠	4	0.1	34.7
112	感	4	0.1	34.8
113	高	4	0.1	35.0
114	骨	4	0.1	35.1
115	好	4	0.1	35.3
116	合	4	0.1	35.4
117	横	4	0.1	35.6
118	户	4	0.1	35.7
119	化	4	0.1	35.9
120	会	4	0.1	36.0
121	家	4	0.1	36.2
122	间	4	0.1	36.3
123	交	4	0.1	36.5
124	角	4	0.1	36.6
125	口	4	0.1	36.8
126	老	4	0.1	36.9
127	历	4	0.1	37.1
128	联	4	0.1	37.2
129	美	4	0.1	37.4
130	内	4	0.1	37.5
131	难	4	0.1	37.7
132	千	4	0.1	37.8

续 表

序号	汉字	字频	百分比	累计百分比
133	情	4	0.1	38.0
134	求	4	0.1	38.1
135	取	4	0.1	38.3
136	群	4	0.1	38.4
137	若	4	0.1	38.6
138	弱	4	0.1	38.7
139	使	4	0.1	38.9
140	市	4	0.1	39.0
141	势	4	0.1	39.2
142	数	4	0.1	39.3
143	土	4	0.1	39.5
144	外	4	0.1	39.6
145	味	4	0.1	39.8
146	无	4	0.1	39.9
147	息	4	0.1	40.1
148	细	4	0.1	40.2
149	想	4	0.1	40.4
150	血	4	0.1	40.5
151	眼	4	0.1	40.7
152	意	4	0.1	40.8
153	因	4	0.1	41.0
154	又	4	0.1	41.1
155	于	4	0.1	41.3
156	与	4	0.1	41.4
157	再	4	0.1	41.6
158	制	4	0.1	41.7
159	质	4	0.1	41.9

续　表

序号	汉字	字频	百分比	累计百分比
160	种	4	0.1	42.0
161	足	4	0.1	42.2
162	最	4	0.1	42.3
163	爱	3	0.1	42.4
164	被	3	0.1	42.5
165	笔	3	0.1	42.6
166	表	3	0.1	42.8
167	产	3	0.1	42.9
168	沉	3	0.1	43.0
169	传	3	0.1	43.1
170	代	3	0.1	43.2
171	得	3	0.1	43.3
172	第	3	0.1	43.4
173	点	3	0.1	43.5
174	调	3	0.1	43.6
175	多	3	0.1	43.8
176	发	3	0.1	43.9
177	飞	3	0.1	44.0
178	工	3	0.1	44.1
179	顾	3	0.1	44.2
180	冠	3	0.1	44.3
181	广	3	0.1	44.4
182	回	3	0.1	44.5
183	活	3	0.1	44.7
184	击	3	0.1	44.8
185	几	3	0.1	44.9
186	件	3	0.1	45.0

续 表

序号	汉字	字频	百分比	累计百分比
187	渐	3	0.1	45.1
188	接	3	0.1	45.2
189	解	3	0.1	45.3
190	今	3	0.1	45.4
191	经	3	0.1	45.6
192	景	3	0.1	45.7
193	径	3	0.1	45.8
194	看	3	0.1	45.9
195	客	3	0.1	46.0
196	类	3	0.1	46.1
197	利	3	0.1	46.2
198	量	3	0.1	46.3
199	林	3	0.1	46.5
200	灵	3	0.1	46.6
201	龙	3	0.1	46.7
202	路	3	0.1	46.8
203	马	3	0.1	46.9
204	梦	3	0.1	47.0
205	名	3	0.1	47.1
206	摩	3	0.1	47.2
207	女	3	0.1	47.4
208	披	3	0.1	47.5
209	撇	3	0.1	47.6
210	平	3	0.1	47.7
211	其	3	0.1	47.8
212	强	3	0.1	47.9
213	桥	3	0.1	48.0

续 表

序号	汉字	字频	百分比	累计百分比
214	侵	3	0.1	48.1
215	权	3	0.1	48.3
216	如	3	0.1	48.4
217	色	3	0.1	48.5
218	山	3	0.1	48.6
219	深	3	0.1	48.7
220	神	3	0.1	48.8
221	史	3	0.1	48.9
222	始	3	0.1	49.0
223	释	3	0.1	49.2
224	收	3	0.1	49.3
225	四	3	0.1	49.4
226	岁	3	0.1	49.5
227	缩	3	0.1	49.6
228	他	3	0.1	49.7
229	维	3	0.1	49.8
230	系	3	0.1	49.9
231	峡	3	0.1	50.1
232	现	3	0.1	50.2
233	翔	3	0.1	50.3
234	消	3	0.1	50.4
235	笑	3	0.1	50.5
236	雄	3	0.1	50.6
237	学	3	0.1	50.7
238	夜	3	0.1	50.8
239	已	3	0.1	51.0
240	鹰	3	0.1	51.1

续　表

序号	汉字	字频	百分比	累计百分比
241	愿	3	0.1	51.2
242	约	3	0.1	51.3
243	越	3	0.1	51.4
244	折	3	0.1	51.5
245	职	3	0.1	51.6
246	逐	3	0.1	51.7
247	子	3	0.1	51.9
248	走	3	0.1	52.0
249	八	2	0.1	52.0
250	报	2	0.1	52.1
251	备	2	0.1	52.2
252	奔	2	0.1	52.3
253	必	2	0.1	52.3
254	壁	2	0.1	52.4
255	边	2	0.1	52.5
256	标	2	0.1	52.6
257	冰	2	0.1	52.6
258	并	2	0.1	52.7
259	波	2	0.1	52.8
260	泊	2	0.1	52.9
261	哺	2	0.1	52.9
262	捕	2	0.1	53.0
263	彩	2	0.1	53.1
264	餐	2	0.1	53.2
265	残	2	0.1	53.2
266	操	2	0.1	53.3
267	曹	2	0.1	53.4

续 表

序号	汉字	字频	百分比	累计百分比
268	朝	2	0.1	53.5
269	潮	2	0.1	53.5
270	撤	2	0.1	53.6
271	除	2	0.1	53.7
272	揣	2	0.1	53.8
273	创	2	0.1	53.8
274	此	2	0.1	53.9
275	萃	2	0.1	54.0
276	存	2	0.1	54.1
277	达	2	0.1	54.1
278	带	2	0.1	54.2
279	待	2	0.1	54.3
280	但	2	0.1	54.4
281	荡	2	0.1	54.4
282	倒	2	0.1	54.5
283	等	2	0.1	54.6
284	滴	2	0.1	54.7
285	底	2	0.1	54.7
286	定	2	0.1	54.8
287	东	2	0.1	54.9
288	陡	2	0.1	55.0
289	短	2	0.1	55.0
290	断	2	0.1	55.1
291	敦	2	0.1	55.2
292	夺	2	0.1	55.3
293	翻	2	0.1	55.3
294	凡	2	0.1	55.4

续　表

序号	汉字	字频	百分比	累计百分比
295	犯	2	0.1	55.5
296	访	2	0.1	55.6
297	纷	2	0.1	55.6
298	父	2	0.1	55.7
299	覆	2	0.1	55.8
300	盖	2	0.1	55.9
301	刚	2	0.1	55.9
302	葛	2	0.1	56.0
303	各	2	0.1	56.1
304	给	2	0.1	56.2
305	更	2	0.1	56.2
306	勾	2	0.1	56.3
307	构	2	0.1	56.4
308	够	2	0.1	56.5
309	故	2	0.1	56.5
310	光	2	0.1	56.6
311	规	2	0.1	56.7
312	海	2	0.1	56.8
313	涵	2	0.1	56.8
314	寒	2	0.1	56.9
315	号	2	0.1	57.0
316	何	2	0.1	57.1
317	恨	2	0.1	57.1
318	厚	2	0.1	57.2
319	湖	2	0.1	57.3
320	护	2	0.1	57.4
321	花	2	0.1	57.4

续 表

序号	汉字	字频	百分比	累计百分比
322	缓	2	0.1	57.5
323	煌	2	0.1	57.6
324	悔	2	0.1	57.7
325	机	2	0.1	57.7
326	集	2	0.1	57.8
327	己	2	0.1	57.9
328	甲	2	0.1	58.0
329	价	2	0.1	58.0
330	江	2	0.1	58.1
331	佼	2	0.1	58.2
332	剿	2	0.1	58.3
333	教	2	0.1	58.3
334	节	2	0.1	58.4
335	尽	2	0.1	58.5
336	近	2	0.1	58.6
337	进	2	0.1	58.6
338	禁	2	0.1	58.7
339	静	2	0.1	58.8
340	九	2	0.1	58.9
341	居	2	0.1	58.9
342	鞠	2	0.1	59.0
343	举	2	0.1	59.1
344	距	2	0.1	59.2
345	考	2	0.1	59.2
346	刻	2	0.1	59.3
347	苦	2	0.1	59.4
348	况	2	0.1	59.5

续 表

序号	汉字	字频	百分比	累计百分比
349	烙	2	0.1	59.5
350	离	2	0.1	59.6
351	立	2	0.1	59.7
352	丽	2	0.1	59.8
353	良	2	0.1	59.8
354	聆	2	0.1	59.9
355	刘	2	0.1	60.0
356	笼	2	0.1	60.1
357	露	2	0.1	60.1
358	旅	2	0.1	60.2
359	律	2	0.1	60.3
360	乱	2	0.1	60.4
361	论	2	0.1	60.4
362	罗	2	0.1	60.5
363	落	2	0.1	60.6
364	满	2	0.1	60.7
365	漫	2	0.1	60.7
366	毛	2	0.1	60.8
367	么	2	0.1	60.9
368	蒙	2	0.1	61.0
369	眠	2	0.1	61.0
370	面	2	0.1	61.1
371	民	2	0.1	61.2
372	鸣	2	0.1	61.3
373	目	2	0.1	61.3
374	纳	2	0.1	61.4
375	南	2	0.1	61.5

续 表

序号	汉字	字频	百分比	累计百分比
376	酿	2	0.1	61.6
377	怒	2	0.1	61.6
378	刨	2	0.1	61.7
379	片	2	0.1	61.8
380	篇	2	0.1	61.9
381	骈	2	0.1	61.9
382	破	2	0.1	62.0
383	仆	2	0.1	62.1
384	期	2	0.1	62.2
385	蹊	2	0.1	62.2
386	启	2	0.1	62.3
387	跷	2	0.1	62.4
388	窍	2	0.1	62.5
389	切	2	0.1	62.5
390	勤	2	0.1	62.6
391	请	2	0.1	62.7
392	区	2	0.1	62.8
393	去	2	0.1	62.8
394	拳	2	0.1	62.9
395	日	2	0.1	63.0
396	容	2	0.1	63.1
397	溶	2	0.1	63.1
398	乳	2	0.1	63.2
399	入	2	0.1	63.3
400	声	2	0.1	63.4
401	省	2	0.1	63.4
402	盛	2	0.1	63.5

续 表

序号	汉字	字频	百分比	累计百分比
403	十	2	0.1	63.6
404	实	2	0.1	63.7
405	蚀	2	0.1	63.7
406	士	2	0.1	63.8
407	式	2	0.1	63.9
408	饰	2	0.1	64.0
409	逝	2	0.1	64.0
410	手	2	0.1	64.1
411	首	2	0.1	64.2
412	树	2	0.1	64.3
413	竖	2	0.1	64.3
414	松	2	0.1	64.4
415	俗	2	0.1	64.5
416	素	2	0.1	64.6
417	塑	2	0.1	64.6
418	遂	2	0.1	64.7
419	孙	2	0.1	64.8
420	挲	2	0.1	64.9
421	坛	2	0.1	64.9
422	谈	2	0.1	65.0
423	特	2	0.1	65.1
424	提	2	0.1	65.2
425	替	2	0.1	65.2
426	条	2	0.1	65.3
427	听	2	0.1	65.4
428	涂	2	0.1	65.5
429	吐	2	0.1	65.5

续 表

序号	汉字	字频	百分比	累计百分比
430	推	2	0.1	65.6
431	退	2	0.1	65.7
432	脱	2	0.1	65.8
433	网	2	0.1	65.8
434	往	2	0.1	65.9
435	忘	2	0.1	66.0
436	望	2	0.1	66.1
437	唯	2	0.1	66.1
438	萎	2	0.1	66.2
439	西	2	0.1	66.3
440	玺	2	0.1	66.4
441	暇	2	0.1	66.4
442	弦	2	0.1	66.5
443	贤	2	0.1	66.6
444	县	2	0.1	66.7
445	相	2	0.1	66.7
446	享	2	0.1	66.8
447	向	2	0.1	66.9
448	象	2	0.1	67.0
449	像	2	0.1	67.0
450	削	2	0.1	67.1
451	效	2	0.1	67.2
452	撷	2	0.1	67.3
453	写	2	0.1	67.3
454	信	2	0.1	67.4
455	兴	2	0.1	67.5
456	形	2	0.1	67.6

续　表

序号	汉字	字频	百分比	累计百分比
457	需	2	0.1	67.6
458	许	2	0.1	67.7
459	延	2	0.1	67.8
460	演	2	0.1	67.9
461	洋	2	0.1	67.9
462	样	2	0.1	68.0
463	野	2	0.1	68.1
464	叶	2	0.1	68.2
465	艺	2	0.1	68.2
466	引	2	0.1	68.3
467	印	2	0.1	68.4
468	应	2	0.1	68.5
469	犹	2	0.1	68.5
470	游	2	0.1	68.6
471	予	2	0.1	68.7
472	雨	2	0.1	68.8
473	玉	2	0.1	68.8
474	欲	2	0.1	68.9
475	原	2	0.1	69.0
476	院	2	0.1	69.1
477	愠	2	0.1	69.1
478	展	2	0.1	69.2
479	站	2	0.1	69.3
480	章	2	0.1	69.4
481	涨	2	0.1	69.4
482	仗	2	0.1	69.5
483	照	2	0.1	69.6

续 表

序号	汉字	字频	百分比	累计百分比
484	罩	2	0.1	69.7
485	真	2	0.1	69.7
486	征	2	0.1	69.8
487	整	2	0.1	69.9
488	症	2	0.1	70.0
489	值	2	0.1	70.0
490	指	2	0.1	70.1
491	至	2	0.1	70.2
492	治	2	0.1	70.3
493	致	2	0.1	70.3
494	终	2	0.1	70.4
495	转	2	0.1	70.5
496	装	2	0.1	70.6
497	字	2	0.1	70.6
498	宗	2	0.1	70.7
499	族	2	0.1	70.8
500	祖	2	0.1	70.9
501	哀	1	0.0[1]	70.9
502	癌	1	0.0	70.9
503	安	1	0.0	71.0
504	按	1	0.0	71.0
505	暗	1	0.0	71.0
506	翱	1	0.0	71.1
507	鏖	1	0.0	71.1
508	澳	1	0.0	71.2

[1] 从此字起,百分比均约为 0.0375%,四舍五入到小数点后一位,计为 0.0%。

续 表

序号	汉字	字频	百分比	累计百分比
509	吧	1	0.0	71.2
510	拔	1	0.0	71.2
511	白	1	0.0	71.3
512	百	1	0.0	71.3
513	败	1	0.0	71.3
514	稗	1	0.0	71.4
515	办	1	0.0	71.4
516	半	1	0.0	71.4
517	包	1	0.0	71.5
518	胞	1	0.0	71.5
519	爆	1	0.0	71.6
520	悲	1	0.0	71.6
521	碑	1	0.0	71.6
522	倍	1	0.0	71.7
523	悖	1	0.0	71.7
524	本	1	0.0	71.7
525	比	1	0.0	71.8
526	毕	1	0.0	71.8
527	毖	1	0.0	71.9
528	筚	1	0.0	71.9
529	避	1	0.0	71.9
530	编	1	0.0	72.0
531	贬	1	0.0	72.0
532	变	1	0.0	72.0
533	缤	1	0.0	72.1
534	病	1	0.0	72.1
535	博	1	0.0	72.2

续　表

序号	汉字	字频	百分比	累计百分比
536	补	1	0.0	72.2
537	猜	1	0.0	72.2
538	采	1	0.0	72.3
539	菜	1	0.0	72.3
540	惭	1	0.0	72.3
541	苍	1	0.0	72.4
542	藏	1	0.0	72.4
543	册	1	0.0	72.5
544	侧	1	0.0	72.5
545	叉	1	0.0	72.5
546	察	1	0.0	72.6
547	岔	1	0.0	72.6
548	差	1	0.0	72.6
549	蝉	1	0.0	72.7
550	忏	1	0.0	72.7
551	颤	1	0.0	72.8
552	肠	1	0.0	72.8
553	尝	1	0.0	72.8
554	偿	1	0.0	72.9
555	场	1	0.0	72.9
556	怅	1	0.0	72.9
557	超	1	0.0	73.0
558	巢	1	0.0	73.0
559	车	1	0.0	73.1
560	尘	1	0.0	73.1
561	臣	1	0.0	73.1
562	碜	1	0.0	73.2

续 表

序号	汉字	字频	百分比	累计百分比
563	惩	1	0.0	73.2
564	逞	1	0.0	73.2
565	秤	1	0.0	73.3
566	弛	1	0.0	73.3
567	迟	1	0.0	73.4
568	持	1	0.0	73.4
569	踟	1	0.0	73.4
570	憧	1	0.0	73.5
571	虫	1	0.0	73.5
572	丑	1	0.0	73.5
573	初	1	0.0	73.6
574	蹰	1	0.0	73.6
575	楚	1	0.0	73.7
576	褚	1	0.0	73.7
577	穿	1	0.0	73.7
578	喘	1	0.0	73.8
579	疮	1	0.0	73.8
580	窗	1	0.0	73.8
581	床	1	0.0	73.9
582	垂	1	0.0	73.9
583	春	1	0.0	74.0
584	醇	1	0.0	74.0
585	次	1	0.0	74.0
586	猝	1	0.0	74.1
587	蹴	1	0.0	74.1
588	摧	1	0.0	74.1
589	悴	1	0.0	74.2

续　表

序号	汉字	字频	百分比	累计百分比
590	瘁	1	0.0	74.2
591	粹	1	0.0	74.3
592	磋	1	0.0	74.3
593	挫	1	0.0	74.3
594	措	1	0.0	74.4
595	锉	1	0.0	74.4
596	错	1	0.0	74.4
597	沓	1	0.0	74.5
598	打	1	0.0	74.5
599	怠	1	0.0	74.6
600	逮	1	0.0	74.6
601	戴	1	0.0	74.6
602	眈	1	0.0	74.7
603	耽	1	0.0	74.7
604	胆	1	0.0	74.7
605	宕	1	0.0	74.8
606	档	1	0.0	74.8
607	刀	1	0.0	74.9
608	叨	1	0.0	74.9
609	岛	1	0.0	74.9
610	祷	1	0.0	75.0
611	稻	1	0.0	75.0
612	灯	1	0.0	75.0
613	涤	1	0.0	75.1
614	缔	1	0.0	75.1
615	蒂	1	0.0	75.2
616	颠	1	0.0	75.2

续 表

序号	汉字	字频	百分比	累计百分比
617	电	1	0.0	75.2
618	殿	1	0.0	75.3
619	叼	1	0.0	75.3
620	吊	1	0.0	75.3
621	钓	1	0.0	75.4
622	掉	1	0.0	75.4
623	跌	1	0.0	75.5
624	谍	1	0.0	75.5
625	喋	1	0.0	75.5
626	碟	1	0.0	75.6
627	蹀	1	0.0	75.6
628	鼎	1	0.0	75.6
629	冬	1	0.0	75.7
630	冻	1	0.0	75.7
631	胴	1	0.0	75.8
632	抖	1	0.0	75.8
633	渎	1	0.0	75.8
634	黩	1	0.0	75.9
635	独	1	0.0	75.9
636	睹	1	0.0	75.9
637	妒	1	0.0	76.0
638	肚	1	0.0	76.0
639	蠹	1	0.0	76.1
640	端	1	0.0	76.1
641	段	1	0.0	76.1
642	堕	1	0.0	76.2
643	恶	1	0.0	76.2

续　表

序号	汉字	字频	百分比	累计百分比
644	遏	1	0.0	76.2
645	噩	1	0.0	76.3
646	儿	1	0.0	76.3
647	法	1	0.0	76.4
648	烦	1	0.0	76.4
649	繁	1	0.0	76.4
650	反	1	0.0	76.5
651	返	1	0.0	76.5
652	范	1	0.0	76.5
653	坊	1	0.0	76.6
654	妨	1	0.0	76.6
655	非	1	0.0	76.7
656	绯	1	0.0	76.7
657	蜚	1	0.0	76.7
658	诽	1	0.0	76.8
659	斐	1	0.0	76.8
660	费	1	0.0	76.8
661	丰	1	0.0	76.9
662	锋	1	0.0	76.9
663	冯	1	0.0	77.0
664	缝	1	0.0	77.0
665	讽	1	0.0	77.0
666	凤	1	0.0	77.1
667	伏	1	0.0	77.1
668	服	1	0.0	77.1
669	浮	1	0.0	77.2
670	幅	1	0.0	77.2

续 表

序号	汉字	字频	百分比	累计百分比
671	福	1	0.0	77.3
672	蜉	1	0.0	77.3
673	付	1	0.0	77.3
674	负	1	0.0	77.4
675	复	1	0.0	77.4
676	赴	1	0.0	77.4
677	改	1	0.0	77.5
678	稿	1	0.0	77.5
679	革	1	0.0	77.6
680	格	1	0.0	77.6
681	蛤	1	0.0	77.6
682	亘	1	0.0	77.7
683	公	1	0.0	77.7
684	功	1	0.0	77.7
685	供	1	0.0	77.8
686	肱	1	0.0	77.8
687	宫	1	0.0	77.9
688	躬	1	0.0	77.9
689	拱	1	0.0	77.9
690	共	1	0.0	78.0
691	贡	1	0.0	78.0
692	沟	1	0.0	78.0
693	钩	1	0.0	78.1
694	狗	1	0.0	78.1
695	苟	1	0.0	78.2
696	枸	1	0.0	78.2
697	购	1	0.0	78.2

续 表

序号	汉字	字频	百分比	累计百分比
698	媾	1	0.0	78.3
699	沽	1	0.0	78.3
700	辜	1	0.0	78.3
701	古	1	0.0	78.4
702	鼓	1	0.0	78.4
703	关	1	0.0	78.5
704	官	1	0.0	78.5
705	管	1	0.0	78.5
706	惯	1	0.0	78.6
707	归	1	0.0	78.6
708	瑰	1	0.0	78.6
709	诡	1	0.0	78.7
710	鬼	1	0.0	78.7
711	晷	1	0.0	78.8
712	桂	1	0.0	78.8
713	果	1	0.0	78.8
714	害	1	0.0	78.9
715	憨	1	0.0	78.9
716	含	1	0.0	78.9
717	瀚	1	0.0	79.0
718	毫	1	0.0	79.0
719	豪	1	0.0	79.1
720	浩	1	0.0	79.1
721	喝	1	0.0	79.1
722	盍	1	0.0	79.2
723	阖	1	0.0	79.2
724	贺	1	0.0	79.2

续　表

序号	汉字	字频	百分比	累计百分比
725	红	1	0.0	79.3
726	宏	1	0.0	79.3
727	洪	1	0.0	79.4
728	侯	1	0.0	79.4
729	呼	1	0.0	79.4
730	虎	1	0.0	79.5
731	扈	1	0.0	79.5
732	华	1	0.0	79.5
733	划	1	0.0	79.6
734	还	1	0.0	79.6
735	环	1	0.0	79.7
736	幻	1	0.0	79.7
737	涣	1	0.0	79.7
738	患	1	0.0	79.8
739	荒	1	0.0	79.8
740	慌	1	0.0	79.8
741	黄	1	0.0	79.9
742	蟥	1	0.0	79.9
743	晃	1	0.0	80.0
744	讳	1	0.0	80.0
745	绘	1	0.0	80.0
746	晦	1	0.0	80.1
747	喙	1	0.0	80.1
748	浑	1	0.0	80.1
749	混	1	0.0	80.2
750	讥	1	0.0	80.2
751	肌	1	0.0	80.3

续　表

序号	汉字	字频	百分比	累计百分比
752	基	1	0.0	80.3
753	及	1	0.0	80.3
754	汲	1	0.0	80.4
755	级	1	0.0	80.4
756	即	1	0.0	80.4
757	急	1	0.0	80.5
758	棘	1	0.0	80.5
759	辑	1	0.0	80.6
760	瘠	1	0.0	80.6
761	挤	1	0.0	80.6
762	纪	1	0.0	80.7
763	技	1	0.0	80.7
764	既	1	0.0	80.7
765	济	1	0.0	80.8
766	寄	1	0.0	80.8
767	悸	1	0.0	80.9
768	祭	1	0.0	80.9
769	加	1	0.0	80.9
770	架	1	0.0	81.0
771	嫁	1	0.0	81.0
772	歼	1	0.0	81.0
773	艰	1	0.0	81.1
774	监	1	0.0	81.1
775	铜	1	0.0	81.2
776	蒹	1	0.0	81.2
777	见	1	0.0	81.2
778	剑	1	0.0	81.3

续　表

序号	汉字	字频	百分比	累计百分比
779	健	1	0.0	81.3
780	溅	1	0.0	81.3
781	浆	1	0.0	81.4
782	匠	1	0.0	81.4
783	降	1	0.0	81.5
784	浇	1	0.0	81.5
785	焦	1	0.0	81.5
786	较	1	0.0	81.6
787	洁	1	0.0	81.6
788	结	1	0.0	81.6
789	睫	1	0.0	81.7
790	截	1	0.0	81.7
791	她	1	0.0	81.8
792	界	1	0.0	81.8
793	矜	1	0.0	81.8
794	仅	1	0.0	81.9
795	紧	1	0.0	81.9
796	谨	1	0.0	81.9
797	劲	1	0.0	82.0
798	噤	1	0.0	82.0
799	泾	1	0.0	82.1
800	荆	1	0.0	82.1
801	惊	1	0.0	82.1
802	旌	1	0.0	82.2
803	粳	1	0.0	82.2
804	儆	1	0.0	82.2
805	警	1	0.0	82.3

续　表

序号	汉字	字频	百分比	累计百分比
806	痉	1	0.0	82.3
807	竟	1	0.0	82.4
808	敬	1	0.0	82.4
809	靓	1	0.0	82.4
810	境	1	0.0	82.5
811	究	1	0.0	82.5
812	久	1	0.0	82.5
813	臼	1	0.0	82.6
814	厩	1	0.0	82.6
815	拘	1	0.0	82.7
816	掬	1	0.0	82.7
817	矩	1	0.0	82.7
818	巨	1	0.0	82.8
819	据	1	0.0	82.8
820	瞿	1	0.0	82.8
821	镌	1	0.0	82.9
822	隽	1	0.0	82.9
823	诀	1	0.0	83.0
824	绝	1	0.0	83.0
825	谲	1	0.0	83.0
826	军	1	0.0	83.1
827	均	1	0.0	83.1
828	卡	1	0.0	83.1
829	慨	1	0.0	83.2
830	咳	1	0.0	83.2
831	渴	1	0.0	83.3
832	肯	1	0.0	83.3

续　表

序号	汉字	字频	百分比	累计百分比
833	空	1	0.0	83.3
834	孔	1	0.0	83.4
835	恐	1	0.0	83.4
836	控	1	0.0	83.4
837	叩	1	0.0	83.5
838	枯	1	0.0	83.5
839	绔	1	0.0	83.6
840	快	1	0.0	83.6
841	款	1	0.0	83.6
842	窥	1	0.0	83.7
843	溃	1	0.0	83.7
844	刺	1	0.0	83.7
845	籁	1	0.0	83.8
846	兰	1	0.0	83.8
847	澜	1	0.0	83.9
848	烂	1	0.0	83.9
849	廊	1	0.0	83.9
850	雷	1	0.0	84.0
851	泪	1	0.0	84.0
852	愣	1	0.0	84.0
853	蜊	1	0.0	84.1
854	理	1	0.0	84.1
855	雳	1	0.0	84.2
856	连	1	0.0	84.2
857	莲	1	0.0	84.2
858	亮	1	0.0	84.3
859	嘹	1	0.0	84.3

续　表

序号	汉字	字频	百分比	累计百分比
860	瞭	1	0.0	84.3
861	劣	1	0.0	84.4
862	烈	1	0.0	84.4
863	猎	1	0.0	84.5
864	邻	1	0.0	84.5
865	临	1	0.0	84.5
866	遴	1	0.0	84.6
867	麟	1	0.0	84.6
868	囹	1	0.0	84.6
869	凌	1	0.0	84.7
870	领	1	0.0	84.7
871	另	1	0.0	84.8
872	留	1	0.0	84.8
873	胧	1	0.0	84.8
874	拢	1	0.0	84.9
875	鲁	1	0.0	84.9
876	录	1	0.0	84.9
877	驴	1	0.0	85.0
878	履	1	0.0	85.0
879	虑	1	0.0	85.1
880	率	1	0.0	85.1
881	挛	1	0.0	85.1
882	轮	1	0.0	85.2
883	码	1	0.0	85.2
884	蚂	1	0.0	85.2
885	埋	1	0.0	85.3
886	买	1	0.0	85.3

续 表

序号	汉字	字频	百分比	累计百分比
887	曼	1	0.0	85.4
888	幔	1	0.0	85.4
889	缦	1	0.0	85.4
890	蔓	1	0.0	85.5
891	茅	1	0.0	85.5
892	铆	1	0.0	85.5
893	没	1	0.0	85.6
894	眉	1	0.0	85.6
895	媒	1	0.0	85.7
896	昧	1	0.0	85.7
897	袂	1	0.0	85.7
898	寐	1	0.0	85.8
899	朦	1	0.0	85.8
900	迷	1	0.0	85.8
901	靡	1	0.0	85.9
902	米	1	0.0	85.9
903	泌	1	0.0	85.9
904	秘	1	0.0	86.0
905	绵	1	0.0	86.0
906	免	1	0.0	86.1
907	描	1	0.0	86.1
908	妙	1	0.0	86.1
909	灭	1	0.0	86.2
910	篾	1	0.0	86.2
911	铭	1	0.0	86.2
912	谬	1	0.0	86.3
913	摸	1	0.0	86.3

续 表

序号	汉字	字频	百分比	累计百分比
914	模	1	0.0	86.4
915	墨	1	0.0	86.4
916	谋	1	0.0	86.4
917	某	1	0.0	86.5
918	母	1	0.0	86.5
919	木	1	0.0	86.5
920	沐	1	0.0	86.6
921	哪	1	0.0	86.6
922	呢	1	0.0	86.7
923	昵	1	0.0	86.7
924	腻	1	0.0	86.7
925	念	1	0.0	86.8
926	涅	1	0.0	86.8
927	啮	1	0.0	86.8
928	嗫	1	0.0	86.9
929	孽	1	0.0	86.9
930	您	1	0.0	87.0
931	凝	1	0.0	87.0
932	浓	1	0.0	87.0
933	努	1	0.0	87.1
934	糯	1	0.0	87.1
935	琶	1	0.0	87.1
936	怕	1	0.0	87.2
937	排	1	0.0	87.2
938	盘	1	0.0	87.3
939	咆	1	0.0	87.3
940	炮	1	0.0	87.3

续　表

序号	汉字	字频	百分比	累计百分比
941	胚	1	0.0	87.4
942	佩	1	0.0	87.4
943	配	1	0.0	87.4
944	抨	1	0.0	87.5
945	烹	1	0.0	87.5
946	朋	1	0.0	87.6
947	蓬	1	0.0	87.6
948	批	1	0.0	87.6
949	坯	1	0.0	87.7
950	霹	1	0.0	87.7
951	疲	1	0.0	87.7
952	蚍	1	0.0	87.8
953	啤	1	0.0	87.8
954	琵	1	0.0	87.9
955	僻	1	0.0	87.9
956	翩	1	0.0	87.9
957	胼	1	0.0	88.0
958	飘	1	0.0	88.0
959	贫	1	0.0	88.0
960	屏	1	0.0	88.1
961	迫	1	0.0	88.1
962	谱	1	0.0	88.2
963	曝	1	0.0	88.2
964	栖	1	0.0	88.2
965	祈	1	0.0	88.3
966	脐	1	0.0	88.3
967	顾	1	0.0	88.3

续　表

序号	汉字	字频	百分比	累计百分比
968	眭	1	0.0	88.4
969	杞	1	0.0	88.4
970	弃	1	0.0	88.5
971	泣	1	0.0	88.5
972	契	1	0.0	88.5
973	黔	1	0.0	88.6
974	腔	1	0.0	88.6
975	敲	1	0.0	88.6
976	樵	1	0.0	88.7
977	俏	1	0.0	88.7
978	诮	1	0.0	88.8
979	翘	1	0.0	88.8
980	钦	1	0.0	88.8
981	衾	1	0.0	88.9
982	嚓	1	0.0	88.9
983	倾	1	0.0	88.9
984	秋	1	0.0	89.0
985	驱	1	0.0	89.0
986	屈	1	0.0	89.1
987	祛	1	0.0	89.1
988	躯	1	0.0	89.1
989	趣	1	0.0	89.2
990	诠	1	0.0	89.2
991	苒	1	0.0	89.2
992	壤	1	0.0	89.3
993	攘	1	0.0	89.3
994	扰	1	0.0	89.4

续 表

序号	汉字	字频	百分比	累计百分比
995	绕	1	0.0	89.4
996	热	1	0.0	89.4
997	荏	1	0.0	89.5
998	稔	1	0.0	89.5
999	任	1	0.0	89.5
1000	妊	1	0.0	89.6
1001	融	1	0.0	89.6
1002	冗	1	0.0	89.7
1003	嚅	1	0.0	89.7
1004	软	1	0.0	89.7
1005	撒	1	0.0	89.8
1006	散	1	0.0	89.8
1007	扫	1	0.0	89.8
1008	森	1	0.0	89.9
1009	砂	1	0.0	89.9
1010	煞	1	0.0	90.0
1011	赏	1	0.0	90.0
1012	哨	1	0.0	90.0
1013	舍	1	0.0	90.1
1014	社	1	0.0	90.1
1015	娠	1	0.0	90.1
1016	审	1	0.0	90.2
1017	哂	1	0.0	90.2
1018	甚	1	0.0	90.3
1019	渗	1	0.0	90.3
1020	升	1	0.0	90.3
1021	什	1	0.0	90.4

续　表

序号	汉字	字频	百分比	累计百分比
1022	石	1	0.0	90.4
1023	示	1	0.0	90.4
1024	视	1	0.0	90.5
1025	恃	1	0.0	90.5
1026	适	1	0.0	90.6
1027	谥	1	0.0	90.6
1028	嗜	1	0.0	90.6
1029	守	1	0.0	90.7
1030	书	1	0.0	90.7
1031	枢	1	0.0	90.7
1032	舒	1	0.0	90.8
1033	熟	1	0.0	90.8
1034	属	1	0.0	90.9
1035	术	1	0.0	90.9
1036	述	1	0.0	90.9
1037	漱	1	0.0	91.0
1038	谁	1	0.0	91.0
1039	说	1	0.0	91.0
1040	硕	1	0.0	91.1
1041	嗽	1	0.0	91.1
1042	思	1	0.0	91.2
1043	死	1	0.0	91.2
1044	伺	1	0.0	91.2
1045	祀	1	0.0	91.3
1046	搜	1	0.0	91.3
1047	苏	1	0.0	91.3
1048	肃	1	0.0	91.4

续 表

序号	汉字	字频	百分比	累计百分比
1049	速	1	0.0	91.4
1050	宿	1	0.0	91.5
1051	酸	1	0.0	91.5
1052	算	1	0.0	91.5
1053	髓	1	0.0	91.6
1054	碎	1	0.0	91.6
1055	燧	1	0.0	91.6
1056	唆	1	0.0	91.7
1057	所	1	0.0	91.7
1058	琐	1	0.0	91.8
1059	塌	1	0.0	91.8
1060	太	1	0.0	91.8
1061	态	1	0.0	91.9
1062	坍	1	0.0	91.9
1063	摊	1	0.0	91.9
1064	探	1	0.0	92.0
1065	碳	1	0.0	92.0
1066	唐	1	0.0	92.1
1067	堂	1	0.0	92.1
1068	塘	1	0.0	92.1
1069	绦	1	0.0	92.2
1070	饕	1	0.0	92.2
1071	腾	1	0.0	92.2
1072	誊	1	0.0	92.3
1073	藤	1	0.0	92.3
1074	题	1	0.0	92.4
1075	窕	1	0.0	92.4

续 表

序号	汉字	字频	百分比	累计百分比
1076	帖	1	0.0	92.4
1077	饕	1	0.0	92.5
1078	厅	1	0.0	92.5
1079	庭	1	0.0	92.5
1080	统	1	0.0	92.6
1081	恸	1	0.0	92.6
1082	痛	1	0.0	92.7
1083	头	1	0.0	92.7
1084	透	1	0.0	92.7
1085	突	1	0.0	92.8
1086	托	1	0.0	92.8
1087	纨	1	0.0	92.8
1088	完	1	0.0	92.9
1089	婉	1	0.0	92.9
1090	万	1	0.0	93.0
1091	王	1	0.0	93.0
1092	威	1	0.0	93.0
1093	围	1	0.0	93.1
1094	违	1	0.0	93.1
1095	伟	1	0.0	93.1
1096	委	1	0.0	93.2
1097	逶	1	0.0	93.2
1098	痿	1	0.0	93.3
1099	卫	1	0.0	93.3
1100	未	1	0.0	93.3
1101	畏	1	0.0	93.4
1102	胃	1	0.0	93.4

续 表

序号	汉字	字频	百分比	累计百分比
1103	渭	1	0.0	93.4
1104	温	1	0.0	93.5
1105	闻	1	0.0	93.5
1106	问	1	0.0	93.6
1107	涡	1	0.0	93.6
1108	巫	1	0.0	93.6
1109	五	1	0.0	93.7
1110	武	1	0.0	93.7
1111	务	1	0.0	93.7
1112	悟	1	0.0	93.8
1113	翕	1	0.0	93.8
1114	熄	1	0.0	93.9
1115	嘻	1	0.0	93.9
1116	习	1	0.0	93.9
1117	席	1	0.0	94.0
1118	喜	1	0.0	94.0
1119	葸	1	0.0	94.0
1120	夏	1	0.0	94.1
1121	仙	1	0.0	94.1
1122	纤	1	0.0	94.2
1123	鲜	1	0.0	94.2
1124	涎	1	0.0	94.2
1125	舷	1	0.0	94.3
1126	嫌	1	0.0	94.3
1127	献	1	0.0	94.3
1128	详	1	0.0	94.4
1129	响	1	0.0	94.4

续 表

序号	汉字	字频	百分比	累计百分比
1130	销	1	0.0	94.5
1131	哮	1	0.0	94.5
1132	啸	1	0.0	94.5
1133	楔	1	0.0	94.6
1134	挟	1	0.0	94.6
1135	泄	1	0.0	94.6
1136	懈	1	0.0	94.7
1137	欣	1	0.0	94.7
1138	星	1	0.0	94.8
1139	刑	1	0.0	94.8
1140	型	1	0.0	94.8
1141	幸	1	0.0	94.9
1142	性	1	0.0	94.9
1143	凶	1	0.0	94.9
1144	修	1	0.0	95.0
1145	羞	1	0.0	95.0
1146	秀	1	0.0	95.1
1147	袖	1	0.0	95.1
1148	须	1	0.0	95.1
1149	徐	1	0.0	95.2
1150	畜	1	0.0	95.2
1151	煦	1	0.0	95.2
1152	宣	1	0.0	95.3
1153	旋	1	0.0	95.3
1154	漩	1	0.0	95.4
1155	选	1	0.0	95.4
1156	穴	1	0.0	95.4

续　表

序号	汉字	字频	百分比	累计百分比
1157	雪	1	0.0	95.5
1158	熏	1	0.0	95.5
1159	寻	1	0.0	95.5
1160	巡	1	0.0	95.6
1161	循	1	0.0	95.6
1162	牙	1	0.0	95.7
1163	芽	1	0.0	95.7
1164	亚	1	0.0	95.7
1165	筵	1	0.0	95.8
1166	掩	1	0.0	95.8
1167	魇	1	0.0	95.8
1168	餍	1	0.0	95.9
1169	羊	1	0.0	95.9
1170	阳	1	0.0	96.0
1171	幺	1	0.0	96.0
1172	窈	1	0.0	96.0
1173	业	1	0.0	96.1
1174	靥	1	0.0	96.1
1175	夷	1	0.0	96.1
1176	贻	1	0.0	96.2
1177	移	1	0.0	96.2
1178	遗	1	0.0	96.3
1179	彝	1	0.0	96.3
1180	役	1	0.0	96.3
1181	易	1	0.0	96.4
1182	驿	1	0.0	96.4
1183	疫	1	0.0	96.4

续 表

序号	汉字	字频	百分比	累计百分比
1184	益	1	0.0	96.5
1185	翌	1	0.0	96.5
1186	殷	1	0.0	96.6
1187	吟	1	0.0	96.6
1188	饮	1	0.0	96.6
1189	隐	1	0.0	96.7
1190	英	1	0.0	96.7
1191	营	1	0.0	96.7
1192	影	1	0.0	96.8
1193	永	1	0.0	96.8
1194	尤	1	0.0	96.9
1195	由	1	0.0	96.9
1196	油	1	0.0	96.9
1197	余	1	0.0	97.0
1198	渔	1	0.0	97.0
1199	瑜	1	0.0	97.0
1200	羽	1	0.0	97.1
1201	语	1	0.0	97.1
1202	圄	1	0.0	97.2
1203	寓	1	0.0	97.2
1204	毓	1	0.0	97.2
1205	员	1	0.0	97.3
1206	园	1	0.0	97.3
1207	缘	1	0.0	97.3
1208	源	1	0.0	97.4
1209	远	1	0.0	97.4
1210	阅	1	0.0	97.5

续　表

序号	汉字	字频	百分比	累计百分比
1211	云	1	0.0	97.5
1212	陨	1	0.0	97.5
1213	殒	1	0.0	97.6
1214	酝	1	0.0	97.6
1215	杂	1	0.0	97.6
1216	载	1	0.0	97.7
1217	赃	1	0.0	97.7
1218	造	1	0.0	97.8
1219	怎	1	0.0	97.8
1220	曾	1	0.0	97.8
1221	增	1	0.0	97.9
1222	憎	1	0.0	97.9
1223	渣	1	0.0	97.9
1224	眨	1	0.0	98.0
1225	斋	1	0.0	98.0
1226	斩	1	0.0	98.1
1227	战	1	0.0	98.1
1228	栈	1	0.0	98.1
1229	绽	1	0.0	98.2
1230	账	1	0.0	98.2
1231	招	1	0.0	98.2
1232	召	1	0.0	98.3
1233	赵	1	0.0	98.3
1234	哲	1	0.0	98.4
1235	蛰	1	0.0	98.4
1236	滴	1	0.0	98.4
1237	辙	1	0.0	98.5

续 表

序号	汉字	字频	百分比	累计百分比
1238	针	1	0.0	98.5
1239	振	1	0.0	98.5
1240	争	1	0.0	98.6
1241	铮	1	0.0	98.6
1242	政	1	0.0	98.7
1243	枝	1	0.0	98.7
1244	胝	1	0.0	98.7
1245	执	1	0.0	98.8
1246	直	1	0.0	98.8
1247	植	1	0.0	98.8
1248	殖	1	0.0	98.9
1249	只	1	0.0	98.9
1250	趾	1	0.0	99.0
1251	志	1	0.0	99.0
1252	帜	1	0.0	99.0
1253	柿	1	0.0	99.1
1254	钟	1	0.0	99.1
1255	周	1	0.0	99.1
1256	诸	1	0.0	99.2
1257	伫	1	0.0	99.2
1258	助	1	0.0	99.3
1259	注	1	0.0	99.3
1260	著	1	0.0	99.3
1261	筑	1	0.0	99.4
1262	铸	1	0.0	99.4
1263	爪	1	0.0	99.4
1264	专	1	0.0	99.5

续 表

序号	汉字	字频	百分比	累计百分比
1265	壮	1	0.0	99.5
1266	状	1	0.0	99.6
1267	追	1	0.0	99.6
1268	椎	1	0.0	99.6
1269	准	1	0.0	99.7
1270	卓	1	0.0	99.7
1271	拙	1	0.0	99.7
1272	捉	1	0.0	99.8
1273	灼	1	0.0	99.8
1274	仔	1	0.0	99.9
1275	踪	1	0.0	99.9
1276	纵	1	0.0	99.9
1277	卒	1	0.0	100.0
1278	坐	1	0.0	100.0
合计		2669	100	100

5 2015年汉字应用水平测试试卷用字累频表

序号	汉字	频次	百分比	累计百分比
1	的	32	2.4	2.4
2	不	14	1.1	3.5
3	人	13	1.0	4.5
4	风	11	0.8	5.3
5	一	11	0.8	6.1
6	了	8	0.6	6.8
7	天	8	0.6	7.4
8	着	8	0.6	8.0
9	事	7	0.5	8.5
10	心	7	0.5	9.0
11	子	7	0.5	9.6
12	成	6	0.5	10.0
13	气	6	0.5	10.5
14	然	6	0.5	10.9
15	如	6	0.5	11.4
16	山	6	0.5	11.8
17	在	6	0.5	12.3
18	出	5	0.4	12.7
19	和	5	0.4	13.1
20	其	5	0.4	13.4
21	生	5	0.4	13.8
22	笑	5	0.4	14.2
23	意	5	0.4	14.6
24	自	5	0.4	14.9

续 表

序号	汉字	频次	百分比	累计百分比
25	别	4	0.3	15.3
26	发	4	0.3	15.6
27	海	4	0.3	15.9
28	经	4	0.3	16.2
29	声	4	0.3	16.5
30	时	4	0.3	16.8
31	是	4	0.3	17.1
32	为	4	0.3	17.4
33	要	4	0.3	17.7
34	有	4	0.3	18.0
35	中	4	0.3	18.3
36	并	3	0.2	18.5
37	藏	3	0.2	18.7
38	代	3	0.2	19.0
39	带	3	0.2	19.2
40	党	3	0.2	19.4
41	而	3	0.2	19.7
42	方	3	0.2	19.9
43	高	3	0.2	20.1
44	故	3	0.2	20.3
45	湖	3	0.2	20.6
46	花	3	0.2	20.8
47	苦	3	0.2	21.0
48	理	3	0.2	21.2
49	流	3	0.2	21.5
50	们	3	0.2	21.7
51	青	3	0.2	21.9

续 表

序号	汉字	频次	百分比	累计百分比
52	上	3	0.2	22.2
53	世	3	0.2	22.4
54	释	3	0.2	22.6
55	水	3	0.2	22.8
56	所	3	0.2	23.1
57	谈	3	0.2	23.3
58	同	3	0.2	23.5
59	我	3	0.2	23.7
60	远	3	0.2	24.0
61	云	3	0.2	24.2
62	之	3	0.2	24.4
63	装	3	0.2	24.7
64	总	3	0.2	24.9
65	作	3	0.2	25.1
66	爱	2	0.2	25.3
67	包	2	0.2	25.4
68	辈	2	0.2	25.6
69	笔	2	0.2	25.7
70	庇	2	0.2	25.9
71	冰	2	0.2	26.0
72	部	2	0.2	26.2
73	草	2	0.2	26.3
74	筹	2	0.2	26.5
75	楚	2	0.2	26.6
76	触	2	0.2	26.8
77	纯	2	0.2	26.9
78	此	2	0.2	27.1

续 表

序号	汉字	频次	百分比	累计百分比
79	得	2	0.2	27.2
80	地	2	0.2	27.4
81	扼	2	0.2	27.5
82	非	2	0.2	27.7
83	父	2	0.2	27.8
84	附	2	0.2	28.0
85	古	2	0.2	28.1
86	官	2	0.2	28.3
87	广	2	0.2	28.5
88	国	2	0.2	28.6
89	过	2	0.2	28.8
90	厚	2	0.2	28.9
91	化	2	0.2	29.1
92	悔	2	0.2	29.2
93	火	2	0.2	29.4
94	迹	2	0.2	29.5
95	基	2	0.2	29.7
96	及	2	0.2	29.8
97	即	2	0.2	30.0
98	记	2	0.2	30.1
99	家	2	0.2	30.3
100	建	2	0.2	30.4
101	角	2	0.2	30.6
102	结	2	0.2	30.7
103	她	2	0.2	30.9
104	界	2	0.2	31.0
105	境	2	0.2	31.2

续　表

序号	汉字	频次	百分比	累计百分比
106	静	2	0.2	31.3
107	就	2	0.2	31.5
108	卷	2	0.2	31.6
109	军	2	0.2	31.8
110	开	2	0.2	31.9
111	可	2	0.2	32.1
112	口	2	0.2	32.2
113	夸	2	0.2	32.4
114	拉	2	0.2	32.5
115	牢	2	0.2	32.7
116	领	2	0.2	32.9
117	路	2	0.2	33.0
118	马	2	0.2	33.2
119	毛	2	0.2	33.3
120	名	2	0.2	33.5
121	漠	2	0.2	33.6
122	难	2	0.2	33.8
123	品	2	0.2	33.9
124	墙	2	0.2	34.1
125	亲	2	0.2	34.2
126	轻	2	0.2	34.4
127	清	2	0.2	34.5
128	情	2	0.2	34.7
129	求	2	0.2	34.8
130	取	2	0.2	35.0
131	群	2	0.2	35.1
132	日	2	0.2	35.3

续　表

序号	汉字	频次	百分比	累计百分比
133	三	2	0.2	35.4
134	守	2	0.2	35.6
135	似	2	0.2	35.7
136	松	2	0.2	35.9
137	叹	2	0.2	36.0
138	挑	2	0.2	36.2
139	瓦	2	0.2	36.3
140	围	2	0.2	36.5
141	向	2	0.2	36.6
142	新	2	0.2	36.8
143	行	2	0.2	36.9
144	言	2	0.2	37.1
145	沿	2	0.2	37.3
146	以	2	0.2	37.4
147	异	2	0.2	37.6
148	引	2	0.2	37.7
149	用	2	0.2	37.9
150	员	2	0.2	38.0
151	原	2	0.2	38.2
152	怨	2	0.2	38.3
153	这	2	0.2	38.5
154	阵	2	0.2	38.6
155	众	2	0.2	38.8
156	州	2	0.2	38.9
157	主	2	0.2	39.1
158	走	2	0.2	39.2
159	佐	2	0.2	39.4

续 表

序号	汉字	频次	百分比	累计百分比
160	做	2	0.2	39.5
161	阿	1	0.1	39.6
162	哀	1	0.1	39.7
163	蔼	1	0.1	39.8
164	霭	1	0.1	39.8
165	艾	1	0.1	39.9
166	案	1	0.1	40.0
167	盎	1	0.1	40.1
168	巴	1	0.1	40.1
169	吧	1	0.1	40.2
170	芭	1	0.1	40.3
171	笆	1	0.1	40.4
172	霸	1	0.1	40.4
173	白	1	0.1	40.5
174	班	1	0.1	40.6
175	斑	1	0.1	40.7
176	保	1	0.1	40.7
177	报	1	0.1	40.8
178	悲	1	0.1	40.9
179	备	1	0.1	41.0
180	背	1	0.1	41.0
181	奔	1	0.1	41.1
182	本	1	0.1	41.2
183	荸	1	0.1	41.3
184	匕	1	0.1	41.4
185	鄙	1	0.1	41.4
186	碧	1	0.1	41.5

续 表

序号	汉字	频次	百分比	累计百分比
187	避	1	0.1	41.6
188	边	1	0.1	41.7
189	变	1	0.1	41.7
190	彪	1	0.1	41.8
191	宾	1	0.1	41.9
192	濒	1	0.1	42.0
193	炳	1	0.1	42.0
194	拨	1	0.1	42.1
195	伯	1	0.1	42.2
196	泊	1	0.1	42.3
197	亳	1	0.1	42.3
198	博	1	0.1	42.4
199	步	1	0.1	42.5
200	埠	1	0.1	42.6
201	才	1	0.1	42.6
202	采	1	0.1	42.7
203	彩	1	0.1	42.8
204	参	1	0.1	42.9
205	餐	1	0.1	42.9
206	苍	1	0.1	43.0
207	恻	1	0.1	43.1
208	茌	1	0.1	43.2
209	岔	1	0.1	43.2
210	诧	1	0.1	43.3
211	柴	1	0.1	43.4
212	缠	1	0.1	43.5
213	闸	1	0.1	43.6

续 表

序号	汉字	频次	百分比	累计百分比
214	常	1	0.1	43.6
215	场	1	0.1	43.7
216	怅	1	0.1	43.8
217	畅	1	0.1	43.9
218	潮	1	0.1	43.9
219	车	1	0.1	44.0
220	彻	1	0.1	44.1
221	嗔	1	0.1	44.2
222	忱	1	0.1	44.2
223	沉	1	0.1	44.3
224	丞	1	0.1	44.4
225	承	1	0.1	44.5
226	诚	1	0.1	44.5
227	城	1	0.1	44.6
228	惩	1	0.1	44.7
229	弛	1	0.1	44.8
230	驰	1	0.1	44.8
231	持	1	0.1	44.9
232	尺	1	0.1	45.0
233	齿	1	0.1	45.1
234	豉	1	0.1	45.1
235	础	1	0.1	45.2
236	传	1	0.1	45.3
237	椽	1	0.1	45.4
238	创	1	0.1	45.4
239	春	1	0.1	45.5
240	淳	1	0.1	45.6

续 表

序号	汉字	频次	百分比	累计百分比
241	辞	1	0.1	45.7
242	从	1	0.1	45.8
243	悴	1	0.1	45.8
244	淬	1	0.1	45.9
245	瘁	1	0.1	46.0
246	粹	1	0.1	46.1
247	翠	1	0.1	46.1
248	村	1	0.1	46.2
249	厝	1	0.1	46.3
250	错	1	0.1	46.4
251	耷	1	0.1	46.4
252	达	1	0.1	46.5
253	大	1	0.1	46.6
254	袋	1	0.1	46.7
255	戴	1	0.1	46.7
256	耽	1	0.1	46.8
257	旦	1	0.1	46.9
258	当	1	0.1	47.0
259	档	1	0.1	47.0
260	悼	1	0.1	47.1
261	道	1	0.1	47.2
262	敌	1	0.1	47.3
263	邸	1	0.1	47.3
264	滇	1	0.1	47.4
265	典	1	0.1	47.5
266	点	1	0.1	47.6
267	甸	1	0.1	47.6

续 表

序号	汉字	频次	百分比	累计百分比
268	玷	1	0.1	47.7
269	惦	1	0.1	47.8
270	调	1	0.1	47.9
271	迭	1	0.1	48.0
272	谍	1	0.1	48.0
273	喋	1	0.1	48.1
274	叠	1	0.1	48.2
275	牒	1	0.1	48.3
276	碟	1	0.1	48.3
277	顶	1	0.1	48.4
278	鼎	1	0.1	48.5
279	锭	1	0.1	48.6
280	东	1	0.1	48.6
281	洞	1	0.1	48.7
282	豆	1	0.1	48.8
283	渎	1	0.1	48.9
284	黩	1	0.1	48.9
285	独	1	0.1	49.0
286	度	1	0.1	49.1
287	端	1	0.1	49.2
288	队	1	0.1	49.2
289	盾	1	0.1	49.3
290	遁	1	0.1	49.4
291	多	1	0.1	49.5
292	鄂	1	0.1	49.5
293	遏	1	0.1	49.6
294	尔	1	0.1	49.7

续 表

序号	汉字	频次	百分比	累计百分比
295	伐	1	0.1	49.8
296	番	1	0.1	49.8
297	烦	1	0.1	49.9
298	繁	1	0.1	50.0
299	泛	1	0.1	50.1
300	饭	1	0.1	50.2
301	坊	1	0.1	50.2
302	防	1	0.1	50.3
303	妨	1	0.1	50.4
304	房	1	0.1	50.5
305	仿	1	0.1	50.5
306	飞	1	0.1	50.6
307	诽	1	0.1	50.7
308	悱	1	0.1	50.8
309	吠	1	0.1	50.8
310	费	1	0.1	50.9
311	分	1	0.1	51.0
312	粪	1	0.1	51.1
313	丰	1	0.1	51.1
314	封	1	0.1	51.2
315	蜂	1	0.1	51.3
316	讽	1	0.1	51.4
317	凤	1	0.1	51.4
318	奉	1	0.1	51.5
319	弗	1	0.1	51.6
320	伏	1	0.1	51.7
321	凫	1	0.1	51.7

续 表

序号	汉字	频次	百分比	累计百分比
376	河	1	0.1	55.9
377	涸	1	0.1	56.0
378	鹤	1	0.1	56.1
379	红	1	0.1	56.1
380	泓	1	0.1	56.2
381	洪	1	0.1	56.3
382	讧	1	0.1	56.4
383	候	1	0.1	56.4
384	呼	1	0.1	56.5
385	胡	1	0.1	56.6
386	画	1	0.1	56.7
387	欢	1	0.1	56.8
388	还	1	0.1	56.8
389	桓	1	0.1	56.9
390	缓	1	0.1	57.0
391	唤	1	0.1	57.1
392	换	1	0.1	57.1
393	浣	1	0.1	57.2
394	焕	1	0.1	57.3
395	肓	1	0.1	57.4
396	荒	1	0.1	57.4
397	慌	1	0.1	57.5
398	皇	1	0.1	57.6
399	黄	1	0.1	57.7
400	惶	1	0.1	57.7
401	恍	1	0.1	57.8
402	灰	1	0.1	57.9

续 表

序号	汉字	频次	百分比	累计百分比
403	卉	1	0.1	58.0
404	讳	1	0.1	58.0
405	诲	1	0.1	58.1
406	晦	1	0.1	58.2
407	秽	1	0.1	58.3
408	活	1	0.1	58.3
409	祸	1	0.1	58.4
410	讥	1	0.1	58.5
411	击	1	0.1	58.6
412	矶	1	0.1	58.6
413	积	1	0.1	58.7
414	绩	1	0.1	58.8
415	缉	1	0.1	58.9
416	汲	1	0.1	59.0
417	棘	1	0.1	59.0
418	嫉	1	0.1	59.1
419	楫	1	0.1	59.2
420	辑	1	0.1	59.3
421	几	1	0.1	59.3
422	忌	1	0.1	59.4
423	技	1	0.1	59.5
424	寂	1	0.1	59.6
425	洓	1	0.1	59.6
426	痂	1	0.1	59.7
427	嘉	1	0.1	59.8
428	坚	1	0.1	59.9
429	歼	1	0.1	59.9

续 表

序号	汉字	频次	百分比	累计百分比
430	间	1	0.1	60.0
431	煎	1	0.1	60.1
432	简	1	0.1	60.2
433	见	1	0.1	60.2
434	饯	1	0.1	60.3
435	健	1	0.1	60.4
436	鉴	1	0.1	60.5
437	将	1	0.1	60.5
438	豇	1	0.1	60.6
439	讲	1	0.1	60.7
440	交	1	0.1	60.8
441	姣	1	0.1	60.8
442	骄	1	0.1	60.9
443	佼	1	0.1	61.0
444	侥	1	0.1	61.1
445	皎	1	0.1	61.2
446	矫	1	0.1	61.2
447	教	1	0.1	61.3
448	窖	1	0.1	61.4
449	接	1	0.1	61.5
450	节	1	0.1	61.5
451	讦	1	0.1	61.6
452	桀	1	0.1	61.7
453	捷	1	0.1	61.8
454	解	1	0.1	61.8
455	今	1	0.1	61.9
456	矜	1	0.1	62.0

续 表

序号	汉字	频次	百分比	累计百分比
457	近	1	0.1	62.1
458	禁	1	0.1	62.1
459	景	1	0.1	62.2
460	纠	1	0.1	62.3
461	鸠	1	0.1	62.4
462	赳	1	0.1	62.4
463	久	1	0.1	62.5
464	咎	1	0.1	62.6
465	居	1	0.1	62.7
466	拘	1	0.1	62.7
467	掬	1	0.1	62.8
468	鞠	1	0.1	62.9
469	苣	1	0.1	63.0
470	具	1	0.1	63.1
471	诀	1	0.1	63.1
472	君	1	0.1	63.2
473	慨	1	0.1	63.3
474	侃	1	0.1	63.4
475	慷	1	0.1	63.4
476	亢	1	0.1	63.5
477	抗	1	0.1	63.6
478	靠	1	0.1	63.7
479	颗	1	0.1	63.7
480	瞌	1	0.1	63.8
481	磕	1	0.1	63.9
482	渴	1	0.1	64.0
483	克	1	0.1	64.0

续 表

序号	汉字	频次	百分比	累计百分比
484	客	1	0.1	64.1
485	嗑	1	0.1	64.2
486	恐	1	0.1	64.3
487	叩	1	0.1	64.3
488	扣	1	0.1	64.4
489	匡	1	0.1	64.5
490	况	1	0.1	64.6
491	旷	1	0.1	64.6
492	矿	1	0.1	64.7
493	窥	1	0.1	64.8
494	葵	1	0.1	64.9
495	溃	1	0.1	64.9
496	困	1	0.1	65.0
497	来	1	0.1	65.1
498	睐	1	0.1	65.2
499	阑	1	0.1	65.3
500	斓	1	0.1	65.3
501	漤	1	0.1	65.4
502	乐	1	0.1	65.5
503	勒	1	0.1	65.6
504	羸	1	0.1	65.6
505	耒	1	0.1	65.7
506	蕾	1	0.1	65.8
507	肋	1	0.1	65.9
508	冷	1	0.1	65.9
509	离	1	0.1	66.0
510	黎	1	0.1	66.1

续 表

序号	汉字	频次	百分比	累计百分比
511	篱	1	0.1	66.2
512	蠡	1	0.1	66.2
513	力	1	0.1	66.3
514	立	1	0.1	66.4
515	丽	1	0.1	66.5
516	砾	1	0.1	66.5
517	粒	1	0.1	66.6
518	敛	1	0.1	66.7
519	练	1	0.1	66.8
520	梁	1	0.1	66.8
521	两	1	0.1	66.9
522	亮	1	0.1	67.0
523	聊	1	0.1	67.1
524	僚	1	0.1	67.1
525	撩	1	0.1	67.2
526	燎	1	0.1	67.3
527	料	1	0.1	67.4
528	撂	1	0.1	67.5
529	列	1	0.1	67.5
530	林	1	0.1	67.6
531	粼	1	0.1	67.7
532	磷	1	0.1	67.8
533	鳞	1	0.1	67.8
534	麟	1	0.1	67.9
535	翎	1	0.1	68.0
536	令	1	0.1	68.1
537	刘	1	0.1	68.1

续 表

序号	汉字	频次	百分比	累计百分比
538	庐	1	0.1	68.2
539	芦	1	0.1	68.3
540	绿	1	0.1	68.4
541	孪	1	0.1	68.4
542	鸾	1	0.1	68.5
543	乱	1	0.1	68.6
544	略	1	0.1	68.7
545	伦	1	0.1	68.7
546	沦	1	0.1	68.8
547	纶	1	0.1	68.9
548	论	1	0.1	69.0
549	捋	1	0.1	69.0
550	络	1	0.1	69.1
551	骂	1	0.1	69.2
552	漫	1	0.1	69.3
553	芒	1	0.1	69.3
554	茫	1	0.1	69.4
555	猫	1	0.1	69.5
556	矛	1	0.1	69.6
557	茅	1	0.1	69.7
558	袤	1	0.1	69.7
559	貌	1	0.1	69.8
560	昧	1	0.1	69.9
561	门	1	0.1	70.0
562	扪	1	0.1	70.0
563	盟	1	0.1	70.1
564	弥	1	0.1	70.2

续　表

序号	汉字	频次	百分比	累计百分比
565	密	1	0.1	70.3
566	绵	1	0.1	70.3
567	灭	1	0.1	70.4
568	民	1	0.1	70.5
569	皿	1	0.1	70.6
570	抿	1	0.1	70.6
571	悯	1	0.1	70.7
572	明	1	0.1	70.8
573	冥	1	0.1	70.9
574	谬	1	0.1	70.9
575	抹	1	0.1	71.0
576	末	1	0.1	71.1
577	墨	1	0.1	71.2
578	姆	1	0.1	71.2
579	木	1	0.1	71.3
580	幕	1	0.1	71.4
581	慕	1	0.1	71.5
582	内	1	0.1	71.5
583	捺	1	0.1	71.6
584	恼	1	0.1	71.7
585	脑	1	0.1	71.8
586	闹	1	0.1	71.9
587	呐	1	0.1	71.9
588	能	1	0.1	72.0
589	腻	1	0.1	72.1
590	念	1	0.1	72.2
591	鸟	1	0.1	72.2

续　表

序号	汉字	频次	百分比	累计百分比
592	狞	1	0.1	72.3
593	农	1	0.1	72.4
594	弄	1	0.1	72.5
595	弩	1	0.1	72.5
596	怒	1	0.1	72.6
597	暖	1	0.1	72.7
598	挪	1	0.1	72.8
599	畔	1	0.1	72.8
600	庖	1	0.1	72.9
601	配	1	0.1	73.0
602	朋	1	0.1	73.1
603	披	1	0.1	73.1
604	脾	1	0.1	73.2
605	乒	1	0.1	73.3
606	平	1	0.1	73.4
607	叵	1	0.1	73.4
608	魄	1	0.1	73.5
609	铺	1	0.1	73.6
610	朴	1	0.1	73.7
611	普	1	0.1	73.7
612	谱	1	0.1	73.8
613	蹼	1	0.1	73.9
614	七	1	0.1	74.0
615	沏	1	0.1	74.1
616	妻	1	0.1	74.1
617	戚	1	0.1	74.2
618	期	1	0.1	74.3

续 表

序号	汉字	频次	百分比	累计百分比
619	岐	1	0.1	74.4
620	企	1	0.1	74.4
621	启	1	0.1	74.5
622	杞	1	0.1	74.6
623	绮	1	0.1	74.7
624	讫	1	0.1	74.7
625	汽	1	0.1	74.8
626	荠	1	0.1	74.9
627	恰	1	0.1	75.0
628	洽	1	0.1	75.0
629	仟	1	0.1	75.1
630	迁	1	0.1	75.2
631	牵	1	0.1	75.3
632	前	1	0.1	75.3
633	虔	1	0.1	75.4
634	强	1	0.1	75.5
635	巧	1	0.1	75.6
636	俏	1	0.1	75.6
637	窍	1	0.1	75.7
638	翘	1	0.1	75.8
639	切	1	0.1	75.9
640	挈	1	0.1	75.9
641	惬	1	0.1	76.0
642	庆	1	0.1	76.1
643	迶	1	0.1	76.2
644	区	1	0.1	76.3
645	趣	1	0.1	76.3

续表

序号	汉字	频次	百分比	累计百分比
646	诠	1	0.1	76.4
647	犬	1	0.1	76.5
648	冉	1	0.1	76.6
649	染	1	0.1	76.6
650	绕	1	0.1	76.7
651	韧	1	0.1	76.8
652	衽	1	0.1	76.9
653	仍	1	0.1	76.9
654	戎	1	0.1	77.0
655	茸	1	0.1	77.1
656	容	1	0.1	77.2
657	蓉	1	0.1	77.2
658	茹	1	0.1	77.3
659	入	1	0.1	77.4
660	弱	1	0.1	77.5
661	撒	1	0.1	77.5
662	卅	1	0.1	77.6
663	飒	1	0.1	77.7
664	散	1	0.1	77.8
665	沙	1	0.1	77.8
666	歃	1	0.1	77.9
667	杉	1	0.1	78.0
668	膻	1	0.1	78.1
669	闪	1	0.1	78.1
670	讪	1	0.1	78.2
671	烧	1	0.1	78.3
672	舍	1	0.1	78.4

续 表

序号	汉字	频次	百分比	累计百分比
673	设	1	0.1	78.5
674	慑	1	0.1	78.5
675	甚	1	0.1	78.6
676	诗	1	0.1	78.7
677	石	1	0.1	78.8
678	实	1	0.1	78.8
679	使	1	0.1	78.9
680	始	1	0.1	79.0
681	士	1	0.1	79.1
682	市	1	0.1	79.1
683	式	1	0.1	79.2
684	试	1	0.1	79.3
685	饰	1	0.1	79.4
686	收	1	0.1	79.4
687	手	1	0.1	79.5
688	受	1	0.1	79.6
689	授	1	0.1	79.7
690	倏	1	0.1	79.7
691	梳	1	0.1	79.8
692	戍	1	0.1	79.9
693	束	1	0.1	80.0
694	树	1	0.1	80.0
695	闩	1	0.1	80.1
696	拴	1	0.1	80.2
697	睡	1	0.1	80.3
698	吮	1	0.1	80.3
699	思	1	0.1	80.4

续　表

序号	汉字	频次	百分比	累计百分比
700	四	1	0.1	80.5
701	凇	1	0.1	80.6
702	讼	1	0.1	80.7
703	送	1	0.1	80.7
704	颂	1	0.1	80.8
705	夙	1	0.1	80.9
706	素	1	0.1	81.0
707	溯	1	0.1	81.0
708	唆	1	0.1	81.1
709	蓑	1	0.1	81.2
710	他	1	0.1	81.3
711	跶	1	0.1	81.3
712	台	1	0.1	81.4
713	态	1	0.1	81.5
714	坍	1	0.1	81.6
715	贪	1	0.1	81.6
716	瘫	1	0.1	81.7
717	潭	1	0.1	81.8
718	忐	1	0.1	81.9
719	坦	1	0.1	81.9
720	堂	1	0.1	82.0
721	特	1	0.1	82.1
722	腾	1	0.1	82.2
723	提	1	0.1	82.2
724	屉	1	0.1	82.3
725	剃	1	0.1	82.4
726	惕	1	0.1	82.5

续　表

序号	汉字	频次	百分比	累计百分比
727	恬	1	0.1	82.5
728	佻	1	0.1	82.6
729	迢	1	0.1	82.7
730	窕	1	0.1	82.8
731	眺	1	0.1	82.9
732	铁	1	0.1	82.9
733	铤	1	0.1	83.0
734	通	1	0.1	83.1
735	头	1	0.1	83.2
736	透	1	0.1	83.2
737	图	1	0.1	83.3
738	土	1	0.1	83.4
739	湍	1	0.1	83.5
740	佗	1	0.1	83.5
741	椭	1	0.1	83.6
742	歪	1	0.1	83.7
743	弯	1	0.1	83.8
744	宛	1	0.1	83.8
745	腕	1	0.1	83.9
746	望	1	0.1	84.0
747	微	1	0.1	84.1
748	违	1	0.1	84.1
749	苇	1	0.1	84.2
750	胃	1	0.1	84.3
751	慰	1	0.1	84.4
752	文	1	0.1	84.4
753	闻	1	0.1	84.5

续　表

序号	汉字	频次	百分比	累计百分比
754	芮	1	0.1	84.6
755	握	1	0.1	84.7
756	污	1	0.1	84.7
757	无	1	0.1	84.8
758	毋	1	0.1	84.9
759	吾	1	0.1	85.0
760	坞	1	0.1	85.1
761	侮	1	0.1	85.1
762	物	1	0.1	85.2
763	嬉	1	0.1	85.3
764	习	1	0.1	85.4
765	袭	1	0.1	85.4
766	喜	1	0.1	85.5
767	系	1	0.1	85.6
768	细	1	0.1	85.7
769	隙	1	0.1	85.7
770	遐	1	0.1	85.8
771	下	1	0.1	85.9
772	仙	1	0.1	86.0
773	闲	1	0.1	86.0
774	弦	1	0.1	86.1
775	显	1	0.1	86.2
776	险	1	0.1	86.3
777	县	1	0.1	86.3
778	苋	1	0.1	86.4
779	乡	1	0.1	86.5
780	相	1	0.1	86.6

续　表

序号	汉字	频次	百分比	累计百分比
781	详	1	0.1	86.6
782	享	1	0.1	86.7
783	想	1	0.1	86.8
784	象	1	0.1	86.9
785	宵	1	0.1	86.9
786	消	1	0.1	87.0
787	销	1	0.1	87.1
788	小	1	0.1	87.2
789	邪	1	0.1	87.3
790	胁	1	0.1	87.3
791	挟	1	0.1	87.4
792	谐	1	0.1	87.5
793	携	1	0.1	87.6
794	鞋	1	0.1	87.6
795	写	1	0.1	87.7
796	亵	1	0.1	87.8
797	辛	1	0.1	87.9
798	薪	1	0.1	87.9
799	信	1	0.1	88.0
800	腥	1	0.1	88.1
801	形	1	0.1	88.2
802	幸	1	0.1	88.2
803	性	1	0.1	88.3
804	雄	1	0.1	88.4
805	熊	1	0.1	88.5
806	须	1	0.1	88.5
807	畜	1	0.1	88.6

续 表

序号	汉字	频次	百分比	累计百分比
808	酗	1	0.1	88.7
809	煦	1	0.1	88.8
810	蓄	1	0.1	88.8
811	喧	1	0.1	88.9
812	炫	1	0.1	89.0
813	绚	1	0.1	89.1
814	眩	1	0.1	89.2
815	血	1	0.1	89.2
816	谑	1	0.1	89.3
817	勋	1	0.1	89.4
818	寻	1	0.1	89.5
819	驯	1	0.1	89.5
820	询	1	0.1	89.6
821	循	1	0.1	89.7
822	逊	1	0.1	89.8
823	涯	1	0.1	89.8
824	雅	1	0.1	89.9
825	亚	1	0.1	90.0
826	讶	1	0.1	90.1
827	烟	1	0.1	90.1
828	蔫	1	0.1	90.2
829	筵	1	0.1	90.3
830	晏	1	0.1	90.4
831	燕	1	0.1	90.4
832	佯	1	0.1	90.5
833	疡	1	0.1	90.6
834	仰	1	0.1	90.7

续表

序号	汉字	频次	百分比	累计百分比
835	氧	1	0.1	90.7
836	样	1	0.1	90.8
837	夭	1	0.1	90.9
838	吆	1	0.1	91.0
839	爻	1	0.1	91.0
840	尧	1	0.1	91.1
841	遥	1	0.1	91.2
842	杳	1	0.1	91.3
843	椰	1	0.1	91.4
844	噎	1	0.1	91.4
845	业	1	0.1	91.5
846	曳	1	0.1	91.6
847	夜	1	0.1	91.7
848	衣	1	0.1	91.7
849	揖	1	0.1	91.8
850	饴	1	0.1	91.9
851	已	1	0.1	92.0
852	蚁	1	0.1	92.0
853	义	1	0.1	92.1
854	刈	1	0.1	92.2
855	屹	1	0.1	92.3
856	佚	1	0.1	92.3
857	呓	1	0.1	92.4
858	易	1	0.1	92.5
859	绎	1	0.1	92.6
860	诣	1	0.1	92.6
861	驿	1	0.1	92.7

续 表

序号	汉字	频次	百分比	累计百分比
862	奕	1	0.1	92.8
863	翌	1	0.1	92.9
864	逸	1	0.1	92.9
865	肄	1	0.1	93.0
866	裔	1	0.1	93.1
867	翼	1	0.1	93.2
868	茵	1	0.1	93.2
869	荫	1	0.1	93.3
870	饮	1	0.1	93.4
871	应	1	0.1	93.5
872	映	1	0.1	93.6
873	佣	1	0.1	93.6
874	拥	1	0.1	93.7
875	庸	1	0.1	93.8
876	俑	1	0.1	93.9
877	涌	1	0.1	93.9
878	恿	1	0.1	94.0
879	忧	1	0.1	94.1
880	悠	1	0.1	94.2
881	油	1	0.1	94.2
882	游	1	0.1	94.3
883	友	1	0.1	94.4
884	又	1	0.1	94.5
885	佑	1	0.1	94.5
886	迂	1	0.1	94.6
887	淤	1	0.1	94.7
888	予	1	0.1	94.8

续 表

序号	汉字	频次	百分比	累计百分比
889	曳	1	0.1	94.8
890	谀	1	0.1	94.9
891	逾	1	0.1	95.0
892	与	1	0.1	95.1
893	屿	1	0.1	95.1
894	雨	1	0.1	95.2
895	禹	1	0.1	95.3
896	驭	1	0.1	95.4
897	育	1	0.1	95.4
898	遇	1	0.1	95.5
899	愈	1	0.1	95.6
900	誉	1	0.1	95.7
901	猿	1	0.1	95.8
902	愿	1	0.1	95.8
903	越	1	0.1	95.9
904	允	1	0.1	96.0
905	孕	1	0.1	96.1
906	蕴	1	0.1	96.1
907	载	1	0.1	96.2
908	赞	1	0.1	96.3
909	赃	1	0.1	96.4
910	凿	1	0.1	96.4
911	泽	1	0.1	96.5
912	沾	1	0.1	96.6
913	展	1	0.1	96.7
914	战	1	0.1	96.7
915	章	1	0.1	96.8

续 表

序号	汉字	频次	百分比	累计百分比
916	彰	1	0.1	96.9
917	樟	1	0.1	97.0
918	掌	1	0.1	97.0
919	障	1	0.1	97.1
920	昭	1	0.1	97.2
921	找	1	0.1	97.3
922	蔗	1	0.1	97.3
923	斟	1	0.1	97.4
924	狰	1	0.1	97.5
925	拯	1	0.1	97.6
926	诤	1	0.1	97.6
927	症	1	0.1	97.7
928	直	1	0.1	97.8
929	止	1	0.1	97.9
930	咫	1	0.1	98.0
931	志	1	0.1	98.0
932	制	1	0.1	98.1
933	帜	1	0.1	98.2
934	质	1	0.1	98.3
935	致	1	0.1	98.3
936	仲	1	0.1	98.4
937	舟	1	0.1	98.5
938	周	1	0.1	98.6
939	诸	1	0.1	98.6
940	伫	1	0.1	98.7
941	庄	1	0.1	98.8
942	坠	1	0.1	98.9

续 表

序号	汉字	频次	百分比	累计百分比
943	缀	1	0.1	98.9
944	赘	1	0.1	99.0
945	姿	1	0.1	99.1
946	滓	1	0.1	99.2
947	宗	1	0.1	99.2
948	族	1	0.1	99.3
949	阻	1	0.1	99.4
950	组	1	0.1	99.5
951	俎	1	0.1	99.5
952	祖	1	0.1	99.6
953	醉	1	0.1	99.7
954	遵	1	0.1	99.8
955	左	1	0.1	99.9
956	坐	1	0.1	100.0
合计		1318	100	100

6　汉字应用水平测试后中小学教师汉字态度调查问卷

　　为了全面了解汉字应用水平测试的效应和测试对参加者行为、意识的影响,促进汉字应用水平测试朝着更规范的方向发展,我们组织了这次调查,希望了解参加汉字应用水平测试后,您在汉字使用意识和行为方面的变化。本问卷匿名填写,观点无所谓对错,所收集的数据仅用于研究,不会对您产生任何不利影响。请您务必根据自己的实际情况填写。

　　您的反馈有助于我国语言文字测试工作的进步,衷心感谢您的支持和协助!

1. 您的性别：　A. 男　B. 女
2. 您的年龄：　A. 18—25 岁　B. 26—35 岁　C. 36—50 岁
　　　　　　　D. 50 岁以上
3. 您的职业：　A. 中小学语文教师　B. 中小学非语文教师
　　　　　　　C. 与中小学教育相关的其他岗位
4. 您的学历：　A. 中专　B. 大专　C. 本科　D. 研究生及以上
5. 您的普通话水平测试等级为(　　)

　　A. 一级甲等　　　B. 一级乙等　　　C. 二级甲等
　　D. 二级乙等　　　E. 三级甲等　　　F. 三级乙等
　　G. 不入级　　　　H. 未参加或记不清

6. 您觉得普通话水平测试对您的语音面貌有改善吗?

　　　很大　　　大　　　一般　　　小　　　很小
　　　　5　　　　4　　　　3　　　　2　　　　1

7. 您参加汉字应用水平测试的时间(　　)

　　A. 一年内　B. 1—3 年　C. 4—5 年　D. 5 年以上

8. 您汉字应用水平测试中获得的级别为(　　)

　　A. 一级　B. 二级　C. 三级　D. 不入级　E. 记不清

9. 您汉字应用水平测试中获得的等第为(　　)

A. 甲等　B. 乙等　C. 未分等　D. 记不清

10. 您认为在测试中获得的等级,能准确反映您的汉字应用水平吗?

非常准确　准确　一般　不准确　非常不准确
　5　　　4　　3　　2　　　1

11. 您觉得测试的试题难度为(　　)

非常难　难　适中　容易　非常容易
　5　　4　　3　　2　　　1

12. 测试中拿不准或不会做的题目,考完之后您会通过手机、翻查词典或其他手段确认吗?

A. 会　　　B. 不会

13. 测试后你在阅读时遇到不认识的汉字,您会通过手机、翻查词典或其他手段确认吗?

A. 会　　　B. 不会

14. 如果您对上次测试成绩不满意,您会再考一次吗?

A. 会　　　B. 不会

15. 测试后,您的汉字读音准确性有进步吗?

　　　5　　　　4　　　　3　　　　2　　　　1

进步非常大　有较大进步　有一点进步　几乎没进步　完全没进步

16. 测试后,您的汉字书写水平有进步吗?

　　　5　　　　4　　　　3　　　　2　　　　1

进步非常大　有较大进步　有一点进步　几乎没进步　完全没进步

17. 测试后,您的整体汉字应用水平有进步吗?

　　　5　　　　4　　　　3　　　　2　　　　1

进步非常大　有较大进步　有一点进步　几乎没进步　完全没进步

18. 测试后,您对社会上错字、不规范用字(异体字、繁体字、第二批简化字等)等现象敏感性提高了吗?

　　　5　　　　4　　　　3　　　　2　　　　1

提高非常大　有较大提高　有一点提高　几乎没提高　完全没提高

19. 测试后,您个人的规范使用汉字的意识(不使用异体字、繁体字、第二批简化字等)提高了吗?

    5   4   3   2   1

提高非常大　有较大提高　有一点提高　几乎没提高　完全没提高

20. 测试后,您汉字学习的主动性提高了吗?

    5   4   3   2   1

提高非常大　有较大提高　有一点提高　几乎没提高　完全没提高

21. 测试后,您对汉字、汉文化的认可、喜爱程度提高了吗?

    5   4   3   2   1

提高非常大　有较大提高　有一点提高　几乎没提高　完全没提高

22. 测试是否帮助你了解了自己汉字应用方面的弱点?

A. 有　B. 没有(B跳到24题)

23. 你汉字应用方面的弱点在(可多选)

A. 汉字语音方面　B. 汉字书写方面　C. 汉字字义方面

D. 在词、句、段中正确使用汉字方面

24. 现在处于数字化、信息化时代,您觉得国民的汉字能力应该需要加强吗?

A. 非常需要　　B. 应适当加强　　C. 顺其自然

D. 由个人决定按需加强(C跳到26)

25. 您觉得需要加强哪些方面的汉字能力?(可多选)

A. 读准汉字字音的能力　　　B. 正确书写汉字的能力

C. 正确理解汉字字义的能力　D. 在词、句、段中正确使用汉字的能力

26. 您觉得汉字应用水平测试应该逐步由试点推行发展为正式考试吗?

    5   4   3   2   1

非常赞同　比较赞同　无所谓　不太赞同　完全不赞同

27. 您赞成把这项测试作为部分与汉字关系密切的职业(如教师、公务员)、行业(广告业等)的入职条件吗?

    5   4   3   2   1
  非常赞同 比较赞同 无所谓 不太赞同 完全不赞同

28. 您赞同所有在校大学生都应该参加汉字应用水平测试吗？
    5   4   3   2   1
  非常赞同 比较赞同 无所谓 不太赞同 完全不赞同

29. 您赞同所有师范类、出版类院校毕业的大学生都应该参加汉字应用水平测试吗？
    5   4   3   2   1
  非常赞同 比较赞同 无所谓 不太赞同 完全不赞同

30. 您认为应该设计并推行面向中学生的汉字能力测试吗？
    5   4   3   2   1
  非常赞同 比较赞同 无所谓 不太赞同 完全不赞同

31. 您认为应该设计并推行面向小学生的汉字能力测试吗？
    5   4   3   2   1
  非常赞同 比较赞同 无所谓 不太赞同 完全不赞同

32. 请在空白处写下您对汉字应用水平测试的看法、建议。

问卷到此结束，感谢您的参与！

后　记

　　夜深掩卷,随着时光的河流次第回溯,发现早在 2007 年,我与汉字应用水平测试的缘分便悄然萌芽。犹记沪上首场测试结束后,一同事感慨:"'彝族'的'彝'笔画多而难写。键盘时代,提笔忘字已成新忧呀。"这声轻叹犹如投入心湖的小石,在我心底留下丝丝印痕。

　　真正躬身入局是在五年后春日教研室的一场活动中。丁迪蒙老师提及她和王继洪两位老师几年内将相继退休,而汉字应用水平测试事业急需新生力量,我与同教研室的张萍老师便毅然接过了接力棒,于同年 7 月报名参加上海市语言文字测试中心组织的培训活动。自此,便以实践者和研究者的双重身份,将汉字应用水平测试刻进职业生涯。

　　十余载寒暑交替,从监考现场的严谨值守到阅卷室里的左斟右酌,从上海大学汉字应用水平测试的培训讲台到深夜书房的文献研读,实践与思考始终相伴而行。那些在测试数据中发现的规律,在考生试卷里捕捉的共性,在三尺讲台上遇见的问题,最终凝结为上海市语言文字测试中心"汉字应用水平测试书写部分试题探究""汉字应用水平测试等级与受测对象的相关性研究"和上海市哲学社会科学规划办公室"上海市汉字应用水平测试问题研究"等系列课题,或独自撰写、或和师友合作完成的十余篇论文也是这段知行合一的学术历程的见证。

　　感谢挚友刘珍。自青葱岁月结下的情谊,历经三十载春秋愈发醇厚。十六年前,我们携手开启了小学语文教材成语板块编写的调查,而在上海市哲社课题攻坚与本书编撰的漫漫征途中,她始终是并肩作战的学术伙伴。这份跨越千里的学术默契,同时滋养了我们彼此双方。

本书付梓之际,感恩中文系与学科点的鼎力支持,感谢出版社的专业指导,感谢上海市语言文字测试中心张琳老师多年来的帮助,感谢上海交通大学人文学院郭曙纶副教授二十年如一日的支持。

今天,我们每个人都被数字化的洪流裹挟着迅猛前行。在提笔忘字已成常态的时代中,如何让汉字的规范应用扎根现实土壤?如何使汉字能力真正赋能日常生活?这是我们每一位语言文字工作者都需要思考的问题。本书的完成,既是对个人阶段性研究成果的总结,也是面向未来的叩问:当键盘与屏幕构筑起数字书写的新型语境,我们该怎样通过科学的评测体系提升全民的汉字应用能力?当智能输入法消解着传统书写记忆,我们该如何以动态的研究回应技术变革对汉字书写的深层冲击?愿本书的探索能成为一块引玉之砖,唤起更多人对汉字应用研究的关注。

王淑华

2025 年 4 月

图书在版编目（CIP）数据

汉字应用水平测试多维研究 / 王淑华，刘珍著.
上海：上海社会科学院出版社，2025. -- ISBN 978-7
-5520-4773-8

Ⅰ. H12

中国国家版本馆 CIP 数据核字第 2025AN9783 号

汉字应用水平测试多维研究

著　　者：王淑华　刘　珍
责任编辑：陈慧慧
封面设计：黄婧昉
出版发行：上海社会科学院出版社
　　　　　上海顺昌路 622 号　邮编 200025
　　　　　电话总机 021-63315947　销售热线 021-53063735
　　　　　https://cbs.sass.org.cn　E-mail：sassp@sassp.cn
照　　排：南京前锦排版服务有限公司
印　　刷：上海颛辉印刷厂有限公司
开　　本：710 毫米×1000 毫米　1/16
印　　张：18.75
字　　数：276 千
版　　次：2025 年 6 月第 1 版　2025 年 6 月第 1 次印刷

ISBN 978-7-5520-4773-8/H·081　　　　　定价：96.00 元

版权所有　翻印必究